Liesel Scheich • Tobias auf der Suche nach seinem Selbst

Liesel Scheich

Tobias auf der Suche nach seinem Selbst

Märchen zum Enneagramm

FOUQUÉ LITERATURVERLAG
Egelsbach • Frankfurt a.M. • München • New York

Die Deutsche Bibliothek – CIP-Einheitsaufnahme
Ein Titeldatensatz für diese Publikation ist bei
Der Deutschen Bibliothek erhältlich.

Autorin und Verlag unterstützen das Albert-Schweitzer-Kinderdorf in Hessen e.V.,
das verlassenen Kindern und Jugendlichen ein Zuhause gibt.
Wenn Sie sich als Leser an dieser Förderung beteiligen möchten, überweisen Sie bitte
einen – auch gern geringen – Betrag an die Sparkasse Hanau, Kto. 19380, BLZ 506 500 23,
mit dem Stichwort »Literatur verbindet«, Autorin und Verlag danken Ihnen dafür!

Medien- und Verlagsgruppe Dr. Hänsel-Hohenhausen AG
Egelsbach • Frankfurt a.M. • München • New York
Boschring 21-23 • D-63329 Egelsbach bei Frankfurt/M.
Fax 06103-44944 • Tel. 06103-44940

ISBN 3-8267-5005-5
2002

Satz und Lektorat: Harro Hieronimus
Titelillustration: Kerstin Scheich und Björn Pippert

Printed in Germany

Allen Menschen, die auf der Suche nach ihrem wahren Selbst sind

Inhalt

„In jedem ist ein Bild, des das er werden soll.
Solang du das nicht bist, ist nicht dein Friede voll.
(Angelus Silesius)

Vorwort

Immer wieder stellen wir Menschen uns die Frage: Wer bin ich? Wer bin ich wirklich – jenseits aller Rollen, die ich eingenommen habe?

Auf der Suche nach sich selbst, nach der eigenen Identität, nach dem Sinn des Lebens, könnte das Enneagramm, ein altes System östlicher Weisheit, hilfreich sein.

Es beschreibt neun unterschiedliche Charaktertypen und neun typische Sackgassen, die unsere Weiterentwicklung blockieren und uns scheitern lassen auf dem Weg zu uns selbst, zum anderen Menschen, zu Gott.

Wir alle sehnen uns nach Liebe, Glück, Anerkennung und haben bestimmte Vorstellungen, wie wir diese Sehnsüchte verwirklichen können.

Schon in frühester Kindheit entwickeln wir ein Abwehrsystem gegen die Übermacht der Welt und diese frühen Grundentscheidungen haben uns geholfen, uns in der Angst auslösenden Welt zurechtzufinden.

Dieser Lebensentwurf engt uns im Erwachsenenleben oft ein. Trotzdem halten wir daran fest und rechtfertigen ihn durch Idealisierung.

Ich bin gut, wenn ich perfekt bin, ich bin gut, wenn ich selbstlos und hilfsbereit bin, ich bin gut, wenn ...

Es gehören Mut und Bereitschaft dazu, sich selbst gründlicher kennen zu lernen, und manchmal ist es leichter, über die Verfremdung im Märchen Zugang zu den eigenen Fixierungen und Abwehrmechanismen zu finden.

Auf der poetischen, symbolhaften Ebene finden wir im Märchen Darstellungen von allgemein menschlichen Problemen und von möglichen Lösungen dieser Probleme. Auch den Helden im Märchen drohen Gefahren auf ihren Entwicklungswegen. In ihrer Ausgangssituation finden sie sich in den gleichen Zwängen wieder. Auch ihr Weg führt über Umwege, Gefahren, Scheitern zu einer neuen, befreienden Lebenssituation.

Die neun Märchen zeigen ebenso wie das Enneagramm über die Beschreibung von Zuständen hinaus eine innere Dynamik, die auf Veränderung zielt.

Sie konfrontieren uns mit den Festlegungen und Gesetzen, unter denen wir – meist unbewusst – leben, und laden uns zu ihrer Überwindung und zu Schritten in den Raum der Freiheit ein.

So können uns die Märchen dazu ermutigen, den Weg der Helden und Heldinnen in die eigene Lebenswirklichkeit zu übersetzen und den Weg zum eigenen Heilwerden und Ganzwerden zu entdecken.

'Gib dein Bestes, sei perfekt'
Georgs Kampf mit dem Drachen

Es war eine kalte, dunkle Nacht, ein Wetter, bei dem man noch nicht einmal einen Hund vor die Tür jagte. Kein Mensch war auf der schmalen Straße unterwegs, die am Waisenhaus vorbeiführte. Selbst der Kater, der sonst auf Mäusejagd war, hatte ein trockenes Plätzchen aufgesucht. Nur der Regen, den der stürmische Wind gegen die Häuserfronten trieb, war zu hören.

Doch plötzlich näherten sich hastige Schritte dem Portal des Waisenhauses. Eine Gestalt, eingehüllt in einen weiten Umhang, schaute sich einmal verstohlen um, ehe sie ein Bündel vor dem Eingang ablegte. Dann ergriff sie den riesigen Türklopfer und ließ ihn gegen das Tor fallen. Der Klopfer verursachte ein Geräusch, so gewaltig, dass es den Sturm übertönte und selbst die Urheberin dieses Kraches erschrocken zusammenfuhr. Schnell versteckte sie sich im Eingang des Nachbarhauses und wartete ab, was passieren würde.

Sie musste nicht lange warten, bis sich die Tür öffnete und ein bärtiger Mann mit einer Laterne auf den Vorplatz trat. Er fluchte laut, als er sah, weshalb er im Schlaf gestört worden war. „Schon wieder so ein Balg, das einfach in die Welt gesetzt wurde, jetzt ehrbaren Leuten den Schlaf raubt und der Stadt zur Last fällt."

Nachdem er sich noch einmal umgeschaut hatte, ob er vielleicht doch noch im Schein der Laterne den Verursacher dieser nächtlichen Ruhestörung ausmachen könnte, nahm er das Bündel an sich und ging ins Haus zurück.

Nun wagte sich die Überbringerin der unwillkommenen Spende wieder aus ihrem Versteck hervor. Sie vergewisserte sich noch einmal, ob der Platz vor dem Portal wirklich leer war, wandte sich dann mit einem Seufzer der Erleichterung ab und verschwand schnell um die nächste Ecke. Was hätte sie auch mit dem Neugeborenen anfangen können. Sie selbst hatte kein festes Dach über dem Kopf, nachdem die Eltern den 'Schandfleck', der die Ehre der

Familie besudelte, nicht länger im Haus behalten wollten, und sie wusste nicht, woher sie etwas zu essen nehmen sollte. Der Mann, dem sie einmal vertraut hatte, hatte sie mitsamt dem Kind im Stich gelassen und höhnisch abgestritten, überhaupt der Vater des Kindes zu sein. Es war ihr schwer gefallen, sich von dem Kind zu trennen. Aber sollte es mit ihr verhungern? Nun konnte sie wenigstens darauf hoffen, dass mitleidige Menschen für das Kind sorgten.

Mit dem Mitleid dieser Menschen war es allerdings nicht so weit her. Die Stadt bezahlte für jedes Findelkind einen bestimmten Betrag und war somit die Sorge um diese ungewollte Last los. Die sogenannte Waisenmutter, Madame Alwina, konnte von diesem Geld recht gut leben, sofern sie nur das Allernotwendigste für die Nahrung und Kleidung ihrer Schützlinge ausgab und auch ihr Pflegepersonal recht kurz hielt. Die paar Frauen und der Hausknecht, der für die groben Arbeiten zuständig war, sollten froh sein, überhaupt Arbeit gefunden zu haben. Kein Wunder, dass diese Bediensteten wenig Interesse am Wohlergehen der Kinder zeigten. Zudem wurden die Kinder schon früh zur Mithilfe im Haushalt herangezogen. Nach Meinung Alwinas diente dies hervorragend ihrer Charakterbildung und ersparte ihr selbst Kosten.

Der Hausknecht legte das Bündel zunächst einmal auf die Ofenbank und putzte die Hände an seiner schmuddeligen Hose ab, die er sich bei dem aufdringlichen Klopfen schnell übergezogen hatte, als wäre er mit etwas Unreinem in Berührung gekommen. Dabei war das Tuch, in das der Säugling gewickelt war, bei weitem sauberer als seine Hose. Madame Alwina durfte er wegen eines solchen Findlings nicht wecken. Ein ausgiebiger, ungestörter Schlaf war ihr ebenso wichtig wie üppige, nahrhafte Mahlzeiten. Also rief er Alma, die jüngste Dienstmagd, ein mageres Mädchen, damit sie sich um das Kind kümmerte. Dann suchte er schleunigst sein Bett auf, um vor der anstrengenden Tagesarbeit noch einige Stunden Schlaf zu bekommen.

Schlaftrunken betrachtete Alma den Säugling: „Na, du armer Wurm, wirst wohl auch nicht allzu lange leben.“ Da das Kind leise wimmerte, gab sie ihm etwas verdünnte Milch, zog ihm die nassen Windeln aus und legte es in den mit Stroh gefüllten Korb neben dem Ofen.

Am nächsten Morgen betrachtete Madame Alwina den kleinen Jungen und verzog verächtlich ihr Gesicht: „Wieder so ein überflüssiger Fresser, der auf Kosten der ehrlich arbeitenden Leute lebt. Na, mir soll es egal sein, solange mir die Stadt das nötige Kostgeld gibt. Er sieht allerdings nicht so aus, als würde er lange überleben. Am besten ist, wenn ihn Pater Ambrosius heute noch tauft."

Der alte Ambrosius hatte sich aus Altersgründen von der Kirchengemeinde in einem der Elendsviertel der Stadt weitgehendst zurückgezogen und lebte mit seiner alten Hausmagd in der Nähe des Waisenhauses. Er hatte es sich zur Aufgabe gemacht, den Waisenkindern wenigstens die Grundwahrheiten des christlichen Glaubens nahe zu bringen. „Auch wenn ihre geistige Aufnahmefähigkeit gering ist, so wollen wir sie doch nicht wie die Heiden aufwachsen lassen." Madame Alwina hielt das Ganze zwar für überflüssig, stimmte aber zu, weil es dem Ruf ihres Waisenhauses nur förderlich sein konnte. Ambrosius kam sowieso jeden Tag auf ein Tässchen Kaffee vorbei. Mit den ungebildeten und ungewaschenen Leuten seiner Nachbarschaft hatte er keinen Umgang und so war es ihm ein Bedürfnis, sich einmal am Tag mit Leuten seinesgleichen zu unterhalten. Bei einem solchen Besuch den kleinen Findling zu taufen, war also kein großer Aufwand.

So geschah es denn auch. Da es gerade der Festtag des heiligen Georg war, wurde der kleine Junge auf den Namen Georg getauft. Diesem erbärmlichen Bündel Mensch, das wohl kaum die nächsten Tage überleben würde, den Namen des starken Drachentöters zu geben, schien fast wie ein Hohn.

Allen Voraussagen zum Trotz lebte der kleine Junge noch nach einer Woche, nach einem Monat, nach einem Jahr. Er schien über einen so unbändigen Lebenswillen zu verfügen, dass er die Verhältnisse in diesem Waisenhaus überlebte. Vielleicht war es auch seine Anpassungsfähigkeit, die ihn jede Unbill überstehen ließ. Er vergeudete keine Kraft durch überflüssiges Schreien, er aß, was ihm vorgesetzt wurde. Es war, als würde sein Instinkt ihm sagen, was von ihm erwartet wurde. Soweit man in diesem Haus überhaupt von Pflege reden konnte, war er ein pflegeleichtes Kind. Das änderte sich auch nicht, als er älter wurde. Die strengen Regeln im Haus gingen ihm in Fleisch und Blut über. Er schien einen Befehl, eine Aufgabe schon zu erahnen, ehe sie überhaupt ausgesprochen waren. Er hatte auch immer das Bestreben, alles genau und richtig zu machen. Sollte er Holz neben dem Küchenherd aufschichten, versuchte er es möglichst so zu machen, dass kein Scheit hervorragte. Sollte er den Fußboden reinigen, polierte er ihn so lange, dass man sich fast darin spiegeln konnte. Nicht, dass er dafür ein besonderes Lob von der Küchenmagd erhielt, es war einfach sein Bedürfnis, alles so gut wie möglich zu machen. Er machte keinen Lärm und bemühte sich, fast lautlos durch das Haus zu gehen, wenn Madame ihren Mittagsschlaf hielt. Nicht genug damit, er ermahnte auch die anderen Kinder, leise zu sein. Wenn die anderen einmal heimlich ein Stück Brot aus der Speisekammer holen wollten, weil sie immer Hunger hatten, hielt er sie davon ab und ermahnte sie: „Das dürft ihr nicht, das ist gestohlen."

Er achtete darauf, dass das Geschirr auf dem richtigen Platz stand, und er ärgerte sich, wenn jemand nicht die richtige Ordnung einhielt. Beim Essen saß er kerzengerade auf seinem Stuhl, so wie es die strenge Hausordnung vorsah. Beim Morgengebet bemühte er sich, andächtig zu sein. Wenn seine Gedanken einmal abschweiften, machte er sich große Vorwürfe.

Es war eine harte Arbeit für die Kinder, das ganze Haus in Ordnung zu halten. Manch einer der Jungen nahm es nicht so genau und übersah den Staub in den Ecken. Er riskierte damit zwar einen Schlag mit dem Rohrstock und eine Zusatzarbeit, aber der Gedanke, früher zum Spielen in der karg bemessenen Freizeit zu kommen, war zu verlockend. Es war durchaus nicht so, dass Georg nicht spielen wollte, aber vorher gab es immer noch etwas Wichtigeres zu tun. Wenn der Ofen ausgeputzt ist, wenn der Schlafsaal aufgeräumt ist, wenn der kleine Junge, der sich beim Essen bekleckert hatte, erst einmal gesäubert ist, wenn..., dann werde ich mich mit den anderen vergnügen. Aber meistens kam irgend etwas dazwischen, was vorher unbedingt erledigt werden musste. Er freute sich über jede gelungene Arbeit und ärgerte sich über alles, was nicht seinen inneren Vorgaben entsprach. Er hatte genaue Vorstellungen davon, was richtig oder falsch war, und danach richtete er sich, und er war immer wieder enttäuscht, wenn ihm etwas misslang oder andere an sich nicht die gleichen Anforderungen stellten.

Nach wie vor kam Pater Ambrosius einmal wöchentlich für seine Katechesen und täglich zu seinem Tässchen Kaffee vorbei. Wenn er versuchte, die Grundwahrheiten und moralischen Verpflichtungen des christlichen Glaubens – oft mit Hilfe des Rohrstockes – in die Köpfe der Kinder zu bringen, fiel ihm auf, wie aufmerksam Georg seinen Ausführungen folgte. Während die anderen Kinder interesselos vor ihm saßen, ab und zu gelangweilt gähnten und nur selten eine richtige Antwort wussten, saugte Georg wie ein Schwamm jedes Wort auf und konnte das Gehörte beim nächsten Mal fehlerlos wiedergeben. Außerdem nahm Ambrosius wahr, wie flink und genau Georg seine Aufgaben im Haus erfüllte. Das wäre der richtige Hausbursche für mich, überlegte Ambrosius. Seiner Magd fiel die Arbeit immer schwerer und sie wäre für eine Hilfe bei den schweren und gröberen Aufgaben bestimmt dankbar. Einen Hausknecht zu bezahlen, erlaubte ihm sein ausgeprägter Geiz nicht. Mit Madame Alwina wurde er schnell einig und gegen eine geringe Gebühr konnte er Georg gleich mitnehmen.

Georg war das eintönige Leben im Waisenhaus mit den immer gleichen Arbeiten und dem erbärmlichen Essen, das nie zum Sattwerden reichte, leid und er war sicher, dass jede Veränderung nur zum Besseren sein könnte. Leider hatte ihn seine Hoffnung getrogen. Die alte Sefa deckte ihn so sehr mit Arbeit ein, dass er überhaupt keine Zeit zum Verschnaufen fand. Zudem hatte sie an allem etwas auszusetzen: Der Ofen war nicht wirklich gut ausgeputzt, das Feuer brannte nicht richtig, der Boden glänzte nicht genug, die Töpfe waren nicht gründlich gescheuert, das Holz war schief aufgeschichtet, im Garten hatte er Unkraut übersehen, die Pflanzen bekamen entweder zu viel oder zu wenig Wasser – kurz und gut, Sefa war durch nichts zufrieden zu stellen und machte das auch immer wieder durch die Ohrfeigen, die sie ihm gab, deutlich.

Georg nahm sich dies alles sehr zu Herzen und strengte sich von Neuem über alle Maßen an, denn er wollte alles gut und richtig machen. Er war erst dann zufrieden, wenn wirklich kein noch so kleines Unkraut mehr im Garten stand, wenn die Töpfe glänzten, dass man sich darin spiegeln konnte, kein winziges Staubkörnchen mehr zu sehen war, das Holz so akkurat aufgesetzt war, dass kein Scheit auch nur einen Millimeter vorstand, und der Fußboden so sauber war, dass man davon hätte essen können. Er war glücklich, wenn die alte Sefa einmal nichts an seiner Arbeit auszusetzen hatte.

Nun war es so, dass Ambrosius die Gicht in den Händen so sehr zu schaffen machte, dass er immer größere Schwierigkeiten hatte, leserlich zu schreiben. Oft war ein Eintrag in die Kirchenbücher zu machen – eine Arbeit, die er im Ruhestand für seinen ehemaligen Pfarrbezirk beibehalten hatte – oder auch ein Schriftstück für jemanden zu verfassen, der des Lesens und Schreibens unkundig war. Er brauchte unbedingt einen Gehilfen. Wie wäre es, wenn er sich Georg zu einem solchen heranziehen würde? Je länger er darüber nachdachte, um so besser gefiel ihm dieser Gedanke. Der Junge war wissbegierig, fleißig und strebsam. Alle seine Arbeiten erledigte er sehr sorgfältig.

Er rief ihn also zu sich und sprach von seinem Vorhaben: „Ich werde dir das Lesen und Schreiben beibringen, dass du mich bald bei meiner Arbeit unterstützen kannst. Du wirst also jeden Tag einige Stunden üben müssen, um die Buchstaben zu lernen und ordentlich zu Papier zu bringen. Darüber darfst du aber deine Arbeit im Haus nicht vernachlässigen."

Lesen und Schreiben zu lernen war schon immer Georgs größter Wunsch gewesen. Nun ging seine Sehnsucht in Erfüllung. Er wür-

de alles daran setzen sich dieser Aufgabe würdig zu erweisen. Er würde der beste Schreiber der Stadt werden.
Der Unterricht begann und Ambrosius war ein ungeduldiger Lehrmeister. Mit Lesen, wie es Georg erhofft hatte, hatten die Unterweisungen zunächst nichts zu tun. Ambrosius benannte nur die Buchstaben und Georg musste sie so lange kopieren, bis sie genau der Vorlage entsprachen. Es hätte gar nicht des Stöckchens, mit dem Ambrosius ihm ab und zu einen Schlag auf die Finger gab, bedurft um Georg zu noch größerem Eifer anzutreiben. Selbst in der Nacht übte er beim Schein einer Petroleumlampe, bis ihm die Arbeit vollkommen gelungen war. So dauerte es gar nicht lange, bis der Junge alle Buchstaben auf das Genaueste kopieren konnte. Selbst die Initialen bereiteten ihm bald keine Schwierigkeiten mehr. Und das Lesen hatte er so ganz nebenbei gelernt.
Auch wenn sich Ambrosius niemals zu einem Lob aufraffte, war er mit seinem Schüler sehr zufrieden und er gedachte ihn nun zu größeren Aufgaben heranzuziehen. Um dies zu ermöglichen, holte er für die Hausarbeit einen weiteren Jungen aus dem Waisenhaus, sodass Georg nun den ganzen Tag zu seiner Verfügung stand.
Zwei Jahre zuvor war Ambrosius schwer erkrankt und es hatte wenig Hoffnung auf Genesung bestanden. Sefa hatte in der nahe gelegenen Benediktinerabtei eine Kerze angezündet und die Mönche um ein Gebet für ihren kranken Herrn angefleht. Ambrosius selbst hatte ein Gelübde abgelegt, im Falle einer Genesung eine Kopie der vier Evangelien herzustellen und dem Kloster zu schenken. Nun hinderten ihn seine gichtigen Finger daran sein Gelübde zu erfüllen. Als er nun sah, wie geschickt Georg mit der Feder umging, beschloss er ihn zu dieser Aufgabe heranzuziehen. Als Kopiervorlage konnte sein eigenes kostbares Evangeliar dienen, das er in früheren Jahren vom König selbst zum Dank für treue Dienste als Hofkaplan und Hofschreiber geschenkt erhalten hatte.
Nun begann eine langwierige, mühsame Aufgabe für Georg. Buchstabe für Buchstabe mussten sorgfältig zu Pergament gebracht werden. Stundenlang saß er an einer farbenprächtigen Initiale, immer voller Angst, das kostbare Pergament zu verderben. Es war

überflüssig, dass ihn Ambrosius dauernd zu Sorgfalt ermahnte. Georg selbst wollte ein unübertroffenes Meisterwerk herstellen. Er gönnte sich nur den notwendigsten Schlaf und kurze Ruhepausen, um etwas zu essen.

Da Ambrosius einen weiteren Jungen für die groben Arbeiten angestellt hatte, war Georg in der Rangfolge aufgestiegen und das ließ er auch den kleinen Benjamin spüren. „Die Lampe ist nicht sauber geputzt und gibt nicht genügend Licht. Du trampelst so laut durch das Haus, dass ich mich nicht konzentrieren kann. In den Ecken liegt noch Staub, der mich zum Niesen bringt, dass die Buchstaben verwackelt werden.“ Mit diesen ständigen Vorwürfen wollte Georg den kleinen Jungen nicht quälen, aber jegliche Unordnung störte ihn und er erwartete von anderen die gleiche Sorgfalt, die er sich selbst zur Aufgabe gemacht hatte.

Es dauerte fast ein Jahr, bis Georg das Evangelienbuch fertiggestellt hatte. Es war ein wirkliches Meisterwerk geworden und Ambrosius hatte nichts daran auszusetzen. Nun konnte er diesen Prachtband in Erfüllung seines Gelübdes endlich der Benediktinerabtei überreichen. Er selbst überbrachte es dem Abt, und der war voll des Lobes. Ja, das Evangeliar gefiel ihm so gut, dass er Ambrosius bat, ein Psalterium in der gleichen kunstvollen Art anzufertigen. Das alte, vom Kloster bisher benutzte war schon sehr abgegriffen und drohte nach den vielen Jahren des eifrigen Benutzens völlig zu zerfallen. Als Ambrosius eingedenk seiner gichtigen Finger zögerte, ergänzte der Abt seine Bitte: „Natürlich sollt ihr diese Arbeit nicht umsonst tun. Ich werde euch anständig bezahlen.“ Dabei machte er ihm ein solch großzügiges Angebot, dass Ambrosius all seine Bedenken über Bord warf. Wofür hatte er schließlich Georg.

Die Angelegenheit war dem Abt so wichtig, dass er gleich einen Vertrag aufsetzen ließ. Darin wurde festgelegt, dass dem Überbringer des Psalteriums 100 Golddukaten ausgehändigt werden sollten. Wieder zu Hause erzählte er dem Jungen, wie sehr er für das Evangeliar gelobt worden sei, und dass er gleich einen neuen Auftrag erhalten hätte. Diese Worte lösten in Georg einen Widerstreit

der Gefühle aus. Einerseits freute er sich über die versteckte Anerkennung, aber andererseits war er wütend, dass Ambrosius allen Ruhm für sich allein einheimste. Das war im höchsten Grad ungerecht. Doch Georg schluckte seinen Ärger hinunter, was sollte er auch anderes tun. Es gehörte sich ja auch nicht, zornig und wütend zu sein. Aber gerecht war es trotz allem nicht.
Sogleich machte sich Georg an die neue Aufgabe. Noch sorgfältiger und aufmerksamer ging er zu Werke. Oft schrieb er bis weit in die Nacht hinein, bis ihm die Augen bei dem Petroleumlicht brannten. Das Werk sollte vollkommen sein und alles bisher Geschriebene übertreffen. Bisweilen wurmte es ihn, dass allein Ambrosius Gewinn und Anerkennung einheimsen würde. Trotzdem legte er sein ganzes Können, seine ganze Sorgfalt in die Arbeit. Jeder Buchstabe war genau ausgerichtet und jede Initiale glich einem kleinen Kunstwerk.
Als das Werk fast vollendet war, bemerkte er zufällig, dass der Schlüssel in der Schublade des Sekretärs steckte. Das wunderte Georg sehr, denn Ambrosius achtete immer genau darauf, dass diese Schublade verschlossen und der Schlüssel abgezogen war. Neugierig trat der Junge näher. Jetzt war die Gelegenheit festzustellen, was Ambrosius Geheimnisvolles in dieser Schublade verbarg. Er blätterte die Schriftstücke durch, doch es war scheinbar nichts dabei, was ihn interessierte. Er wollte die Schublade gerade wieder schließen, als das Siegel der Benediktinerabtei seine Aufmerksamkeit erregte. Es war der Vertrag, den Ambrosius mit dem Abt geschlossen hatte und der nun ganz zuunterst, verdeckt von den verschiedensten Dokumenten, in der Schublade lag. Als Georg die Summe las, konnte er es zuerst nicht glauben, dass seine Arbeit so viel wert sein sollte. Dass Ambrosius alles in seine eigene Tasche stecken und ihn um seinen gerechten Anteil betrügen würde, das würde er nicht dulden. Ohne lange zu überlegen nahm er den Vertrag an sich. Gerade hatte er wieder die Schublade geschlossen und seinen Platz am Schreibpult eingenommen, als Ambrosius aufgeregt in das Schreibzimmer stürzte. Aufatmend stellte

er fest, dass der Schlüssel noch im Schloss der Schublade steckte und Georg ganz vertieft in seine Arbeit war.
„Wie lange wirst du noch für deine Arbeit brauchen?“, fragte er Georg. Dieser überlegte kurz. „Ich werde mindestens noch eine Woche brauchen, um das Werk zu vollenden.“ „Gut, dann halte dich dran und lass dich von nichts ablenken.“
Georg wusste, dass er diese Arbeit in kürzerer Zeit vollenden konnte, aber er wollte Zeit gewinnen. In ihm war ein Plan gereift, wie er zu seinem Recht kommen könnte. Voraussetzung für das Gelingen war, dass Ambrosius nicht vorzeitig das Fehlen des Vertrages bemerken würde. Georg hatte Glück. In knapp zwei Tagen war das langwierige Werk bewältigt. Aufatmend hörte er die Kirchturmuhr neun mal schlagen. Gleich würde Ambrosius zu seiner wöchentlichen Bibelstunde im Waisenhaus aufbrechen, Sefa würde auf dem Markt ihre Einkäufe erledigen und Benjamin würde sie auf ihrem Weg begleiten, um die schweren Körbe zu tragen. Es war also genau der richtige Zeitpunkt um ungesehen das Haus zu verlassen. Er packte schnell das kostbare Buch und die wenigen Habseligkeiten, die er besaß, in den kleinen Reisesack, den er erst vor kurzem in der Abstellkammer entdeckt hatte. Er verließ das Haus durch die Hintertür, um nicht noch zu guter Letzt von einem Nachbarn überrascht zu werden.
Durch die Gärten und Felder näherte er sich auf Umwegen dem Kloster. Beim Pförtner fragte er nach dem Abt. Der Mann wollte ihn nicht so ohne weiteres einlassen: „Der Abt ist sehr beschäftigt und wird keine Zeit für dich haben.“ Dabei warf er einen abschätzenden Blick auf die einfache Kleidung des jungen Georg. Dieser ließ sich von der abweisenden Art des Pförtners nicht einschüchtern. „Der Abt wird euch niemals verzeihen, wenn ihr mich nicht einlasst. Ich habe ihm etwas Wichtiges zu überbringen.“ Das klang so überzeugend, dass der Pförtner einen jungen Laienbruder herbeirief, um Georg den Weg zum Studierzimmer des Abtes zu zeigen.

Überrascht blickte dieser von dem dicken Folianten auf, den er gerade studierte. Er hatte seinen Verwalter erwartet und nicht einen schmächtigen jungen Mann.
Ohne Zeit mit großen Vorreden zu verlieren, begann Georg: „Pater Ambrosius schickt mich. Ich soll euch das Psalterium überreichen, das ihr bei ihm bestellt habt. Ihr sollt mir auch gleich das vereinbarte Honorar ausbezahlen. Pater Ambrosius ist leider verhindert, selbst hierher zu kommen, da er mit einer schlimmen Influenza im Bett liegt."
Nachdem der Abt sich das Buch, dessen Ausführung seine Erwartungen weit übertraf, angesehen hatte, sah er keinen Grund, das vereinbarte Honorar zu verweigern. Wenn Ambrosius diesem Jüngling das kostbare Buch und den Vertrag ausgehändigt hatte, dann brauchte er nicht misstrauisch zu sein. So nahm er den Vertrag entgegen und händigte Georg als dem Überbringer die 100 Golddukaten aus.
„Grüße Pater Ambrosius von mir. Ich bin sehr zufrieden mit seiner Arbeit. Schade, dass er nicht selbst kommen konnte. Ich lasse ihm gute Besserung wünschen."
Mit diesen Worten entließ der Abt Georg mit einem huldvollen Nicken. Dieser verbeugte sich tief und verließ das Studierzimmer. Vor der Tür wurde er schon von dem Laienbruder erwartet und zum Eingangstor geleitet.
War er nun ein gemeiner Dieb? Nein, er hatte nur das genommen, was ihm von Rechts wegen zustand, und Recht musste Recht bleiben.
Nun galt es, so schnell wie möglich die Postkutsche zur Küste zu erreichen. Er hatte Glück. Die Pferde waren zwar schon eingespannt und die Reisenden hatten ihre Plätze eingenommen. Ein Platz war aber noch frei und der Wirt ließ sich diesen zusätzlichen Verdienst nicht entgehen. Die Fahrgäste murrten zwar über die geringe Verspätung, denn sie wollten unbedingt das Schiff nach Frankreich erreichen, das am nächsten Morgen in See stach. Doch die Pferde waren ausgeruht und würden die Zeit bald wieder einholen.

Die Reisenden, der Kleidung nach vornehme Leute, machten Georg unwillig Platz. Seines fadenscheinigen Rockes wegen schien der junge Mann ärmeren Kreisen anzugehören, mit denen sie normalerweise nichts zu tun hatten. Wenigstens strömte er nicht den üblichen Armeleutegeruch aus, was bei den beengten Verhältnissen unerträglich gewesen wäre. Georg drückte sich in eine Ecke und versuchte so wenig Raum wie möglich einzunehmen. Nachdem sich die Kutsche in Bewegung gesetzt hatte, beachtete ihn keiner mehr; die Gespräche wurden lautstark fortgesetzt. Die beiden eleganten Damen schienen Kammerzofen am königlichen Hof zu sein und auch die drei Herren schienen wichtige Stellen innezuhaben. Die Gespräche handelten ausschließlich von Intrigen und heimlichen Geschichten am Hofe, und Georgs Mitreisende gaben sich mit Genuss diesem Klatsch hin. Georg stellte sich schlafend, aber er lauschte neugierig allem, was die Damen und Herren ungeniert von sich gaben. Die Welt bei Hofe war ihm vollkommen fremd und er konnte kaum glauben, was sie an boshaften Geschichten erzählten.
Langsam wurde er aber des Gehörten müde und er war nahe daran wirklich einzuschlafen. Plötzlich weckte ihn etwas aus seinem Halbschlaf. Es war gerade die Rede vom königlichen Schreiber, der aus Altersgründen seinem anspruchvollen Dienst nicht mehr gewachsen war. Nun suchte der König einen neuen Schreiber, aber er wollte nicht den Nächstbesten, sondern den Besten seines Königreiches oder gar darüber hinaus. Der König sah alle Dekrete, Urkunden oder Gesetze, die seinen Hof verließen, als Aushängeschild seines Königtums an. Also mussten sie formvollendet und unübertroffen sein. Was er suchte, war ein überragender Künstler, der zudem die lateinische Sprache beherrschte. Um das herauszufinden würde der König ein Wettschreiben verbunden mit einem Volksfest veranstalten, und dies sollte schon in drei Tagen stattfinden. Dieses Spektakel – als solches sahen es Georgs Mitreisende – wollten sie sich keinesfalls entgehen lassen. Daher war es so wichtig, dass sie das Schiff rechtzeitig erreichten und dass sie eine ruhige Überfahrt hatten, um das Ereignis nicht zu versäumen.

Georg war wieder hellwach. Das war die Chance seines Lebens! Er würde der Beste sein. Die letzten Stunden bis zu ihrer Ankunft im Hafen malte er sich sein künftiges Leben bei Hofe aus. Zweifel, ob er sein Ziel erreichen könnte, wischte er beiseite. Es musste einfach gelingen. Im Hafen wartete schon das Schiff, und nachdem Georg seine Passage bezahlt hatte, suchte er sich auf Deck einen Platz und überließ sich wieder seinen Träumen. Dank des günstigen Windes erreichten sie schon am späten Abend das Festland. Dort wartete bereits die Nachtkutsche zur Hauptstadt. Es waren wieder die gleichen Mitreisenden wie auf der ersten Etappe seiner Flucht, aber sie beachteten Georg nicht. Ein Mensch von so geringem Stande war für sie so gut wie nicht vorhanden. Georg drückte sich in seine Ecke und versuchte wiederum so wenig Platz wie möglich einzunehmen. Sein letzter Gedanke, bevor er einschlief, war, sich in der Hauptstadt neu einzukleiden.
Dort angekommen, suchte er sich zunächst ein Quartier für die Nacht. Dank der Golddukaten konnte er ein Zimmer für sich allein mieten und brauchte den Raum nicht mit anderen zu teilen. Dann stattete er sich mit neuer Kleidung aus, nicht zu elegant, aber solide, wie es sich nach seinen Vorstellungen für einen königlichen Schreiber geziemte. Inzwischen hatte er auch erfahren, dass der Schreibwettbewerb im großen Audienzsaal stattfinden sollte. Nachdem er sich noch den Weg zum königlichen Schloss eingeprägt hatte, kehrte er zu seiner Herberge zurück. Gesättigt von einer reichlichen Mahlzeit ging er auf sein Zimmer. Lange Zeit konnte er nicht einschlafen. Würde er den Ansprüchen genügen? Würde seine Hand vor Aufregung zittern? Was, wenn die Konkurrenten alle besser wären? Wenn ein Tintenklecks das Geschriebene verunzierte? Wenn sein Latein nicht ausreichend wäre? Unruhig wälzte er sich hin und her. In seinen Träumen verfolgte ihn Pater Ambrosius mit einem Rohrstock bis in den Audienzsaal und schimpfte ihn so laut 'hinterhältiger Dieb', dass alle ihn anstarrten und der Haushofmeister ihn zur Tür hinauswarf. Schweißgebadet wachte er auf. Sollte er überhaupt an diesem Wettbewerb teilnehmen? Er zweifelte an seinen Fähigkeiten, aber

dann machte er doch sorgfältig Toilette und begab sich auf den Weg zum Schloss.

Hier warteten schon über hundert Männer auf Einlass. Einige traten ungeduldig von einem Bein auf das andere, einige musterten nervös ihre Konkurrenten, und wieder andere gaben sich unberührt und gelassen und blickten selbstsicher über die anderen hinweg. Georg gesellte sich zu der wartenden Menge. Pünktlich um zehn Uhr wurde das Tor von einem königlichen Hofherrn geöffnet. Zufällig war das einer der eleganten Herren, die mit Georg die Kutsche geteilt hatten. Jedoch erkannte er Georg nicht, er hatte ihn ja nur als ärmlich gekleideten Jungen erlebt. Alle strömten in den Audienzsaal. Hier war für jeden ein Stehpult vorbereitet. Darauf lagen ein Pergamentbogen, Federn, ein Tintenfass und eine mehr oder weniger gute Kopie des Anfangs des Johannesevangeliums. Letzteres war von den Klosterschülern, die sich gerade anfänglich im Kopieren übten, verfasst worden. Alle eilten zu den Pulten. Besonders begehrt waren jene, die in der Nähe der Fenster standen. Georg hatte als erster einen solchen erreicht, wurde aber im nächsten Moment von einem kräftigen Flegel weggestoßen. Georg war zornig, wollte es aber nicht zu einem offenen Streit kommen lassen. Das wäre sehr ungehörig gewesen und so suchte er sich einen anderen Schreibplatz, der von der Beleuchtung her viel ungünstiger war.

Georg überflog den Text, den er auswendig kannte, hatte er ihn doch schon einige Male für Pater Ambrosius kopiert. Er sah einige Fehler. War es nur die Unachtsamkeit des Klosterschülers, der des Lateinischen noch nicht so mächtig war, oder hatte man die Fehler bewusst hineingeschmuggelt, um die Anwärter für das Amt des Hofschreibers auf die Probe zu stellen? Nun, er würde sich nicht hereinlegen lassen, sondern den Text in korrektem Latein kopieren.

Eifrig reihte er Buchstabe an Buchstabe. Mit besonderer Sorgfalt gestaltete er die Initialen. Ein Blick auf die Nachbarpulte bestätigte ihm, dass er gut war. Einige Mitbewerber schienen Schwierigkeiten zu haben. Wenn nur die Beleuchtung besser gewesen wäre.

Er war immer noch ärgerlich auf diesen Rüpel, der ihm den besseren Platz weggenommen hatte. Er konzentrierte sich weiter auf seine Arbeit und schreckte erst auf, als er laute Stimmen hörte. Ein junger Mann hatte den Raum verlassen wollen, und als er sich zwischen den eng beieinander stehenden Pulten hindurchdrängte, war er aus Versehen an einen Schreiber gestoßen, dem dabei die Hand ausgerutscht war. Wütend beschwerte dieser sich, dass seine Arbeit jetzt verdorben sei. Dass dieser Schreiber ausgerechnet derjenige war, der ihn von seinem Platz verdrängt hatte, erfüllte Georg kurz mit Schadenfreude. Rasch verdrängte er dieses Gefühl, das er als ungebührlich ansah.
Die Zeit ging zu Ende, und die Proben wurden eingesammelt. Für alle begann eine bange Wartezeit, die jeder auf seine Art verbrachte. Einige sprachen aufgeregt miteinander, andere gaben sich betont uninteressiert, und wieder andere zogen sich von Zweifeln erfüllt in eine Ecke zurück. Georg stand am Fenster und blickte in den Park. Hatte er wirklich sein Bestes gegeben? Hätte er nicht das eine oder andere Schriftzeichen noch sorgfältiger ausführen können? Würde es ihm jemals vergönnt sein, nach getaner Arbeit in diesem Park zu lustwandeln?
Endlich öffnete sich die Tür des Audienzsaales und der Haushofmeister erschien persönlich, um das Ergebnis zu verkünden. Er machte es spannend, indem er zuerst allgemein die hohe Qualität aller Schriftproben lobte. Nach einer erwartungsvollen Stille fiel dann endlich der Name, der einen Bewerber mit Jubel und Freude erfüllen und alle anderen enttäuscht und hoffnungslos zurücklassen würde. Georg konnte kaum glauben, dass es sein Name war, der gerade gefallen war.
Der Haushofmeister beglückwünschte ihn und führte ihn sogleich unter den neidischen Blicken seiner Mitbewerber aus dem Saal und über einige Treppen und Gänge in das Schreibzimmer, einen hellen Raum, dessen hohe Fenster auf den Park zeigten. Der Haushofmeister nannte sein Entgelt, das für jemanden, der in so ärmlichen Verhältnissen wie Georg gelebt hatte, über die Maßen hoch war. Er klärte Georg auch über seine Aufgaben als königli-

cher Hofschreiber auf, und das war eine verantwortungsvolle Tätigkeit, die größte Genauigkeit erforderte. Im Auftrag des Königs hatte er Urkunden auszustellen, Begleitbriefe für Gesandte in andere Reiche zu schreiben, Anfragen zu beantworten und Verschiedenes mehr. Vieles unterlag strengster Geheimhaltung, und falls Georg diese jemals verletzen sollte, drohten ihm hohe Strafen bis hin zu Kerker und Tod.

Die Arbeit begann noch am gleichen Tag und nahm ihn die folgende Zeit ganz in Beschlag, da vieles durch die Krankheit seines Vorgängers liegen geblieben war. Die meisten Aufgaben wurden ihm durch den Haushofmeister zugewiesen, aber manchmal gab ihm auch der König direkt seine Anweisungen. Wenn Georg auch mit Arbeit überhäuft war, so genoss er doch diese Vertrauensstellung und er bemühte sich, alle Aufträge in höchster Vollkommenheit auszuführen. Oft stand er nächtelang über sein Schreibpult gebeugt, um alles zur Zufriedenheit des Königs zu erledigen. Er hatte keine anderen Bedürfnisse.

Doch eines Tages veränderte sich alles in seinem Leben. Er hatte die ganze Nacht durchgearbeitet, um ein wichtiges Schriftstück fertig zu stellen. Nun rieb er sich den steifen Nacken und verwundert stellte er fest, dass es schon heller Tag war. Er blies die Kerzen aus und ging zum Fenster. Er öffnete weit die Flügel und atmete die frische Morgenluft ein. Die Sonne schien durch die Blätter der hohen Bäume und malte ihr Lichtmuster auf Wege und Terrasse. Gerade wollte er sich abwenden, um seine Arbeit noch einmal durchzusehen, als er ein junges Mädchen wahrnahm, das gerade mit einem Korb voller Rosen aus dem Park kam. Georg hatte sich bisher noch nie für eine Frau interessiert, seine Arbeit hatte ihn ganz ausgefüllt und keinen Raum für Muße, Vergnügen und schon gar nicht für Frauen gelassen. Er hatte aber auch bisher nichts vermisst und plötzlich fühlte er sich durch den kurzen Anblick dieser Frau völlig aus der Bahn geworfen.

Er wollte dieses verwirrende Gefühl so schnell wie möglich wieder loswerden und wandte sich seinem Pult zu. Seine Arbeit war makellos, aber sie konnte das Bild, das von ihm Besitz ergriffen hatte,

nicht verdrängen. Auch die lobenden Worte des Königs konnten ihn nur kurz ablenken. Wer war dieses junge Mädchen, das sich so ganz anders bewegte als die Hofdamen, die ihm täglich in den Gängen des Palastes begegneten?
In den nächsten Tagen versuchte er, sich ganz auf seine Arbeit zu konzentrieren, aber immer wieder zog es ihn zum Fenster in der stillen Hoffnung, sie wiederzusehen. Vielleicht war sie ja nur ein Traumbild, das ihn narrte und bis in sein Tagesgeschehen verfolgte. Doch dann sah er sie wieder in Begleitung eines Hundes unbestimmter Rasse. Sie warf ein Stöckchen weg, das der Hund ihr schnell wieder zurückbrachte. Sie ging weiter Richtung Schloss, bog um die Ecke und war so seinen Augen entschwunden. Wer war sie? Ihre Kleidung entsprach nicht der Kleidung eines Küchenmädchens oder einer sonstigen Bediensteten. Sie trug aber auch nicht die vornehme Robe einer Hofdame. Ihr Haar war weder kunstvoll frisiert noch von Hut oder Haube bedeckt, sondern fiel in offenen Locken auf ihre Schultern herab.
Lange Zeit traute sich Georg nicht, sich nach diesem ungewöhnlichen Mädchen zu erkundigen. Was sollten die Leute von ihm denken, wenn er Interesse an einem fremden Mädchen zeigte. Doch da sie unablässig seine Gedanken gefangen hielt, sodass er sich nur schwer auf seine Arbeit konzentrieren konnte, fasste er sich endlich ein Herz und fragte einen älteren Diener nach ihr.
„Ah, ihr meint sicher Fräulein Laura, die Tochter des Haushofmeisters. Sie ist sein einziges Kind. Nach dem frühen Tod seiner Gattin ist sie das einzige, das ihm noch Freude am Leben gibt. Er kann ihr keinen Wunsch abschlagen und bringt es nicht fertig, ihr Grenzen zu setzen und ihren Freiheitsdrang zu beschneiden. Eigentlich sollte sie schon lange eine der Hofdamen der Königin sein, aber sie verabscheut das höfische Zeremoniell und kann ihren Vater immer wieder dazu überreden noch etwas abzuwarten. Natürlich kommt das auch den Wünschen unseres Haushofmeisters entgegen, denn Laura kümmert sich liebevoll um ihn und steht dem Haushalt mit den zahlreichen Bediensteten erfolgreich vor. Auf Dauer ist es natürlich gegen jede Sitte, dass sie mit ihren

16 Jahren unbegleitet mit ihrem Hund umherstreift. Die Leute zerreißen sich darüber schon die Mäuler. Aber wenn ihr mich fragt, dann ist sie mir alle Male lieber als die geschniegelten und hochmütigen Hofdamen, für die wir Diener nur gut funktionierende Gebrauchsgegenstände sind." Verlegen brach er ab. „Nun bin ich aber ins Reden gekommen und habe darüber meine Arbeit versäumt." Mit diesen Worten eilte der Diener weiter.

Nachdenklich blieb Georg stehen. Laura sollte sich wirklich mehr an Anstand und Sitte halten. Sie entsprach so gar nicht seinen Vorstellungen von einer anständigen, zurückhaltenden jungen Frau. Er versuchte sie zu vergessen, aber sie spukte weiterhin Tag und Nacht in seinen Gedanken herum. Schließlich zog er in Erwägung, sie doch näher kennen lernen zu wollen. Aber wie sollte ihm das auf eine ehrenhafte Weise gelingen? Er hatte auf diesem Gebiet so gar keine Erfahrung und so schob er eine Entscheidung immer weiter hinaus.

Als der Haushofmeister merkte, wie sorgfältig und gewissenhaft Georg seine Arbeiten verrichtete und wie zufrieden der König mit ihm war, dass er sogar seine Bezüge erhöht hatte, schenkte er diesem viel versprechenden jungen Mann etwas mehr Aufmerksamkeit. Er fragte ihn nach seiner Herkunft, und Georg hatte sich dazu vorsorglich eine Geschichte zurechtgelegt, die seinen Vorstellungen von einer ehrenhaften Abstammung entsprach. Auf keinen Fall wollte er mit einem Waisenhaus und schon gar nicht mit seiner Stellung bei Pater Ambrosius in Verbindung gebracht werden. So stellte er sich als Sohn eines berühmten Arztes vor, der bekannte Schulen besucht hatte, aber als es darum ging, welche Universität er anschließend besuchen sollte, starb sein Vater plötzlich. Es stellte sich heraus, dass das große Vermögen, das seine Mutter in die Ehe eingebracht hatte, nahezu aufgezehrt war, weil sein Vater alles in ein kleines Hospital gesteckt hatte, in dem arme Kranke kostenlos behandelt wurden. Der Rest reichte gerade für den knappen Lebensunterhalt von Mutter und Sohn. Um das Einkommen aufzubessern arbeitete Georg als Schreiber, weil er hierfür eine große Begabung zeigte. Bald starb auch die Mutter und Georg hielt nichts mehr in der alten Heimat zurück. Diese Lebensgeschichte machte Eindruck, und was das Beste daran war, sie war nicht nachzuprüfen.

Ehe Georg noch zu einem Entschluss kommen konnte, wie er sich Laura nähern könnte, lud ihn der Haushofmeister zu einem kleinen Abendessen bei sich zu Hause ein. Bis zu dem vereinbarten Besuch wechselten sich bei Georg freudige Erwartung und tiefste Zweifel miteinander ab, ob er je den Ansprüchen eines solchen Haushaltes und seiner Bewohner genügen könnte. Um seinen Selbstzweifeln zu entgehen, stürzte er sich in die Arbeit, stand aber bald wieder, von innerer Unruhe getrieben, vor dem Spiegel und musterte sein Gesicht.

Der Abend kam und alles war einfacher, als er es sich ausgemalt hatte. Er wurde freundlich empfangen und Laura war die perfekte Gastgeberin. Die Angst, etwas falsch zu machen, verlor sich im Laufe des Abends ein wenig. Vater und Tochter machten es ihm leicht, mit der für ihn ungewohnten Situation fertig zu werden. Der Haushofmeister sprach mit ihm über alte Schriften und zeigte ihm einige kostbare Exemplare seiner eigenen Sammlung. Auch Laura kannte sich auf diesem Gebiet gut aus, zur großen Überraschung Georgs, der immer der Überzeugung war, Frauen und Bücher hätten nichts miteinander zu tun. Laura lockerte die Atmosphäre auf, indem sie lustige Geschichten und Affären vom Hofe erzählte. Sie erfuhr viel in Küche und Dienstbotenzimmer, wo sie sich gern aufhielt, weil sie lieber mit diesen – wie sie meinte lebendigeren– Menschen zusammen war als unter ihresgleichen. Manchmal wollte ihr Vater sie bremsen, wenn sie sich allzu sehr über einige Hofdamen lustig machte, aber er brachte es nicht fertig sie ernsthaft zu ermahnen. Georg war fasziniert und verwirrt zugleich. Noch nie zuvor hatte er Kontakt zu einem Mädchen oder einer jungen Frau gehabt, und nun saß er nahe bei dieser temperamentvollen Frau, die ihn offensichtlich mochte.

Von da ab war er häufig Gast im Haus des Haushofmeisters. Dieser sah mit Wohlwollen die gegenseitige, wachsende Zuneigung und hatte nichts gegen eine dauernde Verbindung einzuwenden.

Georg hatte inzwischen eine geachtete Stellung bei Hof erlangt und sein Einkommen reichte aus, seinen eigenen Haushalt zu finanzieren. Dies bereitete ihm auch keine Probleme, weil ihnen der Haushofmeister einen Flügel seines eigenen Palastes einrichten wollte und sie Bedienstete nur für ihren privaten Bereich einstellen mussten. Zweierlei erfüllte den Haushofmeister mit Befriedigung: Einmal würde die geliebte Tochter weiter unter seinem Dach, in seiner unmittelbaren Nähe wohnen und zum anderen hätte er nicht länger die alleinige Verantwortung für ihr Verhalten und ihre Lebensweise zu tragen. Dass seine Tochter sich so gegen jede überkommene Sitte und Lebensart auflehnte und ihr eigenes Leben führte, hatte ihm doch einige Sorgen bereitet. Nun war Georg für ihren guten Ruf zuständig, und darüber hinaus würden sie wohl die hoffentlich bald zu erwartenden Kinder in ihrem Freiheitsdrang bremsen.
Georg hatte sich noch nie in seinem Leben so glücklich gefühlt. Dagegen verblasste sogar sein Erfolg bei der Auswahl zum königlichen Schreiber. Gewiss verwirrte ihn manches an Lauras ungebundenem Leben, aber er war so verliebt, dass er manche Auffälligkeiten an Laura gern übersah. Auch war gerade ihr unkonventionelles und spontanes Verhalten ein Teil ihrer Anziehungskraft. Und schließlich glaubte er – ähnlich ihrem Vater –, dass Ehe- und Familienleben sie ruhiger, gelassener und angepasster machen würden.
Die Hochzeit fand in großem, feierlichem Rahmen statt. Der Hofkaplan traute sie in der königlichen Kapelle. Der König, die Königin und alle, die Rang und Ansehen am Königshof hatten, waren anwesend. Laura sah in ihrem Brautkleid bezaubernd aus und Georg konnte es kaum fassen, dass ausgerechnet ihm, dem armen Waisenjungen, ein solches Glück widerfuhr. Die Feierlichkeit ging ohne störende Zwischenfälle zu Ende, wenn man einmal davon absieht, dass Lauras Mischlingshund den Weg in die Kapelle gefunden hatte und sich nicht mehr von der Seite seiner Herrin vertreiben ließ. Beim Jawort gab er kräftig Laut. Einige Gäste konnten sich des Lachens kaum erwehren, andere flüsterten hin-

ter vorgehaltener Hand: „Typisch Laura", und Georg war das Aufsehen, das sie erregten, ziemlich peinlich. Anschließend fand das große Festbankett statt und auch hier durfte Lauras Hund teilnehmen, indem er unter dem Tisch zu ihren Füßen lag und die köstlichsten Kostproben zugesteckt bekam.

Die ersten Wochen waren für das junge Paar eitel Glück und Sonnenschein. Auch der Haushofmeister freute sich an ihrer Zuneigung und Liebe. Im Laufe der Zeit jedoch störten Georg einige Verhaltensweisen an seiner Frau. Fast unmerklich schlichen sich diese kritischen Gedanken bei ihm ein.

Mit tadelnder Stimme sprach er sie an: „Muss dieser Hund dich immer begleiten? Wenn er mit seinen schmutzigen Pfoten an dir hochspringt, beschmutzt er dein Kleid. Außerdem würde ein edler Rassehund viel besser zu dir passen." „Es würde deinem Stand auch viel mehr entsprechen, wenn du mehr Kontakt zu den Hofdamen pflegen würdest, statt dieses übertrieben freundlichen Umgangs mit dem Hauspersonal. Im Palast wird darüber nicht gut geredet." „Es ziemt sich auch nicht, dass du allein ausreitest." „Deine Haube sitzt schief." „Auf deinem Rock ist ein Fleck – sicher wieder von diesem unmöglichen Hund." „Du lachst zu laut." „Neulich hast du gegähnt, als dir der Finanzminister etwas erklären wollte. Ich gebe ja zu, es war wirklich langweilig, aber du musst einfach lernen dich mit Anstand zu langweilen."

So gab es viele Vorkommnisse, an denen Georg Anstoß nahm. Anfangs lachte Laura über diese Vorhaltungen, gab Georg einen Kuss und sagte: „Mein lieber Brummbär, nimm doch diese äußeren Dinge nicht so wichtig. Ich bin eben so wie ich bin, und ich möchte mein Leben nicht durch diese langweilige Etikette einschränken lassen. Also sprich nicht weiter mit erhobenem Zeigefinger zu mir."

Da Georg Laura wirklich liebte, vergaß er für kurze Zeit seine Kritik und Laura schaute ab und zu in den Spiegel, ob ihre Haube auch gerade saß. Sie versuchte auch, bei einem langweiligen Gespräch ihr Gähnen zu unterdrücken. Aber dann gab ihr unbekümmertes Verhalten Georg doch wieder Anlass zu Vorhaltungen,

zumal er sich bemühte, sich dem Hofzeremoniell peinlichst genau anzupassen, um nicht unangenehm aufzufallen. Er hatte die panische Angst, bei Hof würde man etwas über seine Herkunft erfahren und darüber spotten.
All diese Dinge hätten sich vielleicht im Laufe der Zeit eingerenkt und hätten keine schwerwiegende Folgen nach sich gezogen, wenn da nicht eine andere Sache gewesen wäre.
Zu Beginn ihrer Ehe war es Georg gar nicht aufgefallen, musste er doch seine Aufträge für den König pünktlich erfüllen und war dadurch stundenlang seinem Haus fern. Doch als er einmal weniger Zeit im königlichen Palast verbringen musste, weil der König auf Inspektionsreise in fernen Landesteilen war, merkte er, dass Laura jeden ersten Donnerstag im Monat zu einer bestimmten Zeit das Haus verließ und erst Stunden später zurückkam. Als er sie daraufhin ansprach, gab sie ihm nur eine ausweichende Antwort. Sie liebe es allein unterwegs zu sein, um in Ruhe nachdenken zu können. Da Georg merkte, dass dies nicht die ganze Wahrheit war, drang er weiter in sie, doch er konnte nichts Näheres erfahren. Je mehr er sie bedrängte, um so mehr zog sie sich zurück.
„Das ist etwas, was nur mich angeht. Ich bin immer für dich da, nur diese paar Stunden im Monat gehören mir allein. Ich tue nichts Unrechtes und wenn du weiter in mich dringst, zerstörst du nur unsere Liebe und unser gegenseitiges Vertrauen."
Georg war durch diese Antwort nicht zufrieden gestellt, doch da er merkte, wie ernst es Laura damit war, beließ er es für den Moment dabei. Aber das Unbehagen blieb. Eine Frau sollte doch keine Geheimnisse vor ihrem Ehemann haben. Und was, wenn doch ein anderer Mann dahintersteckte? Misstrauen ergriff immer mehr von ihm Besitz und die Eifersucht ließ ihn nicht mehr zur Ruhe kommen. Argwöhnisch beobachtete er das Verhalten seiner Frau, und als der erste Donnerstag des Monats gekommen war, hielt er es nicht mehr länger aus. „Ich habe Laura zwar versprochen, ihr Geheimnis zu achten, aber sie muss es ja nicht erfahren. Wenn ich mich einmal vergewissert habe, dass alles ganz harmlos ist, vielleicht ein bisschen Wichtigtuerei, Beweis ihrer Unabhän-

gigkeit, dann kann ich wieder beruhigt schlafen und großzügig dulden, dass sie ein kleines Geheimnis vor mir haben will. Es ist nur zu unserem Besten, dass ich ihr seltsames Verhalten ergründe."

Damit Laura keinen Verdacht schöpfte, gab er vor, an diesem Donnerstag besonders viel Arbeit zu haben. Er verabschiedete sich gleich nach dem Mittagsmahl und ging hinüber zum königlichen Palast. Er kehrte dann um und versteckte sich in der Nähe ihres Anwesens.

Als Laura das Haus verließ, folgte er ihr in genügendem Abstand. Seine Frau schlug den Weg Richtung Totenwald ein und das bereitete Georg großes Unbehagen. Dieser Wald wurde von allen gemieden, wurde doch erzählt, dass er die Heimstätte unerlöster Seelen sei. Ohne zu zögern betrat Laura den Wald und folgte einem schmalen Pfad. Dieser endete bei einer Felsenhöhle, deren Eingang von Ranken und Dornen überdeckt war. Laura blieb davor stehen und stieß einen lockenden Laut aus. Kaum war der Laut verhallt, durchbrach mit großem Getöse ein riesiger Drache das Gesträuch. Wie erstarrt stand Georg hinter dem Busch, wo er Deckung gesucht hatte. Er wollte schreien, Laura warnen, doch der Schrei blieb ihm in der Kehle stecken. Er glaubte zu träumen. Was er sah, konnte nicht der Wirklichkeit entsprechen. Laura ging auf das Ungeheuer zu und sprach es mit besänftigenden Worten an. Die Flammen, die so bedrohlich aus den Nüstern des Drachen geschossen waren, wurden schwächer und erloschen. Laura hatte sich inzwischen auf einen Stein nahe der Felsenhöhle gesetzt und der Drache tappte unbeholfen auf sie zu. Dann legte er seinen unförmigen, furchterregenden Kopf in Lauras Schoß. Als wäre es ein zahmes Hündchen, kraulte Laura seinen Hals. Sie sprach dabei liebevoll auf ihn ein, genau wie sie es auch mit ihrem Hund tat. Der Drache stieß wohlige Laute aus und schlug vor Behagen mit dem Schwanz auf den Boden, dass die Erde im Umkreis erbebte. Georg stand immer noch wie gelähmt hinter dem Busch. Schreckensvisionen durchrasten ihn, Bilder, die den friedlichen Anblick überdeckten. Die scharfen Zähne und die spitzen Krallen würden Laura zerfleischen, die Feuerstöße sie verbrennen und ein Schlag mit dem gewaltigen Schwanz sie zermalmen.

Wie lange die Begegnung dauerte, hätte Georg nicht sagen können, er hatte jegliches Zeitgefühl verloren. Die Füße fest verwurzelt in der Erde, dass er keinen Schritt tun konnte, einen Schreckensschrei gefangen in der Kehle, dass er nicht nach außen drang, die Augen starr auf Laura und das Untier gerichtet, dass er den Blick nicht abwenden konnte, stand er regungslos dabei.

Dann verabschiedete sich Laura von dem Drachen, streichelte ihn ein letztes Mal, drückte ihren Kopf zärtlich an den gewaltigen Schädel, flüsterte noch einige liebevolle Abschiedsworte und stand auf. Der Drache stieß noch einige Laute aus, die Georg durch Mark und Bein gingen, aber von Laura wie selbstverständlich angenommen wurden. Laura winkte dem Drachen noch einen Abschiedsgruß zu und machte sich auf den Heimweg. Der Drache verharrte noch eine Weile vor seiner Höhle und zog sich dann unter lautem Schnauben zurück.

Endlich konnte sich Georg wieder rühren. Er fühlte sich völlig erschöpft und schleppte sich nur mühsam bis zum Waldrand. Hier ließ er sich im Gras nieder. Er musste erst einmal zur Ruhe kommen und das Geschehen vor seinem inneren Auge ordnen. Aber was gab es zu ordnen? Seine Laura, die er durch und durch zu kennen glaubte, stand auf vertrautem Fuß mit dem Bösen, denn nichts anderes verkörperte der Drache. Er konnte es nicht glauben, aber er hatte es doch mit eigenen Augen gesehen. Der widerliche Geruch des Ungeheuers steckte noch in seiner Nase, die Feuerstöße schienen noch immer seine Augen zu blenden, und die Schläge des Schwanzes dröhnten noch in seinen Ohren. Er musste herausfinden, was sie soweit gebracht hatte, und dann musste er sie von diesem Dämon befreien. Ein kalter Schauder lief ihm bei diesem Gedanken über den Rücken. Würde er es mit diesem Untier aufnehmen können? Er liebte Laura und mit Gottes Hilfe würde er es versuchen, und sollte er dabei sein Leben lassen.

In seiner Erregung hätte er Laura am liebsten sofort zur Rede gestellt, keine Sekunde sollte sie länger von diesem Ungeheuer ab-

hängig sein. Andererseits hatte er auch Angst vor dieser Unterredung. Wie würde Laura auf seinen Vertrauensbruch reagieren, hatte sie ihn doch beschworen, nicht in ihr Geheimnis einzudringen? Als er sich wieder ein wenig gefasst hatte, schien es ihm das Vernünftigste, zunächst mit ihrem Vater zu reden. Ihm konnten ja ihre Donnerstagsgänge nicht unbekannt geblieben sein. Als Laura zu ihrem abendlichen Ritt aufgebrochen war, bat er den Haushofmeister um eine Unterredung.
„Was wisst ihr von den monatlichen Begegnungen Lauras mit dem Drachen?“, fiel er gleich mit der Tür ins Haus.
Der Haushofmeister erschrak sichtlich: „Laura und ich hatten gehofft, dies alles vor euch geheim halten zu können, aber wie ich sehe, ist uns das nicht gelungen, und so ist es besser, ich erzähle euch die ganze Geschichte: Vor fünf Jahren folgte ich einem Hirsch in den Totenwald. Das Jagdfieber ließ mich jede Vorsicht vergessen. Plötzlich überfiel mich dieser Drache aus dem Hinterhalt und riss mich zu Boden. Ich spürte seinen feurigen Atem im Gesicht und dachte, mein letztes Stündlein sei gekommen. Ich konnte nur noch um Gnade flehen und versprach dem Drachen alles, was er sich wünschte. Ich dachte an Gold und Edelsteine, aber nie an meine Tochter. Ich sollte sie ihm zuführen und er selbst würde mit ihr über die Bezahlung sprechen. Sollten wir nicht zurückkommen, würde uns beiden Schreckliches geschehen. Was sollte ich tun, zunächst einmal war ich den Klauen dieses Untiers entronnen. Wen der beißende Feuerhauch trifft, der verspricht alles. Laura war sofort bereit sich dem Drachen zu stellen. Als wir uns der Drachenhöhle näherten, bat sie mich zurückzubleiben. Sie wollte allein mit dem Ungeheuer verhandeln. Schweren Herzens ging ich darauf ein. Ich weiß es nicht, wie Laura es fertig gebracht hat, dass der Drache sich mit diesen monatlichen Treffen zufrieden gab. Ihre Unschuld und ihre Tapferkeit werden ihn, dessen Name allein schon die Menschen in Angst und Schrecken versetzt, gezähmt haben. Denkt nicht, dass es mir leicht fällt, sie an den betreffenden Donnerstagen ziehen zu lassen,

aber sie lacht darüber und beruhigt immer wieder mein schlechtes Gewissen."

„Ihr habt euch ja fein aus der Affäre gezogen und lasst eure Tochter euren Leichtsinn büßen. Ihr macht euch doch etwas vor, wenn ihr glaubt, die Begegnungen seien so harmlos wie mit einem Schoßhündchen. In diesem Drachen steckt ein schrecklicher Dämon, der euch alle in Sicherheit wiegt, bis er zuschlägt. Spürst ihr nicht, welcher Gefahr sich Laura jedes Mal aussetzt? Selbst wenn dieser Dämon ihr Leben verschont, wird sich sein verderblicher Einfluss irgendwann bemerkbar machen, schleichend und unmerklich. Wer sich dämonischen Kräften aussetzt, verliert irgendwann seine Unschuld."

„Vielleicht hast du recht, aber bis jetzt ging doch alles gut und ich vertraue weiter auf Lauras innere Stärke, mit der sie den Drachen in Schach halten kann. Du hast doch selbst gesehen, wie zahm er sich in ihrer Gegenwart benimmt. Lass alles, wie es ist und unternimm auf keinen Fall etwas gegen Lauras Willen. Wenn du am jetzigen Zustand etwas änderst, könnte ein schreckliches Unglück über uns alle hereinbrechen."

Doch Georg ließ sich durch die mahnenden Worte von Lauras Vater nicht beeinflussen. Er glaubte in den Worten des Haushofmeisters die Zaghaftigkeit des Alters zu erkennen. Er war jung und war es nicht ein gutes Omen, dass er auf den Namen Georgs, des Drachentöters, getauft war? Er wollte auch nicht mit Laura sein Vorhaben besprechen, sondern sie einfach vor vollendete Tatsachen stellen. Er befürchtete nämlich, dass sie sich seiner Absicht in den Weg stellen würde, weil sie in ihrer Unschuld glaubte, dieses Ungeheuer ließe sich zähmen. Er wusste es besser. Dem Bösen durfte man nicht das kleinste Entgegenkommen zeigen. Heimtückisch spielte dieser den Harmlosen, um dann zuzuschlagen, wenn niemand mehr an irgendeine Gefahr dachte. Laura konnte froh sein, dass sie bis jetzt unbeschadet davongekommen war.

Um auf die Begegnung gut vorbereitet zu sein, nahm er in den nächsten Wochen beim Waffenschmied des Hofes Unterricht. Er habe einige dunkle Gestalten um das Haus schleichen sehen und denen wolle er nicht ganz schutzlos gegenüberstehen. „Habt wohl Angst um euer hübsches Frauchen", brummte der Waffenschmied vor sich hin, „nun ja, Vorsicht kann nie schaden." Nach ein paar Wochen war der Waffenschmied recht zufrieden mit den Leistungen seines Lehrlings. „Für einen Schreiberling stellt ihr euch recht gut an." Aus seiner Waffensammlung überließ er ihm noch ein Schwert, sodass Georg wohlvorbereitet den kommenden Donnerstag erwarten konnte.

Wie üblich verließ Laura das Haus und machte sich auf den Weg zur Drachenhöhle. Wieder folgte ihr Georg in ausreichendem Abstand. Doch dieses Mal wusste er was ihn erwartete. Es bot sich ihm das gleiche Bild. Das riesige Ungeheuer verließ laut schnaubend die Höhle und bettete seinen gigantischen Drachenkopf in Lauras Schoß. Als Laura ihm den Bauch kraulte, schnurrte der Drache vor Wohlbehagen wie ein Kätzchen. Diese, wie er glaubte, scheinbare Idylle konnte Georg nicht länger ertragen. Jetzt oder nie würde er Laura von allen dämonischen Einflüssen befreien. Er verließ sein Versteck, stürzte nach vorn und rammte sein Schwert in den schutzlos dargebotenen Bauch der Bestie.

Das Geheul des Drachen ließ die Erde erzittern. Durch die Schläge seines Schwanzes stürzte der Eingang der Höhle zusammen, schwarzes Blut strömte aus dem Bauch des Tieres und ergoss sich über das Gras. Georg konnte sich seines Sieges nicht freuen, denn voller Schrecken bemerkte er, dass aus dem Bauch des Tieres kleine Drachen krochen, die in ihrer Vielzahl Grauen erregender waren als das große Ungeheuer, das ihm so viel Abscheu eingeflößt hatte. Ehe er sich versah, war er von diesen kleinen Biestern, die zusehends wuchsen und Furcht erregende Formen annahmen, umringt. Er schlug wild mit dem Schwert um sich, traf auch den einen oder anderen, aber es waren zu viele, als dass er ihrer Herr hätte werden können. Lange würde er der Übermacht nicht mehr gewachsen sein. Da verbiss sich eines der Ungeheuer in sein Bein. Vor Schmerz schrie er laut auf und ließ sein Schwert fallen. Das war das Ende, das er durch seine Überheblichkeit selbst herbei geführt hatte. Er war so sehr mit seinem Überlebenskampf beschäftigt gewesen, dass er Laura ganz aus den Augen verloren hatte. Diese war durch das plötzliche Erscheinen Georgs und seinen tödlichen Angriff auf den ihr vertrauten Drachen zunächst wie gelähmt. Trauer, Zorn auf das anmaßende Verhalten Georgs und Furcht vor der schrecklichen Entwicklung hielten sie in Bann. Doch als sie wahrnahm, wie Georg immer mehr in Bedrängnis geriet, erwachte sie aus ihrer Erstarrung. Sie ergriff einen Knüppel und stürzte sich in das Getümmel. Mit einem Schlag befreite sie Georg von dem Tier, das sich in sein Bein verbissen hatte. Sie schlug weiter um sich, denn sie musste sich nun selbst der Ungeheuer erwehren. Nun wurde es Georg erst bewusst, in welche Gefahr er Laura durch sein selbstgefälliges Verhalten gebracht hatte. Das hatte er nicht gewollt. Er war so überzeugt gewesen alles richtig zu machen, und nun das. Doch für den Moment blieb ihm nichts anderes, als weiterzukämpfen, so hoffnungslos die Situation auch aussah.

Es war wie ein Wunder, dass es ihm gemeinsam mit Laura gelang, der Übermacht Herr zu werden. Der Boden war schwarz vom Drachenblut und bedeckt von toten Tieren. Vollkommen erschöpft ließen sie sich in einiger Entfernung nieder. „Verzeih mir", begann Georg nach einer langen Pause, „dass ich durch mein hochmütiges Verhalten diese Gefahr heraufbeschworen habe. Ich wollte dich von allen dämonischen Einflüssen befreien und dann war es, als hätte sich die ganze Macht der Hölle über uns ergossen. Du hattest den besseren Weg gewählt, nämlich das Böse zu zähmen. Und dann habe ich dich in meinen Kampf hineingezogen, aber ohne dich hätte ich nicht überlebt."

Tränen der Trauer flossen noch immer über Lauras Wangen: „Als ich sah, dass du in Gefahr warst, konnte ich nicht anders als kämpfen. Weil mir dein Leben kostbar ist, musste ich töten. Ich bin glücklich, dass du gerettet bist, aber ich bin auch unendlich traurig über all das vergossene Blut." Lange saßen sie eng umschlungen da. Nie vorher waren sie sich ihrer Liebe so sehr bewusst gewesen.

Auf einmal hörten sie im Gesträuch neben der Höhle ein leises Schnauben. Sollte sich dort ein überlebender Drache verkrochen haben? Unwillkürlich griff Georg nach seinem Schwert. Wirklich, sie konnten unter den dichten Zweigen eines Busches einen Drachenkopf erkennen. Schon wollte sich Georg mit gezücktem Schwert auf das Tier stürzen, als ihn ein leiser Ruf Lauras innehalten ließ. „Sieh her, das Tier ist verwundet und braucht unsere Hilfe. Es wird uns nichts Böses tun. Ich werde seine Wunde versorgen und mich in den nächsten Tagen um es kümmern. Vielleicht kann ich es zähmen."

Verdutzt sah Georg Laura an. Doch dann musste er lachen. Fing alles wieder von vorne an? Doch die vorausgegangenen Stunden hatten ihn etwas gelehrt. Er ahnte jetzt etwas von der Vielfalt des Lebens, das sich nicht in richtig oder falsch, schwarz oder weiß einordnen ließ. Er konnte sich auf die neue Situation einlassen, auch wenn es eine Geschichte mit unbestimmtem Ausgang war.

Die Erfahrung, die er in dieser lebensbedrohenden Situation gemacht hatte, half ihm auch in Zukunft, gelassener mit den eigenen und anderer Menschen Unvollkommenheiten umzugehen.

'Helfen – mein Leben'
Rebekka auf dem Parcours der Nächstenliebe

In einem Königreich, so klein und unbedeutend, dass es auf den meisten Landkarten nicht zu finden war, lebte König Placidus mit seiner Frau Stillfriede. Sie hatten ein kleines Töchterchen mit Namen Rebekka. Das Mädchen strahlte so viel Herzlichkeit aus, dass alle Menschen, die ihm begegneten, sich zu ihm hingezogen fühlten. Von klein auf war es für Rebekka das Schönste, anderen eine Freude zu bereiten. Für Mutter brachte sie ein paar Blümchen aus dem Garten, für Vater eine Vogelfeder. Die geringen Gaben wurden durch ihre Liebe und Freundlichkeit zu kostbaren Geschenken. Die Eltern liebkosten sie und bestätigten ihr immer wieder, welch außergewöhnlich liebes Kind sie sei. Dann strahlten Rebekkas Augen und sie nahm sich vor, ihre Eltern nie zu enttäuschen, sondern ihnen immer Freude zu bereiten.

Mutter nahm sie mit, wenn sie die Armen und Kranken in ihren baufälligen Hütten besuchte. Dort half Rebekka, die Gaben zu verteilen, und das tat sie mit soviel Zugewandtheit und mit solch strahlendem Lächeln, dass es für die Armen war, als ginge die Sonne in ihren elenden Behausungen auf. Die Beschenkten bedankten sich überschwänglich und Rebekka freute sich über ihre Zuneigung.

Doch einen alten Mann besuchte sie nur ungern. Dieser saß mit mürrischem Gesicht in seinem verschlissenen Sessel und zeigte keine Geste der Dankbarkeit. Wenn er überhaupt den Mund aufmachte, dann machte er höchstens eine hämische Bemerkung über die Reste der königlichen Küche.

„Warum ist dieser Mann immer so unfreundlich und bedankt sich nie für das gute Essen, das wir ihm bringen?", fragte dann Rebekka ihre Mutter. „Ach, weißt du, er ist verbittert, weil er im Steinbruch verunglückt ist und seine Beine nicht mehr gebrauchen kann. Er war ein tüchtiger Arbeiter und nun ist er wütend, weil er auf fremde Hilfe angewiesen ist."

Die Antwort der Mutter befriedigte Rebekka nicht. „Er sollte trotzdem dankbar sein; denn ohne uns müsste er verhungern. Ich werde nicht mehr zu ihm gehen."
Fortan ging Rebekka nicht mehr in die Hütte dieses undankbaren Mannes, sondern wartete lieber vor der Tür. Um so mehr genoss sie die Liebe und Dankbarkeit der anderen Hilfsbedürftigen. Ihre Augen leuchteten, wenn die Menschen sie ihren guten Engel nannten, die Mutter sie lobte und zärtlich an sich drückte und der Vater stolz wiedergab, was seine Untertanen voller Lob von seiner Tochter sprachen.
So glücklich auch der Vater mit seinem Töchterchen war, insgeheim sehnte er sich nach einem Sohn, der einmal sein Thronfolger sein sollte.
Sein Wunsch ging in Erfüllung und die Frau gebar ihm den erwünschten Sohn. Der Preis war hoch, denn nach der schweren Geburt kam Stillfriede nie mehr ganz zu Kräften, und noch vor dem ersten Geburtstag des Knaben starb sie. Als sie den Tod nahen fühlte, ließ sie Rebekka an ihr Krankenbett rufen: „Kind", sprach sie mit leiser Stimme, „ich werde euch bald verlassen. Du bist schon groß und verständig, aber dein kleiner Bruder ist noch hilflos. Schenke ihm an meiner Stelle all deine Liebe und Fürsorge, die ihm Amme und Kindermädchen nicht geben können. Auch dein Vater ist zu beschäftigt, um ihm die notwendige Herzenswärme und Zärtlichkeit entgegenzubringen. Ich vertraue dir Amatus an."
Kurze Zeit später starb Stillfriede. Rührend sorgte Rebekka fortan für ihren kleinen Bruder. Eifersüchtig wachte sie darüber, dass Amme und Kindermädchen nur die notwendigsten Verrichtungen an ihm vornahmen. Selbst dem Vater gönnte sie nicht die ohnehin spärliche Zeit, die er mit seinem Sohn verbrachte. Sie wiegte ihn auf ihren Armen, wenn er weinte. Sie sang an seinem Bettchen die Wiegenlieder, die sie selbst von ihrer Mutter gehört hatte. Von ihr lernte er die ersten Worte, an ihrer Hand machte er die ersten Schritte. Sie tröstete ihn, wenn er hinfiel, sie wachte darüber, dass er vor jeglicher Zugluft geschützt war und sich nicht

erkältete. Sie schlief im Nachbarraum und eilte bei dem geringsten Laut an sein Bett. Sie umsorgte ihn wie die Henne ihr Küken und hatte keine anderen Bedürfnisse, als sich um das Wohl des Kindes zu kümmern. Sie war glücklich, wenn ihr Amatus seine Ärmchen entgegenstreckte und sich an sie schmiegte. Sie war stolz, wenn er nur von ihr getröstet werden wollte. Vater lobte ihre Fürsorglichkeit in den höchsten Tönen und auch das gab ihr Genugtuung. Während der Schulstunden spielte das Kind in ihrer Nähe, sodass sie es immer im Auge hatte.

Als der Knabe älter wurde, ergab es sich notwendigerweise, dass auch andere Menschen in seinem Leben eine Rolle spielten, aber sie nahm nach Möglichkeit weiter Anteil an seinem Leben. In den Schulstunden hielt sie sich in seiner Nähe auf und half ihm bei seinen nachmittäglichen Übungen, und Amatus verließ sich gar zu gern auf ihre Hilfe. Wenn er vom Pferd fiel oder sich beim Fechtunterricht eine kleine Schramme zuzog, suchte er Trost bei Rebekka und ließ sich von ihr mit Zuckerwerk verwöhnen. Rebekka lebte ganz für die Bedürfnisse ihres Bruders und sie genoss sichtlich seine Zuwendung und Dankbarkeit.

Eines Tages überraschte Vater sie mit der Neuigkeit im Schloss einen Ball zu veranstalten, um sie in die Gesellschaft einzuführen. Ein wunderschönes Kleid wurde für sie angefertigt und Rebekka war überrascht, als sie sich im Spiegel sah, denn bisher hatte sie sich nur flüchtig wahrgenommen. Es hatte ihr genügt sich zu vergewissern, ob ihr Kragen keinen Fleck aufwies und ihre Haare ordentlich frisiert waren. Nun sah sie eine junge Frau mit strahlendem Lächeln und leuchtenden Augen, deren Blau hervorgehoben war durch die Farbe ihres Kleides. 'Bin ich das wirklich?', staunte sie.

Der Abend wurde ein voller Erfolg. Von allen Seiten strömte Rebekka Bewunderung entgegen, als sie am Arm ihres Vaters den Saal betrat. Die jungen Männer überstürzten sich ihr den Hof zu machen, und alle wollten mit ihr tanzen. Rebekka ließ es sich gern gefallen, aber zwischendurch eilte sie immer wieder zu Amatus, der am Fest teilnehmen durfte und vom Rand aus den Tanzenden vergnügt zuschaute. „Fühlst du dich auch wohl? Ist es dir auch nicht zu kalt? Hat man dir auch schon etwas zum Essen gebracht? Langweilst du dich auch nicht?", fragte sie ihn besorgt. Amatus beruhigte sie. „Es macht mir großen Spaß zuzuschauen. All die schönen Frauen und Mädchen mit ihren wunderbaren Kleidern! Aber du bist natürlich die Allerschönste", fügte er schnell hinzu. Viele Gäste äußerten sich dem König gegenüber lobend über Rebekkas Verhalten dem kleinen Bruder gegenüber. „Ihr könnt stolz auf eure Tochter sein. Besser und liebevoller könnte sich keine Mutter um den Jungen kümmern."

Nur eine ältere Tante nahm Rebekka kurz beiseite: „Übertreibe deine Fürsorge nicht. Der Junge ist gut aufgehoben. Es ist dein Fest und du solltest es unbeschwert genießen. Die jungen Männer sind enttäuscht, wenn du sie immer wieder stehen lässt."

„Die jungen Männer sind mir nicht so wichtig und ihr albernes Geschwätz interessiert mich nicht. Amatus braucht mich." Mit diesen Worten ließ Rebekka die besorgte Tante stehen. ‚Was versteht die Alte schon', dachte sie bei sich, und sie ließ es sich auch nicht nehmen, Amatus selbst ins Bett zu bringen, als er müde wurde.

Auch König Placidus konnte sich ein Leben ohne Rebekka nicht vorstellen. Bei Empfängen stand sie an seiner Seite und selbst bei Verhandlungen mit Gesandten anderer Königreiche war sie dabei. Sie hielt sich zwar immer im Hintergrund und mischte sich nicht in die Gespräche ein, aber wenn der König mit ihr allein war, fragte er sie um ihre Meinung. Auch in Rechtsstreitigkeiten, die vor dem König ausgetragen wurden, hörte er gern auf ihren Rat und lobte sie wegen ihrer klaren Ansichten.

Rebekka gefiel sich in ihrer Rolle und sie hörte es gern, wenn ihr zu Ohren kam, was die Leute hinter dem Rücken des Königs flüsterten, dass sie nämlich die eigentliche Macht innehabe.

Amatus wuchs zu einem jungen, hübschen Mann heran, und der Vater zog den Thronfolger immer mehr zu Amtsgeschäften heran, besser gesagt, er wollte es. Amatus zeigte nicht allzu viel Interesse an ernsthafter Arbeit. Er ging lieber auf die Jagd oder glänzte bei gesellschaftlichen Ereignissen. Die Ermahnungen des Vaters nahm er nicht ernst. Dessen Vorwürfen entgegnete er nur lachend: „Rebekka kann das viel besser als ich.“ Diese nahm ihn in Schutz: „Lass ihm noch ein wenig Zeit, Vater. Er ist ja noch jung.“

Doch der Vater starb ganz überraschend und nun war es für Amatus an der Zeit, die Nachfolge anzutreten. Dem Namen nach war er nun der König dieses kleinen Landes, aber in Wirklichkeit verwaltete Rebekka das Land und stand hinter allen Entscheidungen, die Amatus nach außen vertrat. Diesem gefiel es so, hatte er doch dadurch genügend Zeit seinen Vergnügungen nachzugehen. Er beteuerte Rebekka immer wieder seine Dankbarkeit. „Schwesterchen, du bist ein Schatz. Was sollte ich nur ohne dich machen?“

Auch Rebekka war es zufrieden. Wieder war es die alte Tante, die mahnte: „Rebekka, du kannst nicht dein ganzes Leben deinem Bruder opfern. Denk einmal an deine eigene Zukunft, deine eigenen Bedürfnisse. Noch gibt es fürstliche Bewerber um deine Hand, aber bald wird es zu spät sein.“

„Halte mich nicht von meiner Aufgabe zurück, die mir Mutter auf ihrem Totenbett anvertraut hat“, wehrte Rebekka ab. „Noch braucht mich mein Bruder und es macht mich glücklich ihm zu helfen.“

Kurze Zeit später verliebte sich Amatus in die schöne Prinzessin Edina. „Ich habe die Frau meines Lebens gefunden“, verkündete er strahlend Rebekka. Bald fand die Hochzeit statt. Es war ein glanzvolles Fest, von dem in der ganzen Umgebung noch lange gesprochen wurde.

Nun änderte sich für Rebekka alles. Die junge Frau beanspruchte ihren Platz an der Seite von Amatus und wachte eifersüchtig darüber, dass ihr den niemand streitig machte. Sie beschnitt nicht nur Rebekkas Einfluss im persönlichen Bereich, was ja noch verständlich gewesen wäre, sondern verdrängte sie auch aus ihrer bisher so wichtigen Stellung bei Hofe. Edina duldete keine mächtige Rivalin im Hintergrund.

Nach und nach ihres Einflusses beraubt, beschwerte sich Rebekka bei ihrem Bruder. Doch dieser – verliebt in seine junge Frau – zuckte nur verlegen die Schultern: „Das musst du verstehen. Edina ist so stolz darauf, Königin zu sein, dass sie diese Rolle in jeder Beziehung ausfüllen möchte. Für dich ist es doch auch zum Vorteil, dass du jetzt weniger Pflichten hast. Du hast nun endlich einmal Zeit für dich und kannst nach deinen eigenen Wünschen leben. Ich kenne auch den ein oder anderen Mann, der dich gern verwöhnen würde."
Wortlos und zutiefst gekränkt wandte sich Rebekka ab. Doch es kam noch schlimmer. Edina konnte es nicht ertragen, dass Rebekka auch weiterhin in vielen Dingen um Rat gefragt wurde. Das würde sich auch nie ändern, so lange sie weiter mit ihnen die königlichen Gemächer teilte. So überredete Edina ihren Mann, Rebekka eine Wohnung in einem Nebengebäude zuzuweisen. Zuerst wollte Amatus nicht auf diesen Vorschlag seiner Frau eingehen. „Das kann ich Rebekka nicht antun. Als ich klein war, hat sie Mutterstelle an mir vertreten und mich liebevoll umsorgt, und als ich früh zur Königswürde kam, hat sie mit mir diese Bürde, der ich noch nicht gewachsen war, getragen." Edina gab nicht nach. Zornig stapfte sie auf den Boden: „Diese Zeiten sind vorbei. Du bist jetzt erwachsen und ich stehe dir als Königin zur Seite. Ich dulde es nicht länger, dass Rebekka weiterhin so tut, als wäre sie noch immer die erste Frau im Königreich. Du musst dich zwischen mir und ihr entscheiden." Was sollte Amatus machen. Er liebte seine Frau und wollte sie auf keinen Fall verlieren.
Als Rebekka erfuhr, dass sie die königlichen Gemächer verlassen und sich in das kleine Nebengebäude, das einmal vom Verwalter bewohnt worden war, zurückziehen sollte, traf sie trotz allem, was vorausgegangen war, dieser neue Schlag doch vollkommen überraschend. Sie, der das kleine Königreich seinen Wohlstand zu verdanken hatte, sie, die an Amatus Mutterstelle vertreten und dafür gesorgt hatte, dass aus dem schwächlichen und ängstlichen kleinen Jungen ein gesunder und lebensfroher Mensch geworden war, sie, die zum Wohl des Landes und des unmündigen Bruders auf

alle eigenen Wünsche und Bedürfnisse verzichtet hatte, sollte nun auf das Altenteil abgeschoben werden. Wutentbrannt ob dieser grenzenlosen Undankbarkeit stellte sie ihren Bruder zur Rede: „Ist das der Dank, dass ich dir mein ganzes Leben geopfert habe? Was wärst du ohne mich? Ein Bettelkönig vielleicht, der wegen seiner Schulden schon längst aus seinem Schloss vertrieben worden wäre. Wie ich dich hasse!"
Außer sich vor Zorn lief sie aus dem Schloss und achtete nicht auf ihren Weg. Vollkommen erschöpft hielt sie nach langer Zeit inne und ließ sich auf einem Felsvorsprung am Rande des Waldes nieder. Die Gegend war ihr fremd. Wie sollte sie jemals wieder den Weg zurück finden? Aber gab es denn überhaupt ein Zurück? Sie ließ nun ihren Tränen der Wut und Enttäuschung freien Lauf. Rachegedanken erfüllten sie. Wenn doch Feuer vom Himmel fiele und das ganze Schloss mit Amatus und Edina vernichten würde.
Blind vor Tränen hatte sie nicht bemerkt, dass sich ihr ein Mann genähert hatte. Erschrocken fuhr sie zusammen, als er sie grüßte. „Rebekka, du brauchst keine Angst vor mir zu haben, ich weiß um deinen Kummer. Es ist wirklich unverzeihlich, wie dich dein Bruder behandelt, obwohl er dir alles zu verdanken hat. Du hast Recht. Solche Undankbarkeit muss bestraft werden. Ich weiß auch, wie. Du hast sicher schon von Burghard gehört, dem König ohne Land. Er wurde als unmündiger Knabe von einem betrügerischen Onkel um all seinen Besitz gebracht. Mit einer Horde Soldaten, die ihm damals treu geblieben waren, streift er seither durch das Land, lebt von Raub und Plünderungen und schreckt auch vor Mord nicht zurück. Dass er nicht schon längst gefangen und dem kaiserlichen Gericht ausgeliefert wurde, verdankt er seinen wagemutigen Männern, die vor keiner Gefahr zurückschrecken und den vielen armen Bauern und Leibeigenen, die ihm immer wieder Schutz und Obdach gewähren. Du hast ja sicher gehört, dass er nur den reichen Kaufleuten und ausbeuterischen Gutsbesitzern etwas wegnimmt und die armen Leute nicht nur verschont, sondern auch an seiner Beute teilhaben lässt. Die Burg seiner Väter konnte er allerdings bis jetzt noch nicht zurückero-

bern. Sie ist zu gut befestigt und bewacht. So hält er Ausschau nach einem kleinen Fürstentum, um es mit Gewalt in seinen Besitz zu nehmen. Er will nicht mehr länger König ohne Land heißen. Wenn du dich auf die Seite Burghards stellst und ihm hilfst, das Schloss deines Bruders zu erobern, hast du zweierlei erreicht: Du hast dich an deinem undankbaren Bruder gerächt und die ewige Dankbarkeit Burkhards erworben. Seine Dankbarkeit dir gegenüber wird sich darin zeigen, dass er dich zu seiner Frau, zur Burgherrin also, machen wird."

Rebekkas Gedanken überschlugen sich. War das ihre Chance? „Wie könnte das geschehen?" „Nichts einfacher als das. Du kennst doch sicher einen geheimen Zugang zur Burg, den niemand außer den Familienmitgliedern kennt. Wenn du den Burghard preisgibst, kann er mit seinen Mannen unbemerkt in die Burg eindringen. Die Burg von innen zu erobern, ist dann keine Kunst mehr." „Ich kenne einen solchen geheimen Zugang. Er wurde in früheren Zeiten als Fluchtweg angelegt. Er ist in Vergessenheit geraten. Als Kind habe ich ihn einmal zufällig entdeckt, aber niemanden etwas davon erzählt, weil ich stolz darauf war, etwas zu wissen, was keiner sonst weiß. Aber, was wird mit meinem Bruder und seiner Frau?" „Nun, die werden natürlich aus der Burg verjagt und müssen sehen, wo sie anderswo Zuflucht finden. Ist das nicht genau das, was dein Bruder dir zugedacht hat?" „Du hast Recht", stimmte Rebekka zu, „ich werde Burghard den Weg zeigen und notfalls selbst vorangehen." Zum ersten Mal schaute sie in des Fremden Gesicht und erschrak vor den kalten, harten Augen, die starr auf sie gerichtet waren. Aber nur einen Augenblick zweifelte sie an ihrem Vorhaben, dann gewannen die Rachegedanken wieder die Oberhand und ließen keinen Platz für andere Gefühle.

Zunächst aber wollte sie mit Burghard selbst sprechen. Sogleich führte sie der Fremde zu Burghards Versteck. Sie kamen zu einer Ruine und nichts deutete darauf hin, dass das alte zerfallene Gemäuer Unterschlupf für so viele Menschen bieten könnte. Der Fremde schob einen riesigen Stein beiseite – so mühelos, dass ein geheimer Mechanismus vorhanden sein musste. Eine Treppe führ-

te nach unten und hier wurden sie schon von zwei Männern mit Fackeln erwartet. Diese führten sie durch einen Gang in einen großen, hell erleuchteten Saal. Teppiche bedeckten Boden und Wände. Männer saßen an langen Tischen und speisten von kostbarem Geschirr. Sie wirkten auf Rebekka nicht wie eine Räuberbande, sondern wie die Vasallen eines mächtigen Herrschers.
Ein Mann erhob sich jetzt von einem erhöhten Sitz und kam ihr entgegen. „Seid gegrüßt, edle Frau. Eure Anwesenheit lässt meine armselige Behausung in hellem Glanz erstrahlen. Nehmt an meiner Seite Platz." Mit diesen Worten führte Burghard sie zu einem zweiten erhöhten Sitz. Alles schien für sie vorbereitet zu sein. Verwirrt setzte sich Rebekka. Nie hätte sie unter der alten Ruine einen solch prachtvoll ausgestatteten Raum erwartet. Aber noch mehr überrascht war sie von Burghard selbst. Nichts entsprach ihren Vorstellungen von einem Räuberhauptmann, der plündernd und mordend durch das Land zog. Mit seiner edlen Gestalt und seiner königlichen Ausstrahlung erschien er ihr wie ein Wesen aus höheren Sphären, und dass er ihre Hilfe brauchte, machte ihn für Rebekka um so anziehender. Ja sie würde ihn mit all ihren Kräften unterstützen und sich so seiner ewigen Dankbarkeit versichern. Einem solchen Mann beiseite zu stehen, schien ihr die Erfüllung ihrer größten Sehnsucht.
Schon in der nächsten Nacht traf sich Rebekka mit Burghard und seinen Leuten in der Nähe der Burg. Diese Nacht war wie geschaffen für ihr Vorhaben. Ein wilder Sturm ließ die Bäume ächzen und erzittern und sein Geheul überdeckte jedes andere Geräusch. Dichte Wolken verdeckten jedwedes Mond- und Sternenlicht, so dass sie sich in völliger Dunkelheit dem Eingang des Geheimganges nähern konnten. Ohne Rebekka hätten sie diesen Eingang, der von Geröll und Brombeerranken verdeckt war, nie gefunden. So war es für sie ein Leichtes, die Hindernisse zu entfernen und in den Gang einzudringen. Beim schwachen Licht einiger Laternen führte sie Rebekka sicher um alle Ecken, an allen Abzweigungen vorbei. Einige Stellen konnten sie nur gebückt oder gar kriechend überwinden. An manchen Punkten gab es nur ei-

nen engen steilen Durchschlupf, den sie mit Händen und Füßen mühsam überwinden mussten. Am Ende versperrte ein riesiger Felsbrocken den Weg, doch Rebekka wusste um die Vorrichtung, durch die sich der schwere Stein bewegen ließ, sodass ein Zugang zum unterirdischen Verlies frei wurde. Hier warteten alle, bis auch der Letzte den Geheimgang verlassen hatte. Die dicke, eisenbeschlagene Tür war nicht verschlossen und sie konnten ohne Schwierigkeit in die Eingangshalle gelangen. Kein Mensch war zu sehen, aber aus dem Speisesaal im oberen Stockwerk schallte Musik durch das weitläufige Treppenhaus. Aus Erfahrung wusste Rebekka, dass Amatus und Edina gern ausgiebig speisten und sich dazu von zwei Musikanten aufspielen ließen. Der Zeitpunkt für den Überfall war also günstig, da die Bediensteten in der Küche und mit dem Auftragen der Speisen beschäftigt waren und niemand mit einem Überfall rechnete.
Nun stürmten Burghard und seine Mannen die schön geschwungene Treppe hinauf und rissen die breiten Flügel des Speisesaales auf. Schreckensschreie ertönten, die aber schnell verstummten. Als Rebekka den Saal betrat, war schon alles vorüber. Die Diener und Dienerinnen standen verängstigt an der Wand. Suchend blickte Rebekka sich um. Wo war ihr Bruder? Fragend wandte sie sich an Burghard, der gerade wieder den Raum betrat. „Dein Bruder und seine Frau sind sicher im Verlies untergebracht", war die Antwort. „Sie werden mir als Faustpfand dienen, wenn befreundete Fürsten versuchen ihm zur Hilfe zu eilen. Keiner wird den Tod der beiden in Kauf nehmen. Euch aber", machte er den Bediensteten deutlich, „wird nichts geschehen, wenn ihr mich als neuen Herrn anerkennt, mir ergeben dient und uns so schnell wie möglich ein reichhaltiges Mahl vorsetzt." Erleichtert verließen alle den Saal.
Inzwischen hatten die Gefährten Burghards seinen Befehl vollzogen, die Burgwachen zu überwältigen und bei dem geringsten Widerstand zu töten. Da diese keinen Angriff von innen erwartet, sondern ihre ganze Aufmerksamkeit nach außen gerichtet hatten, war es ein Leichtes gewesen, sie in kürzester Zeit zu überwältigen.

„Ich bewundere eure Klugheit und eure Begabung, die Gunst der Stunde zu nutzen und eure Absichten so schnell und geschickt durchzusetzen“, schmeichelte Rebekka Burghard. „Gewährt mit nun eine Bitte, lasst meinen Bruder und Edina nicht länger im Verlies schmachten. Was können sie euch schon anhaben, wenn sie bei befreundeten Fürsten Zuflucht suchen? „

„Das müsst ihr schon mir überlassen“, war Burghards Antwort. „Nach diesem anstrengenden Tag ist es Zeit sich zur Ruhe zu begeben. Ich wünsche euch eine gute Nacht.“ Mit diesen Worten verließ er sie.

Tief gekränkt blieb Rebekka zurück. Bedeutete sie denn Burghard gar nichts, dass er nicht auf ihren Wunsch einging, dass er nicht den Abend mit ihr verbringen wollte? Sie hatte doch alles für ihn getan und war sich seiner Dankbarkeit und Zuneigung so sicher gewesen. War sie ihm nichts wert? Aber vielleicht war er nach dem anstrengenden Tag nur müde. Morgen war ein neuer Tag. Sie würde weiter für ihn unentbehrlich sein, kannte sie sich doch am besten in den Verhältnissen des Königreiches aus. Und wenn sie erst seine Frau wäre, würde sie ihm treu zur Seite stehen, alle seine Wünsche erfüllen und für ihn lebensnotwendig sein.

Am nächsten Morgen kleidete sie sich sorgfältig an und sie war glücklich, als Burghards Augen bewundernd auf ihr ruhten. Sie konnte ihn auch über die verschiedenen Ländereien aufklären und sie spürte, wie wichtig diese Auskünfte für Burghard waren. Irgendwann würde er wohl auch über Amatus und Edina mit sich reden lassen.

Burghard ließ das geraubte Gut aus der Ruine in die Burg bringen und schmückte sie damit prachtvoll aus. Die übrigen Fürsten und Landbesitzer verhielten sich zunächst abwartend, vielleicht wegen der Gefangenen, vielleicht aber auch, weil sie Burghard fürchteten und sich auf keinen Kampf mit ihm einlassen wollten.

„Es wird Zeit für normale Beziehungen zu den Nachbarn“, meinte Burghard eines Tages zu Rebekka, „du kannst mich beraten, wie ich diese Leute am besten für mich gewinne.“ Da Rebekka deren Stärken und Schwächen kannte, konnte sie Burghard manch gu-

ten Rat geben. So lieh er einigen Geld, anderen half er mit Soldaten aus. Nun war auch der richtige Zeitpunkt für eine großzügige Geste gekommen: Unter der Bedingung, das Königreich für alle Zeiten zu verlassen, entließ Burghard Amatus und Edina aus der Gefangenschaft. Mit dem Notwendigsten versehen würden sie schon irgendwo Unterschlupf finden.
Bald lud Burghard zu einem großen Fest ein. Rebekka fühlte sich als Hausherrin und richtete alles auf das Beste. Insgeheim hoffte sie, dass Burghard sie an diesem Abend als seine zukünftige Frau und Burgherrin vorstellen würde. Diese Ehre hatte sie sich wahrhaft verdient.
Der Abend verlief großartig und Rebekka wurde mit Komplimenten überhäuft. Als sie sich nach Burghard umschaute, weil sie dachte, es sei an der Zeit, ihre Verbindung bekannt zu geben, sah sie, dass Burghard gerade mit einer jungen Frau – fast noch ein Mädchen – tanzte und dabei zärtlich auf sie hinabschaute. Die junge Frau, Tochter eines benachbarten Grafen, schmiegte sich hingebungsvoll in seine Arme, als würde sie ihn schon lange kennen. Nur mit größter Selbstbeherrschung überstand Rebekka die nächsten Stunden.
Unerträglich für sie wurde es aber, als sie unfreiwillig Zeuge eines Gespräches zweier älterer, unverheirateter Baroninnen wurde. Diese unterhielten sich lang und breit über die Beziehung Burghards zu der hübschen Gräfin. Burghard ginge bereits im Grafenschloss ein und aus und die Eltern der jungen Frau seien mit der Verbindung einverstanden. Der einzige Grund, warum die Verlobung der beiden noch nicht öffentlich gemacht wurde, sei, dass man erst den 16. Geburtstag von Amabel abwarten wolle. Für Burghard sei die Verbindung auch eine große Chance, von der hiesigen Gesellschaft akzeptiert zu werden. Das einzige Hindernis sei Rebekka, aber auch hier würde Burghard schon eine Lösung finden. Ein älterer Graf interessiere sich für sie und so sei das Problem auf elegante Weise gelöst.
Das war zuviel. Neben Wut und Zorn erfüllte tiefe Niedergeschlagenheit Rebekka. Sie war sich der Liebe und Dankbarkeit Burg-

hards so sicher gewesen. Sie hatte doch alles für ihn getan, sogar den eigenen Bruder der Vertreibung ausgeliefert. Sie konnte nicht mehr länger ein höfliches Lächeln aufsetzen und mit den Gästen über belanglose Dinge plaudern. Sie konnte nicht mehr unter der gleichen Decke wie dieser Verräter atmen. Sie musste an die frische Luft. Sie warf sich einen Mantel über und eilte aus dem Schloss. Ganz außer Atem gelangte sie zu der gleichen Stelle, an der sie damals den Fremden getroffen hatte. Wieder setzte sie sich auf den Felsvorsprung und ließ ihren Tränen freien Lauf. Wie damals trat der Fremde auf sie zu: „Hat man dich wieder schlecht behandelt? Diese Undankbarkeit muss bestraft werden." Bei diesen Worten zog er ein kleines Signalhorn aus einer Tasche, die er neben sich abgestellt hatte. „Wenn du in der Nähe der Burg in dieses Horn bläst, dann wird die Erde erbeben, dass kein Stein mehr auf dem anderen bleibt. Feuer wird vom Himmel fallen, dass jedes Lebewesen vernichtet wird. Du hast es in der Hand, den Übeltäter seiner gerechten Strafe zuzuführen."

Am liebsten hätte Rebekka sofort das Horn ergriffen und an ihre Lippen gesetzt. Doch Bilder kommenden Grauens ließen sie zögern. Die Burg ihrer Väter wäre für immer vernichtet. Mit dem treulosen Burghard müssten unzählige unschuldige Menschen sterben. Auch die Tiere würden dieser Katastrophe zum Opfer fallen.

„Du hast eine Stunde Bedenkzeit", fuhr der Fremde fort. „Wenn du dann die Chance der Vergeltung nicht ergreifst, hast du sie für immer vertan." Rebekka wurde von den zwiespältigsten Gefühlen überwältigt. Sie hasste Burghard, der ihre Liebe und Zuneigung so schnöde missachtet hatte, dass sie ihn am liebsten mit eigenen Händen erdolcht hätte. Zugleich war sie zutiefst niedergeschlagen. War sie denn selbst so wenig wert, dass niemand sie auf Dauer liebte und schätzte? Sie, die sich für andere aufgeopfert hatte, die ihnen jeden Wunsch von den Augen abgelesen hatte, die die Bedürfnisse der anderen schon kannte, ehe es ihnen selbst bewusst war, sie saß nun einsam und verlassen in der Dunkelheit. Sie spürte, wie alle Energie sie verließ. Das Leben hatte keinen Sinn mehr

für sie. Am liebsten würde sie sterben. Als der Fremde sie nach einer Stunde wieder aufsuchte, winkte sie nur einfach ab. „Dir fehlt es wahrhaft an Mut und Kraft, du bist ein Nichts, abhängig vom Wohlwollen anderer.“ Mit diesen Worten wandte sich der Fremde ab und sein höhnisches Lachen verlor sich in der Ferne.
„Er hat Recht. Ich habe mich verloren. Ich bin ein Niemand. Keiner braucht mich, keiner liebt mich.“ In tiefer Niedergeschlagenheit saß sie da und ließ ihren Tränen freien Lauf.
Rebekka war so versunken in ihren Gram, dass sie zunächst gar nicht merkte, dass sich jemand neben ihr niedergelassen hatte. So schrak sie zusammen, als eine leise Stimme sie ansprach: „Warum weinst du, Königstochter?“
„Was nennst du mich so? Ich bin niemandes Tochter. Ich bin nirgends zu Hause. Niemand gehört zu mir. Niemand braucht mich. Und wer bist du?“
„Nenne mich Bona. Ich bin dir seit Geburt beigegeben als dein Schutzgeist, der dich auf all deinen Wegen begleitet.“
„Ich habe dich noch nie gesehen.“
„Wie solltest du auch. Du hast mich ja nie gebraucht. Du warst immer so stolz darauf, alles allein zu können und allein zu machen. Jetzt spürst du deine Schwäche und Bedürftigkeit und kannst mich sehen.“
Rebekka sah sich die fremde Gestalt genauer an. Sie erinnerte sie an ihre alte Tante, die sie immer wieder ermahnt hatte, auf ihre eigenen Bedürfnisse zu achten. Nur schien sie bedeutend jünger zu sein. Sie hatte die gleichen sanften Augen, denen nichts zu entgehen schien. Sie hatte das gleiche liebevolle Lächeln. Sie strahlte zugleich eine große Würde und Autorität aus.
„Was kann ich für dich tun“, fragte sie Rebekka nach langem Schweigen.
„Ich möchte einen Platz finden, wo ich geliebt und anerkannt werde, wo ich geborgen bin.“
„Es gibt einen Ort der Liebe, aber der Weg dorthin ist mühsam. Es erfordert Mut ihn zu gehen.“
„Zeige mir diesen Weg.“

„Ich kann dich zum Anfang dieses Weges führen, aber dann musst du ihn allein gehen."
Bei diesen Worten nahm Bona Rebekka an die Hand und führte sie nahe an die Felsen heran. Erst als sie davor standen, bemerkte Rebekka einen Spalt, durch den man, falls man sich bückte, ins Innere des Berges gelangen konnte. „Von hier ab musst du den Weg allein gehen, aber ich werde immer unsichtbar in deiner Nähe sein, und wenn du allein nicht mehr weiter weißt, kannst du mich zu Hilfe rufen." Mit diesen Worten verschwand die Frau, die sich Bona nannte und ihrer Tante so ähnlich sah, genau so plötzlich wie sie gekommen war. „Was kann mir die alte Tante schon helfen. Es ist zwar nett gemeint, aber von jetzt an werde ich es allein schaffen", dachte Rebekka bei sich. Sie sah sich bei dem schwachen Licht um, das durch den Felsspalt schien. In den Fels geschlagene Treppenstufen führten nach unten. Vorsichtig setzte sie einen Fuß vor den anderen. Es herrschte nun völlige Dunkelheit und sie fürchtete zu stürzen. „Warum muss ich diese glitschigen Stufen in völliger Dunkelheit hinabsteigen, wenn ich doch nach oben zum Ort des Lichtes und der Wärme will?", dachte Rebekka verzweifelt. Sie tastete sich weiter und der qualvolle Weg schien kein Ende zu nehmen. Als sie schon glaubte, niemals an sein Ende zu gelangen, nahm sie einen schwachen Lichtschein wahr. Sie ging weiter und ließ sich erschöpft auf der letzten Treppenstufe nieder. Millionen Leuchtkäfer erhellten eine riesige Halle. Vor Rebekka breitete sich ein unergründlicher See aus. Wie sollte sie ans andere Ufer gelangen?
Als sie so überlegte, schwamm ein Delphin auf sie zu. „Steige auf meinen Rücken. Ich bringe dich ans andere Ufer." Im gleichen Moment entdeckte Rebekka ein Boot, das halb an Land gezogen war. „Danke für dein Angebot, aber ich möchte dich nicht mit meinem Gewicht belasten. Ich werde das Boot nehmen und selbst hinüber rudern."
Sie stieg ein, aber kaum war sie ein Stück vom Ufer entfernt, kam sie nicht mehr gegen eine mächtige Gegenströmung an. So sehr sie sich auch mühte, sie kam keinen Millimeter mehr vorwärts. Zu-

gleich merkte sie zu ihrem Schrecken, dass das Boot sich immer mehr mit Wasser füllte. In ihrer Eile, ans andere Ufer zu kommen, hatte sie das Loch im Boden des Bootes übersehen. Mit bloßen Händen versuchte sie das Wasser auszuschöpfen, doch vergeblich, das Boot füllte sich immer mehr mit Wasser und sank und sie mit ihm. Das eiskalte Wasser nahm ihr fast den Atem. Ein Strudel zog sie nach unten. Schlingpflanzen umklammerten sie. Das ist das Ende, das ist der Tod. Ein stummer Ruf nach Hilfe formte sich in ihrem Innern. Gerade, als sie sich mit ihrem Schicksal abgefunden hatte, spürte sie einen heftigen Stoß, der sie an die Wasseroberfläche trieb. Keuchend rang sie nach Atem. Es war der Delphin, der sie nach oben gestoßen hatte und sie nun auf seinem Rücken zum Ufer trug. Völlig erschöpft lag sie nun am Rande des Sees, spuckte Unmengen von Wasser aus und fühlte sich doch bei jedem Atemzug wie neu geboren, wieder dem Leben geschenkt.
Als sie sich ein wenig erholt hatte, wandte sie sich dem Delphin zu, der im flachen Wasser verharrte. „Danke für deine Hilfe."
„Eine Kleinigkeit für mich, aber du hättest es einfacher gehabt, wenn du gleich meine Hilfe angenommen hättest und nicht nur auf deine eigene Kraft vertraut hättest. Ich hoffe, du hast deine erste Lektion gelernt." Mit diesen Worten tauchte der Delphin unter und schwamm davon. Rebekka hätte gerne noch länger mit diesem Tier, dessen Augen sie irgendwie an Bona erinnerten, gesprochen, doch nun umfing sie wieder diese drückende Einsamkeit und Verlassenheit. Sie raffte sich mühsam auf und suchte nach dem weiteren Weg, um bald zu diesem Ort der Liebe zu gelangen und die Schrecken der Unterwelt hinter sich zu lassen.
Der Weg schlängelte sich weiter durch den Felsspalt und sie tastete sich an den glitschigen Wänden entlang. Als sie am Ende ihrer Kräfte war, und schon glaubte, keinen Schritt mehr vor den anderen setzen zu können, sah sie in der Ferne einen Lichtschimmer. Das gab ihr neue Lebenskraft und sie schleppte sich weiter auf diese Lichtquelle zu. Der Felsspalt öffnete sich zu einem weiten, lichterfüllten Tal. Überwältigt von der sonnendurchfluteten Landschaft ließ sie sich zunächst einmal auf dem trockenen Gras nie-

der, und als sich ihre Augen an das helle Tageslicht gewöhnt hatten, nahm sie auch die Menschen wahr, die eifrig damit beschäftigt waren, ein hohes Podest zu errichten. Neugierig trat Rebekka näher. Das Podest war fast fertig und zehn breite Stufen führten hinauf. Einige Männer waren gerade dabei, Stufen und Podest mit einem roten Teppich auszulegen. An einem Baum lehnte ein kunstvoll gestaltetes Schild. In großen Buchstaben stand darauf: „DEM SIEGER".

„Wer soll denn hier geehrt werden?", fragte Rebekka den nächststehenden Arbeiter. Der guckte sie verwundert an: „Wo kommt ihr denn her, dass ihr nichts von diesem Jahrtausendereignis wisst? Hier wird der wohltätigste Mensch als Sieger gefeiert. Hier findet so etwas wie ein Parcours der Nächstenliebe statt."

Ein innerer Aufruhr erfasste Rebekka. Alle Müdigkeit war verflogen. Hier, nur hier konnte der so lange gesuchte Ort der Liebe sein. „Wann findet dieser Wettkampf statt, was sind die Bedingungen und wer darf sich daran beteiligen?" fragte sie erregt. „Übermorgen ist das große Ereignis. Wer als erster zehn gute Taten vorweisen kann, wird Sieger. Jeder darf sich beteiligen. Teilnahmekarten gibt es beim Pfarrer, von dem auch die Idee dieses Wohltätigkeitsfestes stammt. Er freut sich über jeden, der mitmacht."

Rebekka sprach sogleich beim Pfarrer vor und ließ sich in die Teilnehmerliste eintragen. Dann suchte sie eine kleine Herberge, wo sie sich für die nächsten zwei Tage einquartierte. Es war gar nicht leicht ein Zimmer zu finden, da sich wegen des anstehenden Ereignisses schon viele Fremde in der Stadt befanden. Rebekka nahm sich kaum Zeit für eine kleine Mahlzeit. Sie wollte die verbliebene Zeit gut nutzen, um alle Möglichkeiten zu erkunden, wo Hilfe nötig und angebracht war. Sie war unermüdlich auf den Beinen, schaute in Krankenhäuser und Obdachlosenunterkünfte, in Schulhöfe und Kindergärten, in Baracken und Hinterhöfe. Es gab wirklich viel zu tun.

Am Vorabend des großen Ereignisses machte sie sich eine genaue Liste, in welcher Reihenfolge sie am zweckmäßigsten vorgehen

könnte, um möglichst schnell zehn Hilfsbedürftige zu erreichen. Sie war sich sicher, den Wettbewerb gewinnen zu können und sah sich schon als Siegerin auf dem Podest stehen. Sie spürte fast körperlich die Dankbarkeit der Einwohner. Sie würde von allen geliebt und verehrt werden. Wenn sie dann weiter so segensreich in der Stadt wirken und ein allumfassendes Hilfswerk aufbauen würde, würde man ihr bestimmt – vielleicht schon zu Lebzeiten – ein Denkmal setzen.
Am nächsten Morgen startete sie zielbewusst. Sie hetzte von einem Ort zum anderen. Im Schulhof trennte sie zwei miteinander kämpfende Jungen und einem kleinen Mädchen schrieb sie schnell die Hausaufgaben. Im Obdachlosenheim entwand sie einem Alten seine Rotweinflasche und einen anderen steckte sie trotz seines Sträubens in die Badewanne. Auf dem Spielplatz putzte sie einem kleinen Jungen die Nase und versorgte eine kleine Schürfwunde bei einem Mädchen, das von der Schaukel gefallen war. In einer baufälligen Hütte putzte sie die verdreckten Fenster, obwohl die alte Frau jammerte, dass nun jeder hineinsehen könnte. Im Krankenhaus teilte sie das Essen aus und tröstete einen Mann, der schon lange krank war und Sehnsucht nach Frau und Kindern hatte. Im Zoo fütterte sie einen hungrigen Affen mit einer schnell gekauften Currywurst.
Rebekka eilte als helfender Engel durch die Stadt und hatte schon bald die zehn geforderten Taten, die sie sich auch jedes Mal von anwesenden Zeugen bescheinigen ließ, beisammen.
Schnell eilte sie ins Stadion und sprang siegessicher auf das Podest. War ihr Sprung zu kräftig oder waren die Bretter nur nachlässig zusammengefügt? Jedenfalls krachte das Podest unter Rebekka zusammen und eingeklemmt von zerborstenen Brettern lag sie am Grunde des bombastischen Aufbaus. Anstatt diesem Engel der Nächstenliebe nun eilends zu Hilfe zu eilen, stimmten die Menschen, die sich inzwischen zahlreich rings um das Podium versammelt hatten, ein schadenfrohes Gelächter an. Rebekka hielt sich die Ohren zu, um das Gejohle der Menge nicht länger mit anhören zu müssen. Aber was nützte das; sie konnte nicht für alle

Zeiten in diesem Loch bleiben. Mühsam befreite sie sich und kletterte nach oben. Ihre Kleider waren schmutzig und zerrissen, in ihrem Gesicht blutete eine kleine Schramme, doch keiner zeigte Mitleid. Da stand der Mann, den sie gebadet hatte, schmutzig wie zuvor und grinste hämisch. Der andere setzte gerade eine Rotweinflasche an den Mund. Dem kleinen Jungen lief wieder die Nase und er wischte sie sich mit seinem Hemdsärmel ab. Die Frau des Mannes, den sie im Krankenhaus getröstet hatte, rief ihr eifersüchtig nach: „Du gemeines Luder, komm meinem Mann nie mehr zu nahe." Die Lehrerin verbat sich jegliche Hausaufgabenhilfe und der Zoowärter zeigte sich erbost über die Fütterung des Affen.

Rebekka, die Liebe, Anerkennung und Dankbarkeit erwartet hatte, erntete nichts als Spott und Hohn. Sie war beschämt wie nie zuvor in ihrem Leben. Nur eine alte Frau, die eine entfernte Ähnlichkeit mit Bona hatte, zeigte Mitleid: „Komm mit mir nach Hause, da kannst du dich etwas ausruhen und stärken für deinen weiteren Weg." Niedergedrückt vor Scham, mit gesenkten Augen, folgte Rebekka der Frau durch die kreischende Menge. Nie zuvor in ihrem Leben hatte sie sich so gedemütigt gefühlt. Die Frau führte sie zu einem kleinen, etwas abseits gelegenen Haus. Sie bot Rebekka einen Rock und eine Bluse an, denn deren Kleider hatten bei dem Sturz sehr gelitten. Sie setzte ihr auch ein reichhaltiges Mahl vor und Rebekka spürte plötzlich, dass sie Hunger hatte. Als sie gesättigt war, stellte sie der Alten die Frage, die sie die ganze Zeit nicht losgelassen hatte: „Warum lieben mich die Menschen nicht? Ich habe doch so viel für sie getan. Ich habe mich angestrengt."

„Du kannst dir Liebe und Zuneigung nicht erkaufen Du kannst sie dir nur schenken lassen. Das ist die zweite Lektion, die du lernen musst."

„Wer sollte mir einfach etwas schenken? Ich muss es mir doch verdienen, und ich habe doch immer mein Bestes gegeben und das Beste für andere gewollt."

„War es wirklich immer das Beste für die Menschen, denen du geholfen hast? War es nicht oft das, was du für das Beste hieltst?"
„Du meinst also, ich sollte mehr nach den wahren Wünschen und wirklichen Bedürfnissen der anderen fragen und nicht nach meinen eigenen Vorstellungen handeln?"
„Versuche es und finde es selbst heraus. Dann hast du auch die dritte Lektion gelernt."
„Dann habe ich alles falsch gemacht und ich bin nichts wert."
Die Alte lächelte ein wenig: „Du hast noch einen langen Weg vor dir, bis du dein wahres Selbst gefunden und die wahre Freiheit erlangt hast."
Gestärkt und ermutigt machte sich Rebekka auf ihren weiteren Weg. Die Frau hatte ihr noch die Richtung gezeigt.
Es wurde Abend und Rebekka hielt Ausschau nach einem Ort, wo sie übernachten könnte. Bald stieß sie inmitten fruchtbarer Felder auf ein größeres Anwesen, bestehend aus drei Wohnhäusern, Scheunen und Ställen. Rebekka bat um Unterkunft und wurde herzlich aufgenommen. Drei Familien bewirtschafteten den Hof und nahmen gerade gemeinsam das Abendessen ein. Wie selbstverständlich wurde Rebekka dazu eingeladen. Ihr gefiel die Atmosphäre auf dem Anwesen, der Umgang der Menschen miteinander, das fröhliche Lachen der Kinder und sie fragte, ob sie einige Zeit bei ihnen verbringen könne. Natürlich sei sie bereit mitzuhelfen. Alle stimmten zu: „Wir freuen uns über jeden, der uns bei der Arbeit hilft, denn die wächst uns fast über den Kopf. Würdest du gleich nach dem Essen das Geschirr spülen und die Küche aufräumen? Dann könnten wir in Ruhe die Kinder ins Bett bringen und die restliche Arbeit im Stall erledigen." Rebekka sagte zu, obwohl sie von der langen Wegstrecke, die sie an diesem Tag zurückgelegt hatte, rechtschaffen müde war und sich lieber gleich zum Schlafen gelegt hätte. Aber die Leute brauchten sie und so machte sie sich gleich an die Arbeit. Müde suchte sie dann die Kammer auf, die man für sie zurecht gemacht hatte.
Am nächsten Morgen schlief sie noch fest, als einige Kinder in ihre Kammer stürmten. „Hilfst du uns beim Anziehen und machst

du uns das Frühstück? Die Großen sind schon auf den Feld." Schlaftrunken erhob sich Rebekka und folgte den Kindern in die Küche. Kaum waren die Kinder versorgt und sie wollte sich selbst ein Frühstück zurechtmachen, stürzte eine Bewohnerin des Hofes in die Küche: „Gut, dass es dich gibt. Wir sind sehr in Bedrängnis. Ein Gewitter droht und das Heu muss unbedingt in die Scheune. Hilf uns bitte dabei." Wie sollte Rebekka das ablehnen. Ein Stück Brot in der Hand eilte sie hinter der jungen Frau her. Sie arbeitete den ganzen Morgen bis zur vollständigen Erschöpfung, war sie doch dergleichen Arbeit nicht gewöhnt. Nun hatte sie sich doch wirklich etwas Ruhe verdient. Doch kaum wieder im Haus, drängten sich die Kinder um sie herum. Sie wollten beschäftigt werden. Im ersten Moment wollte Rebekka die Kinder abwehren, aber dann taten sie ihr leid. Niemand hatte Zeit für sie. So spielte sie eine Weile mit ihnen, bis sie jemand bat das Abendessen zu richten. Wie am Abend zuvor blieb wieder der Abwasch für sie. Als sie sich endlich zur wohlverdienten Ruhe zurückziehen wollte, brachte eine der Mütter einen ganzen Berg voll Flickwäsche herein. „Es gibt kein ganzes Stück mehr im Haus. Ich weiß nicht, was die Kinder morgen anziehen sollen. Kannst du dich vielleicht darum kümmern?" Wieder wollte Rebekka ablehnen. Die Augen fielen ihr fast zu vor Müdigkeit. Aber die Kinder brauchten die Kleidung. So machte sie sich an die Arbeit und hatte, bis sie zu später Stunde ins Bett ging, vieles geflickt und gestopft.
So ging es Tag für Tag. Es gab ja so viel Arbeit im Haus, im Stall, auf dem Feld. Manchmal ärgerte sich Rebekka hinterher, dass sie zugesagt hatte eine Arbeit zu übernehmen, aber sie konnte einfach nicht Nein sagen. Es schmeichelte ihr auch, dass sie für die anderen so unentbehrlich geworden war. Als sie aber immer mehr mit Arbeit überhäuft wurde und ihr auch bewusst wurde, dass andere sich vor der Arbeit drückten, wuchs der Ärger in ihren Inneren. Sie fühlte sich ausgenutzt und wie geknebelt von den vielen Pflichten, die sie übernommen hatte. Eines Tages kam all ihre unterdrückte Wut zum Ausdruck. Sie hatte zugesagt im Stall zu helfen. Sie hatte versprochen, den Kindern neue Kleider zu nä-

hen. Sie hatte angeboten, einige Briefe zu schreiben. Es wuchs ihr alles über den Kopf. Sie hatte mehr versprochen, als sie halten konnte. Sie fühlte sich als Sklave aller. Sie hatte nur noch den Wunsch, frei von allen Verpflichtungen, unabhängig zu sein. Sie packte ihre wenigen Habseligkeiten zusammen und verließ die verdutzten Hofbewohner mit den Worten: „Mir reicht's. Macht euren Kram allein."

Nun war sie wieder auf dem Weg und sie fühlte sich ihrem Ziel, den Ort der Liebe zu finden, weiter denn je entfernt.

Sie wusste nicht, welche Richtung sie einschlagen, welchen Weg sie nehmen sollte. Sie nahm den nächstbesten Pfad, der sie bald in den Wald führte. Mechanisch setzte sie einen Fuß vor den anderen und nahm ihre Umgebung kaum wahr, nicht die beiden Rehe, die behände ihren Weg kreuzten, noch den Gesang der Vögel. Sie ging immer weiter, bis sie vor Erschöpfung beinahe zusammenbrach. Bei ihrem überstürzten Aufbruch hatte sie nicht daran gedacht, etwas zum Essen und Trinken mitzunehmen. Sie ließ sich auf den Waldboden fallen und hatte nicht mehr die Kraft, nach Wasser oder Beeren Ausschau zu halten.

'Nun werde ich hier einsam und verlassen sterben, ohne mein Ziel, das Haus der Liebe, erreicht zu haben.' Merkwürdigerweise bereitete ihr dieser Gedanke keinen Schrecken, sondern ein tiefer Friede erfüllte sie. Sie brauchte nicht länger gut und hilfreich zu sein. Sie musste nicht weiter um Liebe und Anerkennung kämpfen.. Sie war nicht mehr vom Wohlwollen anderer abhängig. Zum ersten Mal in ihrem Leben fühlte sie sich wirklich frei. Eine tiefe Ohnmacht umfing sie.

Sie fühlte sich getragen und geborgen. Als sie nach ihrer langen Ohnmacht die Augen aufschlug, glaubte sie im Himmel zu sein. Sie lag in einem weichen Bett. Sie fühlte sich erfrischt und ausgeruht. Ein Mann, schön von Angesicht, blickte sie so liebevoll an, dass ihr ganz warm ums Herz wurde. „Wo bin ich?", flüsterte Rebekka. „Du bist in meinem Schloss. Als ich im Wald einen Hirsch verfolgte, habe ich dich gefunden. Du bist die Frau, nach der ich mein ganzes Leben lang gesucht habe, die Frau, die ich des Nachts in meinen Träumen sah. Ich habe die ganze Welt durchforscht um dich zu finden. Ich wollte die Suche schon aufgeben, und dann finde ich dich in meinem Wald. Es ist wie ein Wunder, dass mich ein Tier, das ich töten wollte, zu dir geführt hat."

Da verstummten alle Fragen, alle Zweifel in Rebekkas Herzen. Sie fühlte sich bedingungslos geliebt und erwiderte diese Liebe in gleichem Maße.

'Erfolg um jeden Preis'
Massimo und die wundersame Dose

Am Fuße des Schlossberges lebte die Witwe eines königlichen Hofbeamten mit ihrem Sohn Massimo. Ihr Mann hatte sich bei Hof große Verdienste erworben und zum Dank wurde der Frau und ihrem Sohn Unterstützung zuteil. Sie bekam eine kleine Rente, die für das Lebensnotwendige reichte, und sie konnte umsonst in einem Seitenflügel des Schlosses leben. Was sie darüber hinaus brauchten, verdiente die Frau durch kunstvolle Stickereien, die bei den vornehmen Hofdamen sehr begehrt waren.
Die wertvollste Vergünstigung für die junge Witwe aber war, dass ihr Sohn Massimo am Unterricht der Söhne des Königs und seiner Hofbeamten teilnehmen konnte. Wo sonst hätte er eine so gute Schulbildung erhalten können, es sei denn in einem Kloster. Es wäre ihr aber sehr schwer gefallen, sich von ihrem Sohn zu trennen, war er doch nach dem frühen Tod ihres Mannes ihr einziger Lebensinhalt, ihr Trost und ihre Freude.
Neben einer umfassenden Schulbildung wurde Massimo am königlichen Hof auch in allem unterrichtet, was ein künftiger Ritter des Königs an Fähigkeiten brauchte.
Die Mutter war sehr dankbar für diese umfassende Ausbildung und Massimo, der eine schnelle Auffassungsgabe besaß, hatte große Freude am gemeinsamen Unterricht. Er war mit solchem Eifer bei der Sache, dass er manches Lob erhielt. Voller Begeisterung erzählte er dann seiner Mutter von seinen Erfolgen und von der Anerkennung durch die Lehrer.
Seine Mutter nahm ihn dann in die Arme und sagte ihm, wie froh und glücklich sie über seine guten Leistungen sei und wie sehr sich auch sein Vater darüber gefreut hätte, wenn er noch lebte.
„Vater wäre stolz auf dich gewesen. Auch er war ein guter Schüler und später ein hervorragender Beamter des Königs."
Da Massimo spürte, wie sehr seine Mutter Anteil an seinen Erfolgen nahm, wie glücklich und zufrieden er sie dadurch machte,

strengte er sich ganz besonders an, um ihr durch gute Leistungen seine Liebe zu zeigen.
Jeden Tag hatte er ihr etwas Neues, Erfolgreiches zu berichten.
„Mutter, heute habe ich den besten Aufsatz geschrieben."
„Heute bin ich am schnellsten gelaufen."
„Heute bin ich am weitesten gesprungen."
„Mutter, heute hatte ich die beste Übersetzung eines lateinischen Textes."
„Heute fand ich am schnellsten die Lösung einer schweren mathematischen Aufgabe."
„Heute..."
Jedes Mal sagte ihm seine Mutter, wie glücklich sie darüber sei, wie sehr sie ihn liebe, weil er ein so guter und fleißiger Sohn sei, und wie stolz sein Vater auf ihn gewesen wäre.
Massimo nahm sich vor, seine Mutter nie zu enttäuschen. Wenn ihm einmal etwas nicht so gut gelang und andere besser waren als er, dann vermied er es darüber zu sprechen. Er fürchtete, dass er seine Mutter dann traurig machte und dass sie ihn vielleicht nicht mehr so lieb hätte. Es gab ja auch soviel Erfolgreiches zu erzählen, dass die kleinen Misserfolge kaum ins Gewicht fielen. Und warum sollte er von einer falschen Lösung reden, wenn der Lehrer seine ordentliche Schrift gelobt hatte. Und warum sollte er berichten, dass er zweimal unter dem schadenfrohen Gelächter der anderen Kinder vom Pferd gefallen war, wenn doch zuvor der Reitlehrer seine gute Haltung gelobt hatte.
So wurde es ihm immer mehr zur Gewohnheit, alles, was ihm nicht so recht gelungen war, zu verschweigen und alles, worin er erfolgreich war, hervorzuheben. Da er mit vielen Begabungen ausgestattet war, gab es auch immer – oder wenigsten meistens – gelungene Dinge zu berichten. Wenn es wirklich einmal gar nichts Hervorragendes zu erzählen gab, sondern er im Gegenteil Misserfolge erlitten hatte, konnte er doch gleich mit einer überzeugenden Erklärung aufwarten: dass er beim Nachdenken gestört worden sei, dass ihn ein anderer Junge kurz vor dem Ziel gestoßen

und dadurch zu Fall gebracht habe, dass jemand das Pferd erschreckt habe und Ähnliches mehr.
Manchmal dachte er sich auch etwas aus, was gut hätte sein können, aber dann doch leider nicht zustande gekommen war.
Wenn seine Mutter ihn in den Arm nahm und ihm sagte, wie lieb sie ihn habe, wie glücklich er sie mache und welch ein guter Sohn er sei, dann schwor er bei sich, sich noch mehr anzustrengen, noch erfolgreicher zu sein und sich so der Liebe seiner Mutter würdig zu erweisen.
Die Jahre vergingen und Massimo erfüllte in hohem Maße die Erwartungen des Königs, seiner Lehrer und nicht zuletzt seiner Mutter.
Da der König am Ende von Massimos Ausbildungszeit gerade einen tüchtigen Mann für seine umfangreichen Auslandsgeschäfte brauchte, beauftragte er Massimo damit. Dieser setzte all seine Fähigkeiten ein, arbeitete unermüdlich, knüpfte neue Handelsverbindungen und bereicherte bald durch günstigen Kauf und Verkauf die Kasse des Königs. Wenn er doch einmal ein Schiff der mächtigen Handelsflotte verlor, dann konnte man ihm den Verlust nicht anrechnen, sondern es waren die widrigen Wetterverhältnisse oder die Unfähigkeit des Kapitäns daran schuld.
Doch plötzlich schien das anfängliche Glück zu weichen und es ereignete sich eine Serie von Zwischenfällen, an denen er sowohl aus Überheblichkeit als auch aus Leichtsinn nicht ganz unschuldig war.
Als man ihn nun für einige Verlustgeschäfte verantwortlich machen wollte und er merkte, dass einflussreiche Männer am Königshof an seinen Fähigkeiten zu zweifeln begannen, kündigte er seinem König kurzerhand den Dienst.
Da er durch seine Handelsgeschäfte Beziehungen in alle Welt geknüpft hatte, war es für ihn ein Leichtes, im Heer eines mächtigen Sultans, der gerade mit einem Nachbarland Krieg führte, eine herausragende Stellung zu bekommen. Auch hier setzte er all seine Kräfte ein. Schnell wurden seine überragenden Fähigkeiten wahrgenommen und schon bald war er Kriegsminister in diesem

fernen Land. Unter seiner Verantwortung wurden viele Schlachten gewonnen und von seinen ruhmreichen Taten wurde überall erzählt.

Doch als seine Soldaten eine Schlacht verloren – er hatte die Lage falsch eingeschätzt –, fürchtete er um sein Ansehen. Ihm, der als unbesiegbar galt, war es unerträglich, eine Niederlage zuzugeben.

„Was kann ich dafür, dass die Soldaten nicht bis zum Äußersten gekämpft und sich feige zurückgezogen haben?", sagte er zu sich. „Mich trifft keine Schuld. Bei meinen Fähigkeiten wird es mir nicht schwer fallen, eine andere Aufgabe zu finden, die mir zu neuem Ansehen, zu großem Erfolg verhelfen wird."

Wie erwartet befand er sich nach kurzer Zeit wieder in einem ehrenvollen Amt. Bei einem reichen, mächtigen Herrscher übernahm er die Verantwortung für das kulturelle Leben und es gelang ihm bald, die bedeutendsten Künstler seiner Zeit an den königlichen Hof zu holen: Schauspieler und Sänger, Maler und Bildhauer. Die Einwohner waren begeistert, und ihre Begeisterung und Verehrung galt auch dem Mann, der all dies ins Leben gerufen hatte.

Nur des Königs Finanzminister begann erst leise, dann immer lauter zu murren. Die glanzvollen Veranstaltungen kosteten viel Geld und machten Einschränkungen an anderer Stelle erforderlich. Es gingen Gerüchte um, dass die königliche Suppenküche, die für bedürftige Einwohner eingerichtet worden war, geschlossen werden sollte, um die prächtigen Aufführungen weiter finanzieren zu können. Massimo wurde erst im Geheimen, dann auch öffentlich der Verschwendung beschuldigt und einige einflussreiche Leute forderten seine Entlassung.

Nach einer glanzvollen Theateraufführung befand sich Massimo auf dem Heimweg. Gewiss, der Beifall war wie immer gewaltig gewesen und man hatte ihn als den Initiator dieses gesellschaftlichen Ereignisses wiederholt auf die Bühne gerufen, aber vereinzelt waren auch Pfiffe zu hören gewesen. Das konnten nur aufgehetzte Leute gewesen sein, gekauft und geschickt von seinen Widersa-

chern. Trotzdem verbitterte es ihn, dass er nicht mehr des ungeteilten Beifalles gewiss sein konnte.
Missmutig in diese Gedanken versunken schreckte er plötzlich auf, als ihn ein elegant gekleideter Herr ansprach:
„Nun, was macht ein so erfolgreicher Mann wie ihr ein solch trübsinniges Gesicht?"
„Ihr würdet euch auch über dieses undankbare Volk ärgern. Nur weil dieser unfähige Schatzmeister nicht rechnen und das Geld nicht besser verwalten kann, macht man mich für die leere Staatskasse verantwortlich und verleumdet mich sogar beim König. Es wird noch so weit kommen, dass der König den Einflüsterungen glaubt und vergisst, was ich zum Ruhm seines Landes getan habe."
„Ich verstehe, dass es euch bedrückt, wie euer Ansehen leidet, und ich sehe auch, dass ihr Misserfolg nicht ertragen könnt. Aber euch kann geholfen werden. Ihr müsst mir nur vertrauen."
Dieser fremde Mann strahlte eine solche Autorität aus, dass Massimo keine Sekunde an seinen Worten zweifelte und ihn fragend anschaute.
„Seht diesen Ring." Bei diesen Worten zog der Fremde einen goldenen Ring vom Finger und fuhr fort: „Wenn ihr wollt, werde ich ihn euch schenken, und solange ihr diesen Ring tragt, wird euch der Erfolg nicht verlassen. Was auch immer ihr unternehmt, wird euch zu Ruhm und Ehre gereichen. Sollte euch wirklich einmal etwas misslingen, wird niemand euch den Fehler anlasten. Man wird immer nur widrige Umstände oder andere Menschen für einen Fehlschlag verantwortlich machen. Jeder wird gleichsam blind für eure Fehler sein. Ihr werdet in den Augen der Menschen unfehlbar sein und höchstes Ansehen genießen."
Begierig folgte Massimo den Worten des Fremden.
„Was kostet dieser Ring? Was muss ich euch dafür geben?", stieß er atemlos hervor.
„Was ich dafür haben will, ist kaum der Rede wert. Es ist etwas, das euch auf dem Weg zum Erfolg nur hinderlich ist – eure Gefühle."

„Meine Gefühle?", rief Massimo erschrocken aus. „Ohne Gefühle ist mein Leben doch eintönig wie das Leben einer Marionette. Ohne Gefühle habe ich keine Verbindung zu anderen Menschen."
„Urteilt nicht so voreilig", unterbrach ihn der Fremde, „ich meine diese spontanen, unkontrollierten Gefühle, die nur lästig sind. So können Mitleid mit einem gescheiterten Konkurrenten oder Hilfe für einen schwachen Freund zu einer Bedrohung eurer eigenen Überlegenheit werden und euch auf dem Weg nach oben bremsen. Liebe und Zärtlichkeit lassen euch euer eigentliches Ziel – der Beste in jeder Beziehung zu sein – vergessen, lenken euch von eurer Aufgabe ab. Ärger kann euch die Gunst eines höher gestellten, wichtigen Menschen kosten und so eurer Karriere schaden. Ihr versteht, was ich meine? Andererseits habt ihr natürlich recht. Gefühle sind wirklich unverzichtbar. Nur müssen sie genau den Gegebenheiten angepasst sein. Kurz gesagt – ihr müsst im richtigen Moment über die richtigen Gefühle verfügen.
Ich werde euch eine kleine Dose mit Gefühlspillen geben, wohl sortiert und farblich gekennzeichnet, so dass ihr über alle Gefühle verfügen könnt, die von euch erwartet werden, immer angepasst an die Anforderungen der jeweiligen Situation. Ihr könnt freundlich, bescheiden, wahrhaftig und liebevoll wirken. Ihr könnt selbstsicher, energisch, begeistert, überzeugend und, wenn nötig, auch kämpferisch, durchsetzungsstark, empört und zornig sein. Ihr habt also alle Gefühle, die andere Menschen für euch gewinnen sollen und euch Ansehen und Überlegenheit verleihen können, immer griffbereit. Solltet ihr aber jemals wieder eure eigenen Gefühle zurückfordern, dann werdet ihr alles verlieren, was euch lieb und teuer ist. Ihr werdet dann nicht mehr der Erste, sondern in jeder Beziehung der Letzte sein."
Massimo zögerte. Der Hauch eines drohenden Verlustes streifte ihn, aber das Angebot des Fremden war zu verlockend.
„Gut, der Handel gilt", setzte er sich über alle Bedenken hinweg.
Der Fremde gab Massimo Ring und Dose, wünschte ihm viel Erfolg und war so plötzlich verschwunden, wie er gekommen war.

Massimo spürte eine merkwürdige Leere, aber ein Griff in die Pillendose verschaffte ihm gleich ein Gefühl des Glücks und der Erwartung.
Seine Erwartung trog ihn nicht. Als er noch darüber nachdachte, wo er sein Glück suchen sollte, vernahm er, dass in einem nicht allzu fernen Fürstentum der regierende Fürst gestorben sei. Der Verstorbene hinterließ keine Kinder und man konnte sich am Fürstenhof über die Nachfolge nicht einig werden. Kein Bewerber um das hohe Amt entsprach so recht den Vorstellungen und Erwartungen. So hatte man beschlossen, öffentlich – auch außerhalb des Fürstentums – nach einem geeigneten Nachfolger zu suchen.
'Das ist genau das, was meinen Wünschen entspricht', dachte Massimo bei sich und machte sich sogleich auf den Weg, um sich um die Thronfolge zu bewerben.
Dank seiner Talente und Fähigkeiten und natürlich auch seiner Pillendose fiel es ihm nicht schwer, die Menschen zu überzeugen, dass er allein der passende Kandidat sei. Liebenswürdig und zuvorkommend gegenüber den älteren Hofbeamten, dazu von gewinnendem Äußeren und großer Ausstrahlung, energisch und selbstsicher bei der Darlegung seiner Pläne zur Entwicklung des Fürstentums erfüllte er alle Erwartungen. Keiner der maßgeblichen Leute versagte Massimo seine Zustimmung, da sie in ihm all ihre Wertvorstellungen verwirklicht sahen. Kurzum, alle waren sich einig, in diesem Mann den besten Nachfolger gefunden zu haben.
So wurde Massimo zum neuen Fürsten ausgerufen, und dieses Ereignis wurde eine Woche lang gefeiert. Seine künftigen Untertanen – angefangen von den Edelleuten bis hin zu den Bettlern – jubelten ihm zu; denn dank seiner Pillen übermittelte er überzeugend all die Eigenschaften, die die unterschiedlichsten Leute von ihm erwarteten. Diese Eigenschaften waren austauschbar und richteten sich ganz nach den Bedürfnissen der Menschen, mit denen er es gerade zu tun hatte. Kein Wunder also, dass sie Menschen ihm zujubelten, ihn bewunderten und verehrten. Massimo

selbst sah sich am Anfang einer Stufenleiter, die ihn zu immer größerem Ansehen und Erfolg führen sollte.
Mit vollem Einsatz und großer Energie bewältigte er die ihm gestellten Aufgaben und eilte von Erfolg zu Erfolg. Kein Misserfolg wurde ihm angelastet. Dafür verlor der ein oder andere Hofbeamte seinen Posten und wurde nötigenfalls des Landes verwiesen.
Die Bettler und Obdachlosen, die Arbeitslosen und Behinderten, also alle, die den Bürgern und dem fürstlichen Hof irgendwie zur Last fielen und dem Ansehen des Fürstentums – einem Anziehungspunkt für fremde Besucher – schadeten, wurden aus der Hauptstadt verbannt. Sie wurden weit entfernt in dürftigen Unterkünften neu angesiedelt und erhielten so viel Unterstützung, dass sie gerade überleben konnten. Da sie nun den wohlanständigen Bürgern, den vornehmen Edelleuten und den zahlungskräftigen Fremden nicht mehr täglich vor Augen waren, schien auch dieses Problem bestens gelöst. Besucher waren voll Anerkennung für diese wohlgeordnete Stadt, in der sie nicht von Bettlern belästigt wurden und ihnen der Anblick behinderter Menschen erspart blieb.
Übte jemand doch einmal offen Kritik am Verhalten des Fürsten, konnte es leicht sein, dass er im Gefängnis landete. Es gab ja immer etwas, dessen man einen aufsässigen Menschen beschuldigen konnte.
Grenzstreitigkeiten löste Massimo zugunsten seines Landes. Er vertiefte die Handelsbeziehungen zu anderen Städten und Ländern und machte so große Gewinne für sein Fürstentum. Mit diesen Gewinnen förderte er den Straßenbau und verbesserte das Schulwesen. Sein Ansehen stieg unaufhörlich, auch über die Grenzen seines Landes hinaus.
Zu all seinen Erfolgen fehlte ihm nur noch die passende Frau und so beauftragte er einen persönlichen Vertrauten, danach Ausschau zu halten. Dieser berichtete ihm bald von einer bildschönen Grafentochter von edlem Charakter und liebenswürdigem Wesen.
„Diese Frau würde euch zur Zierde gereichen. Auch besitzt ihr Vater ein ungeheuer großes Vermögen, sodass ihr mit einer rei-

chen Mitgift rechnen könntet. Der Graf wäre einer Verbindung nicht abgeneigt, hat er doch schon viel Ruhmreiches von euch gehört."

Dies alles klang für Massimo vielversprechend, und so machte er sich bald auf den Weg um persönlich um die Grafentochter zu werben.

Mit all dem ihm zur Verfügung stehenden Charme und – nicht zu vergessen – der Hilfe seiner Pillen gewann er bald das Herz der jungen Frau. Alles, was diese sich je von ihrem künftigen Gatten erträumt hatte, schien Massimo zu verkörpern. Sie war überzeugt von der Innigkeit seiner Gefühle und liebte ihn bald von ganzem Herzen.

Einer Hochzeit stand nun nichts mehr im Weg und sie wurde mit großem Aufwand gefeiert. Das Volk war begeistert von der neuen Landesherrin, die ihrem Fürsten und dem ganzen Fürstentum zur Ehre gereichte und sein Ansehen vermehrte.

Massimo überhäufte seine junge Frau Katharina mit Schmuck und anderen kostbaren Geschenken und es erfüllte ihn mit Stolz, sie bei allen nur möglichen Gelegenheiten an seiner Seite zu haben – sei es nun bei einem Empfang wichtiger Gesandter oder Handelsvertreter, sei es bei den Standesversammlungen einflussreicher Bürger.

Katharina fühlte sich zwar geschmeichelt durch Massimos Wunsch, sie immer in seiner Nähe zu haben, und auch durch die Bewunderung und Anerkennung, die ihr überall zuteil wurde, aber sie vermisste das ruhige Zusammensein mit ihrem Mann, die Zeit zu Gesprächen, um sich gegenseitig an ihren Gefühlen und Gedanken teilnehmen zu lassen, die Zeit, in der nur einer dem anderen genügte.

Waren sie dann aber einmal für sich, dann wurde Massimo schnell unruhig und war bald in Gedanken bei irgendwelchen geschäftlichen Vorhaben. Es gab ja so viel zu tun, zu organisieren, Neues in die Wege zu leiten, dass die Zeit allein mit seiner Frau ihm wie verlorene Zeit vorkam, Zeit, mit der er nichts anfangen konnte.

Wenn sie dann einmal klagte: „Du hörst mir gar nicht richtig zu, du bist nicht wirklich da, ich weiß so wenig von dem, was du fühlst und denkst“, dann schenkte er ihr als Antwort ein neues Schmuckstück und versicherte sie seiner großen Liebe.
Auf Dauer genügte es Katharina aber nicht, nur an Massimos Seite zu repräsentieren. Sie wollte mehr von den Menschen ihres Fürstentums wissen, wie sie lebten, wie sie arbeiteten. So ließ sie sich kreuz und quer durch die Stadt fahren und erfreute sich an dem regen Leben. Die schönen Fassaden der Häuser sprachen vom Wohlstand und Fleiß der Bewohner. Gepflegte Parks luden zum Verweilen ein. In den Geschäften gab es eine reiche Auswahl von Waren aus aller Welt: kostbare Stoffe, edles Porzellan, wertvolle Schmuckstücke. Auf dem Markt boten Bauern aus der Umgebung ihre Waren an und die Hausfrauen wählten sorgfältig aus dem reichhaltigen Angebot. Überall gab es Handwerksbetriebe, wo der Meister mit seinen Gesellen und Lehrlingen emsig arbeitete. Die Straßen waren sauber, und pausenlos strömten Fuhrwerke mit neuen Waren durch die Stadttore.
Auch außerhalb der Stadtmauern hatten sich Menschen angesiedelt und auch hier herrschte reges Leben, und die Gärten voller Blumen gaben den Häusern ein freundliches Aussehen. Katharina fuhr weiter über Land und fand stattliche Bauernhöfe, weitflächige, fruchtbare Felder und wohlgenährtes Vieh. Seit Massimo das Fürstentum regierte, war überall Wohlstand zu spüren. Es schien keine Armut, keine sozialen Missstände, keine Kriminalität zu geben, und Katharina freute sich über die Erfolge ihres Mannes.
Sie dehnte ihre Fahrten immer weiter aus, und so gelangte sie eines Tages zu den halbzerfallenen Hütten der Menschen, die Massimo einstens aus der Stadt gejagt hatte, weil er sich das strahlende Bild seiner Umgebung nicht durch den Anblick von Bettlern, Säufern und Verkrüppelten trüben lassen wollte. Die Wege waren schmutzig und mit Unrat überhäuft. Die Kinder sahen verwahrlost aus, und als Katharina einen kleinen Jungen in durchlöcherter Hose und zerrissenem Hemd nach der Schule fragte, blickte er sie nur verständnislos an. Auf den kargen Böden

wuchs mehr Unkraut als Getreide, und ein paar magere Ziegen fraßen das dürre Gras am Wegrand.
Katharina war erschüttert, dass Menschen unter so armseligen Bedingungen leben mussten. Der Anblick dieser bedauernswerten Menschen war ihr so nahe gegangen, dass sie Massimo aus der Ratsversammlung rufen ließ, um mit ihm darüber zu sprechen. Nach ihren ersten Worten unterbrach dieser sie ärgerlich: „Wegen dieser Faulenzer und Taugenichtse holst du mich aus einer wichtigen Besprechung? Diese Leute können froh sein, dass ich sie überhaupt auf meinem Land dulde und nicht schon längst aus dem Fürstentum gejagt habe. Und nun habe ich Wichtigeres zu tun, als über diese unnützen Menschen zu reden."
Mit diesen Worten ließ Massimo sie einfach stehen. Diese hartherzige und für sie unverständliche Haltung ihres Mannes war für Katharina noch schwerer zu ertragen als der Anblick des schrecklichen Elendes, und sie beschloss, den Menschen dort auch ohne die Zustimmung ihres Mannes zu helfen.
Am nächsten Tag ließ sie ein Fuhrwerk mit Lebensmitteln beladen und fuhr mit ihrer Kammerzofe in das vergessene Dorf, um mit den Menschen zu besprechen, wie sie ihr Leben ändern könnten. Die Leute dort nahmen zwar die Lebensmittel gern an, aber sie lebten schon so lange in ihrem Elend, dass sie kein Verlangen danach hatten, ihre Lebensweise grundsätzlich zu ändern.
Niedergeschlagen und ganz in Gedanken versunken, wie sie diesen Menschen neuen Lebensmut geben könnte, kehrte Katharina zum Schloss zurück.
Wütend wurde sie dort von Massimo empfangen: „Ich wollte dich dem Gesandten des Kaisers, der überraschend zu einem kurzen Besuch kam, vorstellen, und du treibst dich bei diesem Gesindel herum. Du benimmst dich unwürdig und schadest meinem Ansehen. Ich verbiete dir, jemals wieder dorthin zu fahren."
Katharina war darüber sehr traurig, aber gleichzeitig war sie auch zornig über diese ungerechte Zurechtweisung und das ihr unverständliche Verbot. Diese schlimme Enttäuschung trat aber bald in den Hintergrund, als sie spürte, dass sie ein Kind erwartete.

„So ein kleines hilfloses Wesen, das ganz auf unsere Fürsorge angewiesen ist, wird Massimo bestimmt milder stimmen“, dachte sie und freute sich auf ihr erstes Kind.
Auch Massimo zeigte Anteilnahme und freudige Erwartung – dies schienen ihm die geeigneten Gefühle zu sein –, und er sah im Geiste schon ein Kind vor sich, das alle anderen Kinder übertraf und seinen eigenen Erfolgsweg fortsetzen würde.
„Ja, es wird schön sein, einen kleinen Jungen heranwachsen zu sehen, der einmal mein Nachfolger sein wird.“
„Und wenn es ein Mädchen wird?“, wandte Katharina ein.
„Nun, ein Mädchen, das dir ähnlich wird, ist auch gut. Ich kann mir schon gut vorstellen, wie junge Fürstensöhne um sie werben werden. Auch ein Mädchen wird unserem Hause zur Ehre gereichen. Aber ein Sohn als erstes Kind wäre mir schon lieber.“
Was sollte die junge Frau darauf antworten? Jedes Kind würde ihr gleich lieb sein.
Als die Zeit der Niederkunft gekommen war, warteten alle gespannt auf die Ankunft des Kindes. Hebamme und Arzt waren bereit, und Massimo, der gerade ein Gespräch mit einem wichtigen Handelspartner führte, hatte den Befehl gegeben, ihn sofort nach der Geburt zu benachrichtigen.
Es war eine leichte Geburt, und der erste Schrei ihres Kindes machte Katharina glücklich. Doch als sie verlangend ihre Arme ausstreckte, um das Kind an sich zu drücken, spürte sie ein betretenes Schweigen. Warum zögerte man ihr das Kind zu geben? Irgendetwas schien nicht in Ordnung zu sein.
„Ihr seid erschöpft von der Geburt“, hörte sie die Stimme der Hebamme, „ruht euch erst ein wenig aus.“
Von einer angstvollen Vorahnung ergriffen, beharrte Katharina auf ihrem Wunsch, und so legte man ihr schließlich das Kind, eingeschlagen in ein Tuch, in den Arm. Sie drückte das Köpfchen mit den vielen dunklen Haaren an sich und es schien ihr das süßeste Kind zu sein, das sie jemals gesehen hatte.

Da verrutschte das Tuch, und sie sah, dass das Kind – ein Junge – einen verkrüppelten rechten Arm hatte. Kummer und Sorge erfüllten da ihr Herz.
'Du armes Kind, wie wird dich dein Vater, der sich so sehr einen gesunden, starken Jungen gewünscht hat, aufnehmen?' Gleichzeitig war sie von einer unendlich großen Liebe zu diesem Kind erfüllt, dem Kind, das ihre Zuwendung und Fürsorge wohl besonders nötig hatte.
Jeder fürchtete sich davor, Massimo diese Nachricht zu überbringen. Schließlich übernahm der Arzt diese Aufgabe und er versuchte, die schlimme Botschaft dadurch abzumildern, dass er von der Möglichkeit einer späteren Operation sprach. Massimo war tief getroffen. Ausgerechnet ihm musste dieses Unglück passieren. Er erfüllte doch alle Voraussetzungen, um ein gesundes Kind zu zeugen. Was war das für eine Frau, die nicht in der Lage war, ein wohlgeratenes Kind zu gebären? Was musste sie sich auch mit den Krüppeln im Niemandsland einlassen. Er war so sehr in seinem Stolz gekränkt, dass er eine Geschäftsreise zum Vorwand nahm, das Neugeborene und seine Mutter nicht aufsuchen zu müssen.
Katharina war unendlich traurig und verletzt durch das Verhalten ihres Mannes, aber beim Anblick dieses kleinen, hilfsbedürftigen Wesens fühlte sie sich immer wieder getröstet. Als ihr Mann von seiner Reise zurückkam, nahm sie all ihren Mut zusammen und bat ihn, sich das Kind doch einmal anzuschauen: „Du wirst unseren Sohn lieb gewinnen, wenn du ihn erst einmal gesehen hast, wenn er dich angelächelt hat."
Massimo wehrte ab: „Was soll ich mit einem Krüppel anfangen? Er wird nie ein Schwert führen und nie ein Pferd zügeln können. Ich brauche einen gesunden Nachfolger. Das Beste wird sein, das Kind in Pflege zu geben. Wenn ich gut bezahle, wird dort bestens für es gesorgt werden."
Entsetzt schrie Katharina auf: „Das kannst du nicht von mir verlangen. Niemals werde ich das Kind hergeben."

Doch Massimo erwiderte kalt: „Das ist beschlossene Sache. Ich will nicht, dass unsere künftigen gesunden Kinder zusammen mit einem missgestalteten Krüppel aufwachsen."

Am nächsten Tag war Katharina zusammen mit ihrem Kind verschwunden. Sie hatte nur einen kurzen Brief hinterlassen. Darin stand, dass sie ohne ihr Kind nicht leben wolle und dass niemand sie suchen solle.

Ungläubig starrte Massimo die wenigen Zeilen an. Wegen eines armseligen Kindes hatte seine Frau ihn verlassen. Er fühlte plötzlich eine unendliche Leere in sich, eine Leere, die ihn vom Leben abzuschneiden schien, als sei er nur eine leere Hülle und nicht mehr wirklich da. Er griff nach seiner Pillendose. Aber was sollte er fühlen – Zorn, Trauer, Erleichterung, Schmerz oder gar Reue? Er war vollkommen verwirrt, und in seiner Verwirrung schleuderte er die Dose aus dem Fenster. Diese verschwand zwischen den Büschen und kollerte dann in den kleinen Bach, der sich durch den Park schlängelte. Regungslos stand Massimo am Fenster und Bilder aus seiner Kindheit stiegen in ihm auf.

Wie zufrieden war er in der einfachen Wohnung seiner Mutter gewesen. Wie geborgen hatte er sich in ihren Armen gefühlt. Wie glücklich war er über das erste Lob seines Lehrers gewesen und wie stolz, als der König ihn anredete... War er das wirklich einmal gewesen? Alles war so unendlich weit weg, und es schien keine Verbindung zu geben zwischen ihm und diesem Kind, das er einmal war.

Weitere Bilder drängten sich ihm auf: Wie traurig war er doch gewesen, als sein geliebter Hund starb, wie wütend, als ein Junge sein Spielzeug – ein einfaches Pferdefuhrwerk aus Holz – zerbrach. Wie enttäuscht war er gewesen, als er im Zweikampf verlor, und wie verletzt, als die anderen Kinder ihn wegen einer Ungeschicklichkeit auslachten. Keine schönen Gefühle, die er damals auch schnell verdrängt hatte. Aber er hatte gelebt, und nun schien alles Leben in ihm erloschen zu sein.

Wie er so regungslos stand, ergriff ein Gedanke von ihm Besitz und beherrschte ihn immer mehr. 'Ich muss diesen seltsamen

Mann wiederfinden. Er hat mich betrogen. Er muss mir meine Gefühle wiedergeben.'
Besessen von diesem Gedanken beauftragte er den Haushofmeister mit der Verwaltung des Fürstentums und machte sich auf die Reise nach jener Stadt, wo er damals den verhängnisvollen Handel abgeschlossen hatte.
An der gleichen Stelle wie vor Jahren wartete der Fremde schon auf ihn.
„Hier habt ihr euren betrügerischen Ring zurück", schrie Massimo ihm entgegen. „Gebt mir dafür meine Gefühle wieder, denn ohne sie ist mein Leben nicht lebenswert."
Mit gleichgültiger Miene erinnerte ihn der Mann an den geschlossenen Vertrag: „Ihr werdet alles verlieren, was euch so wichtig war: euer gutes Aussehen, eure körperliche Kraft, euren Reichtum, euer Ansehen. Statt Erfolg wird euch Misserfolg begleiten. Bedenkt es wohl."
„Ich habe alles bedacht. Ich will wieder fühlen. Ich will wieder wirklich leben."
„Es sei, wie ihr wollt." Bei diesen Worten verschwand der Fremde.
Im gleichen Augenblick fühlte Massimo einen grenzenlosen Schmerz über den Verlust all der Menschen, die er einst seinem Erfolg, seinem Ansehen geopfert hatte: seine Frau, sein Kind, Freunde, die ihm vertraut hatten, Menschen, die seine Hilfe gebraucht hätten. Schuldgefühle überwältigten ihn, Trauer um ein vertanes Leben. Hilflos war er nun all den Gefühlen ausgeliefert, die er damals gegen Erfolg und Ansehen eingetauscht hatte. Es war schier unerträglich, aber er spürte, dass er lebte.
Ein Wunsch nur beseelte ihn, seine Frau noch einmal zu sehen und das Kind, das er abgelehnt hatte, weil es seinem Selbstbild im Wege stand. Von diesem Verlangen getrieben, machte er sich auf den Weg – ohne Geld, ohne Gepäck. Wenn er vor Müdigkeit nicht mehr weiterkonnte, übernachtete er unter freiem Himmel oder in Scheunen, oft verjagt von den Besitzern und deren Hunden. Was er an Nahrung brauchte, erbettelte er sich, und er spürte die Erniedrigung, wenn er als Schmarotzer und Taugenichts

beschimpft wurde. Aber er machte auch die Erfahrung, dass ihm Menschen, ohne viel zu fragen, weiterhalfen, und er war zutiefst beschämt, wenn er daran dachte, wie er selbst die Gescheiterten aus seinem Leben verjagt hatte, weil sie ihn auf seinem Weg zu Erfolg und Ansehen störten. Niemand mehr hätte in diesem heruntergekommenen Menschen den eleganten, selbstbewussten, kraftstrotzenden Fürsten erkannt. Sein Gesicht war gealtert, von Furchen durchzogen. Seine Kleider waren von den Nächten im Freien oder in Scheunen verschmutzt und ausgefranst. Als er einmal entkräftet über eine Baumwurzel stolperte, brach er sich ein Bein und blieb hilflos am Waldrand liegen. Erst am nächsten Morgen, als er schon dachte, dass sein verfehltes Leben nun endgültig zu Ende sei, fand ihn ein Bauer, der in der Nähe seinen Acker bestellte. Dieser nahm ihn mit in seine armselige Hütte, die er mit seiner Frau und seinen sechs Kindern bewohnte. Die Frau richtete Massimos Bein, so gut sie es vermochte. Sie teilten mit ihm das Wenige, das sie hatten, und beherbergten ihn, bis er wieder mühsam laufen konnte. Da seine Knochen schief zusammengewachsen waren, hinkte er stark und konnte sich nur mit einem Stock fortbewegen. Er, dem der Anblick eines Krüppels unerträglich gewesen war, war nun selbst zum Krüppel geworden.

Sieben Jahre irrte er so als Bettler durch das Land. Oft war er – erschöpft von Hunger und Müdigkeit – nahe daran, einfach liegen zu bleiben und auf sein Ende zu warten. Der Tod schien ihm dann verlockender als sein armseliges Leben. Doch der Wunsch, seine Frau und sein Kind noch einmal zu sehen, gab ihm immer wieder die Kraft, aufzustehen und sich erneut auf den Weg zu machen. Doch eines Abends war er endgültig am Ende seiner Kraft. Auf einer Lichtung mitten im Wald sank er zu Boden. Er fühlte das weiche Moos, spürte die laue Luft der Sommernacht, hörte das sanfte Rauschen der Blätter und sah über sich die Sterne seltsam nah. 'So werde ich denn sterben und mein Leben verrinnt wie Wasser im Wüstensand. Nichts kann ich am Ende meines Lebens vorweisen, nichts halte ich in Händen.' Da erfüllte ihn ein tiefer Frieden und er spürte in sich eine Hoffnung, wie er sie noch nie in

seinem Leben erfahren hatte, die Hoffnung, dass er vielleicht doch angenommen und geliebt sein könnte.
Er fiel in eine tiefe Ohnmacht und war dem Tod näher als dem Leben. Es drang nicht mehr in sein Bewusstsein, dass sich am nächsten Morgen ein kleiner Junge über ihn beugte, dass Menschen ihn aufhoben und in ein Haus trugen, wo er versorgt und gepflegt wurde. Zehn Tage lang schwebte er zwischen Leben und Tod. Eines Morgens erwachte er aus seiner tiefen Bewusstlosigkeit. Als er mühsam die Augen öffnete, sah er seine Frau, die ihn liebevoll anblickte und neben ihr einen kleinen Jungen, der ihm seltsam vertraut erschien. Traum oder Wirklichkeit? Er schloss wieder die Augen. Mühsam versuchte er, Worte zu formen, wollte fragen, erklären. Da fühlte er eine Hand auf seiner Stirn, und er hörte die sanfte Stimme seiner Frau: „Schlafe, wir sind bei dir. Alles wird gut."
Nach einem langen Schlaf der Genesung erfuhr er, dass er sich in einem Haus befand, wohin Menschen kamen, die an Leib und Seele krank waren. Hier hatte seine Frau vor Jahren mit dem Kind Zuflucht gefunden. Jetzt half Katharina selbst bei der Pflege der Kranken und gab so weiter, was ihr selbst damals an Hilfe widerfahren war.
Viele Menschen fanden hier im 'Haus des Friedens' Heilung, und diejenigen, deren körperliche Gebrechen nicht geheilt werden konnten, bekamen trotz ihrer Krankheit wieder Freude am Leben oder konnten in Frieden sterben.
Da sprach Massimo zu Katharina: „Ich bin froh, dass es euch hier gut geht, und es ist für mich ein unverdientes Geschenk, euch noch einmal gesehen zu haben. Ich habe euch großes Unrecht angetan, und sobald ich dazu in der Lage bin, werde ich euch verlassen, um euer Leben nicht mit einem gescheiterten, entstellten Menschen zu belasten."
Katharina aber erwiderte mit liebevoller Bestimmtheit: „Da sei Gott vor, dass du uns verlässt. Dein Sohn und ich sind glücklich, dich wiedergefunden zu haben. Wir lieben dich doch und haben jeden Tag darum gebetet, irgendwann einmal wieder vereint zu

sein. Seit dein Sohn sprechen kann, spricht er von seinem Vater, und seit dem Tag, da er dich im Wald gefunden hat und seit der Stunde, da du zum Leben zurückgefunden hast, ist er das glücklichste Kind der Welt. Auch für mich beginnt nach den langen Jahren des Wartens ein neues glückliches Leben."

Tief erschüttert wandte sich Massimo ab. Tränen rannen über sein Gesicht, und es war, als würden sie alles hinwegschwemmen, was ihn bisher am wirklichen Leben gehindert hatte: seine Geltungssucht, sein unstillbares Verlangen nach Erfolg und Ansehen, seine Eitelkeit und Rücksichtslosigkeit, seine Oberflächlichkeit und Selbsttäuschung. Die Erfahrung geliebt zu werden, da er nichts mehr vorweisen konnte, änderte sein ganzes Leben. In den Wochen der Genesung gab es für ihn nichts Schöneres, als seine Frau neben sich zu haben und seinem Sohn zuzusehen, wie er voller Lebensfreude umhersprang, wie er geschickt seinen verkrüppelten Arm gebrauchte und wie er furchtlos mit seinem Pony über kleine Hindernisse sprang. Am schönsten für Massimo aber war, wenn sein Sohn mitten im Spiel zu ihm lief und sich an ihn schmiegte.

Irgendwann fragte Massimo zögernd und unsicher nach seinem Fürstentum. Er erfuhr, dass es mehr schlecht als recht verwaltet wurde und dass an allen Ecken und Enden eine ordnende Hand fehlte. Er war inzwischen vollkommen genesen. Sein Gesicht hatte zwar das jugendliche, strahlende Aussehen verloren, war von den vergangenen schweren Jahren gezeichnet und sein Hinken ließ sich nicht verbergen, aber er hatte seine Kraft und Energie wiedergewonnen. So übernahm er – nicht zuletzt auf Zureden seiner Frau – die schwierige Aufgabe, sein Fürstentum zu neuer Blüte zu führen. Alle Kraft und Energie, die ihm zur Verfügung stand, setzte er dafür ein, und seine Zuversicht übertrug sich auf seine Hofbeamten und alle Bürger seines Landes. Massimo arbeitete nicht mehr seiner Erfolge, seines eigenen Ansehens wegen, sondern zum Wohle seines Landes. Er begegnete allen, die ihm dabei halfen, mit Wertschätzung und Anerkennung. Da er selbst seine eigene Begrenztheit erfahren und akzeptiert hatte, brachte er jetzt den

Unzulänglichkeiten Anderer Verständnis entgegen. Er war nicht mehr blind für das Leid anderer Menschen und half ihnen nach Kräften. Katharina, deren bedingungslose Liebe er in den dunkelsten Stunden seines Lebens erfahren hatte, unterstützte ihn dabei. Sein Sohn wuchs zu einem tatkräftigen, liebenswerten jungen Mann heran und wurde trotz seiner Behinderung von den Menschen des Landes geliebt und geschätzt, und bald sah jeder in ihm den künftigen Nachfolger seines Vaters.

'Nur das Außergewöhnliche zählt'
Aglaia auf den Pfaden ihrer Sehnsucht

Weit drinnen im Gebirge wohnte der Bergbauer Modest mit seiner Frau und seinen fünf Kindern. Der karge Boden konnte die große Familie nicht ernähren, und so verdingte sich Modest bei einem Großbauern in der Ebene. Selten konnte er seine Familie besuchen. Nur in den Wintermonaten, wenn die Arbeit auf den Feldern ruhte, verbrachte er längere Zeit zu Hause. Während seiner Abwesenheit war seine Frau Griselda auf sich allein gestellt. Sie versorgte die zwei Ziegen, die Hühner und das Schwein. Sie bestellte den Acker, hielt das kleine Haus in Ordnung und sorgte dafür, dass die Kinder satt wurden und etwas zum Anziehen hatten. Das war nicht leicht, doch dank der Ziegen, die reichlich Milch gaben, und der Kartoffeln brauchten sie nicht zu hungern.
Schwieriger war es, die notwendige Kleidung für die Kinder zu beschaffen. Oft saß Griselda bis spät in die Nacht, um Hosen, Hemden, Jacken und Kleider zu flicken. Ab und zu ließ ihr die Schwester, die im Tal verheiratet war, getragene Kleider ihrer Kinder zukommen, und das war für Griselda eine große Hilfe. So konnte sie die Kinder immer sauber und ordentlich in die Schule und in die Kirche schicken. Die Kinder waren nicht erfreut, immer die abgelegten Sachen tragen zu müssen, aber was sollten sie machen. Was die Familie sonst noch zum Leben brauchte, konnten sie vom Lohn des Vaters kaufen.
Die viele Arbeit wuchs Griselda oft über den Kopf. Kein Wunder, dass sie dann den Kindern gegenüber ungeduldig war und ihr dann schnell die Hand ausrutschte, wenn sie nicht aufs Wort hörten, ihre Kleidung wieder einmal zerrissen hatten oder wenn ihr Klagen über schlechtes Benehmen in der Schule zu Ohren kamen. So waren die Kinder ängstlich darauf bedacht, der Mutter keinen Ärger zu bereiten oder ihr aus dem Weg zu gehen, wenn sie – wie so häufig – aus irgendeinem Grund ein schlechtes Gewissen hatten.

Ganz anders war es, wenn der Vater in den Wintermonaten zu Hause war. Er war immer gut gelaunt und sang oft bei der Arbeit, wenn er sich an dem baufälligen Haus und im Stall zu schaffen machte. Schon seine Heimkehr aus dem Tal war für die Kinder ein Fest, hatte er doch für jedes Kind ein Geschenk mitgebracht: eine Puppe, einen bunten Ball, ein Pferdchen aus Holz, einen Kreisel oder einen Reifen. Auch für Griselda hatte er immer ein Mitbringsel. Wenn er ihr dann ein buntes Tuch überreichte, wehrte sie zwar ab und meinte, er solle doch sein hart verdientes Geld nicht für unnötige Dinge ausgeben, aber im Grunde ihres Herzens freute sie sich, und ein seltenes Lächeln glitt über ihr Gesicht. Mehr als alle Geschenke freute es aber die Kinder, wenn der Vater Geschichten erzählte. Sie drängten sich um ihn und konnten nie genug hören. Diese Wintertage, in denen sie oft eingeschneit waren und es mühsam war, die Schule im Tal zu erreichen, waren für die Kinder die schönsten Tage des Jahres, und wie sehr bedauerten es die drei Schulkinder, wenn sie wegen schlechten Wetters am Nachmittag nicht nach Hause konnten und bei der Tante im Dorf übernachten mussten. Wie beneideten sie dann ihre zwei kleinen Geschwister, die noch nicht zur Schule gingen und die ganze Zeit zu Hause bleiben konnten.

Nur zu schnell gingen diese Wintermonate vorüber, und als der Tag des Abschieds gekommen war, klammerten sich die Kinder an den Vater und wollten ihn gar nicht mehr loslassen. Lachend machte sich Modest frei und redete den Kindern gut zu: „Seid doch nicht so traurig. An Pfingsten komme ich für zwei Tage. Das dauert gar nicht mehr so lange, und dann können wir uns alles erzählen, was wir inzwischen erlebt haben. Bis dahin lernt fleißig in der Schule, helft eurer Mutter und freut euch, dass der lange Winter vorbei ist, dass die Sonne jeden Tag ein bisschen länger scheint und bald die ersten Frühlingsblumen blühen."

Nun ging alles wieder seinen gewohnten Gang. Die Sorgen um das tägliche Leben, die von Vaters Fröhlichkeit überdeckt waren, lasteten wieder auf Mutter und machten sie ungeduldig und reizbar. Was aber Griseldas Zustand verschlimmerte und sie fast verzweifeln ließ, war zunächst die Vermutung und bald darauf die Gewissheit, dass sie wieder schwanger war. Wie sollte sie ein weiteres Kind versorgen, hatte sie doch kaum die Kraft für die fünf anderen Kinder? Wo sollte das Kind schlafen, lebten sie doch jetzt schon auf engstem Raum zusammen? Wie sollte sie einen weiteren Esser ernähren, reichte es doch jetzt schon nur für das Nötigste? Nein, sie wollte kein weiteres Kind. Griselda fühlte sich elend und mutlos.

Als Modest an Pfingsten – wie versprochen – zu einem kurzen Besuch kam, spürte er gleich die gedrückte Stimmung im Haus. Die Kinder waren verschüchtert und niedergeschlagen, Griselda verzagt und hoffnungslos. Als er von Griseldas erneuter Schwangerschaft erfuhr, war er zunächst auch erschrocken, aber dann gewann seine angeborene Zuversicht und Lebensfreude schnell wieder die Oberhand. „Sorge dich doch nicht so sehr", redete er seiner Frau gut zu, „wo fünf Kinder satt werden, wird auch ein sechstes satt. Wo fünf Kinder Platz finden, findet auch ein weiteres noch eine Schlafstätte. Jedes Kind ist ein Geschenk Gottes, und wir wollen es in Liebe aufnehmen."

Diese tröstenden Worte bewirkten bei Griselda wenig. Sie konnte keine Freude empfinden. Auch nach der Geburt eines gesunden Mädchens fühlte sie sich seltsam leer, so als hätte dieses Kind nichts mit ihr zu tun. Um so größer war die Freude des Vaters. Er hatte in diesem Jahr sein Arbeitsverhältnis etwas früher beendet, um bei der Geburt des Kindes anwesend zu sein. Vom ersten Augenblick an war ihm diese kleine Tochter ans Herz gewachsen und er schenkte diesem Kind seine ganze Liebe. Er war es auch, der den Namen aussuchte: „Aglaia soll unser Kind heißen." Auf den Einwand seiner Frau, dies sei aber ein ganz ungebräuchlicher Name und niemand in der Umgebung hieße so, antwortete er nur: „Unser Kind ist auch etwas ganz Besonderes."

Zur Patin wählte er eine ältere Cousine namens Balbina, die nach dem frühen Tod ihres Mannes ein sehr zurückgezogenes Leben führte. Ihr Mann hatte ihr ein kleines Vermögen hinterlassen, sodass sie ihre Tage unabhängig in ihrem Haus etwas abseits vom

Dorf verbringen konnte. Wegen eines Sprachfehlers hatte sie wenig Kontakt mit den übrigen Dorfbewohnern. Ihr Mann hatte ihr auch eine große Bibliothek hinterlassen und schon zu seinen Lebzeiten hatte sie ihre Liebe zu Büchern entdeckt. Bücher waren nun ihre besten Freunde, aber den meisten Menschen blieb sie fremd. Modest jedoch besuchte sie jedes Mal, wenn er zu Hause war. Noch zu Lebzeiten des früh verstorbenen Mannes war er gern bei ihnen zu Gast gewesen. Die vielen Bücher hatten ihn schon immer fasziniert. Vielleicht würde seine kleine Tochter durch ihre Patin einmal Zugang zu dieser für die Dorfbewohner fremden Welt erlangen. Griselda hatte kein Verständnis für die Wahl ihres Mannes, aber sie widersprach auch nicht dieser Entscheidung.
Es war ein trüber, regnerischer Tag, als das Kind zur Kirche getragen wurde. Nur Patin, Vater, Mutter und Geschwister standen um das Taufbecken, als das kleine Mädchen auf den Namen Aglaia getauft wurde. Es gab keine weiteren Taufgäste. Gerade, als der Pfarrer das Taufwasser über das Köpfchen des Kindes goss, hellte sich der Himmel etwas auf, ein Sonnenstrahl fiel durch das Kirchenfenster und zauberte einen Lichterkranz wie eine kleine Krone um den Kopf des Kindes. Allen Anwesenden schien es ein besonderes Zeichen, und selbst die Kinder nahmen es staunend wahr.
Als Taufgeschenk übergab Balbina eine bunt schillernde Glaskugel. Als die Familie wieder in ihrer Hütte angelangt war, ließ Griselda ihrem Ärger freien Lauf: „Eine schöne Patin hast du dir ausgesucht. Sie ist wohl zu geizig für eine anständige Taufgabe. Du siehst, was wir ihr wert sind – wertloser Tand.“ Modest konnte ihr nicht widersprechen, aber er war doch davon überzeugt, die richtige Patin für sein Kind gewählt zu haben.
Das Leben ging seinen gewohnten Gang und das kleine Mädchen wuchs – wie nebenbei – heran. Es wurde von der Mutter mit allem Notwendigen versorgt, aber ohne besondere Zuwendung. Die bekam es in überreichem Maße vom Vater, wenn er den Winter zu Hause verbrachte, oder an den wenigen Tagen im Jahr, an denen er seine Familie besuchen konnte. Wenn der Vater seine Ge-

schichten erzählte von Zwergen und Kobolden, wenn er sie an einem Sommersonntag mit auf eine kurze Wanderung nahm und ihr dabei die Blumen und Bäume benannte, dann war es für das Kind wie Nahrung für Geist und Seele, und diese liebevolle Aufmerksamkeit und Zuwendung prägten sich Aglaia tief ein.

Diese glückliche Zeit nahm ein jähes Ende, als Modest bei einem Unfall ums Leben kam. Bei Holzfällerarbeiten war er von einem Baum erschlagen worden. Die Kinder, besonders Aglaia, waren untröstlich, und auch Griselda fragte sich verzweifelt, wie das Leben für sie und die sechs Kinder weitergehen sollte.

Das Leben ging weiter, aber noch mühseliger und freudloser als in den vergangenen Jahren. Griselda war verbittert, weil sie sich im Stich gelassen fühlte, für die große Familie nun allein verantwortlich und noch mehr auf die Hilfe ihrer Schwester bei der Kleidung der Kinder angewiesen war. Etwas verdiente sie sich durch Spinnen und Weben, war aber durch die anstrengende Arbeit oft zu müde, um noch für Haus und Feld zu sorgen. So mussten die Kinder nach Kräften mithelfen, sodass ihnen kaum Zeit zum Spielen blieb.

Auch Aglaia, die sich nach dem Verlust des Vaters wie verloren fühlte, bekam eine Arbeit zugewiesen. Früh am Morgen, wenn die Geschwister zur Schule gingen, führte sie die beiden Ziegen auf die Weide. Sie kannte die Plätze mit dem saftigsten Gras und den würzigsten Kräutern. Die beiden Ziegen waren zutrauliche Tiere und entfernten sich nie weit von dem kleinen Mädchen. Den Tieren konnte sie ihren Kummer klagen und wenn sie gar zu traurig war, lehnte sie ihren Kopf an eines der Tiere und ihre Tränen versickerten in dem dichten Fell. Die Blumen, Kräuter, Sträucher und Bäume, die ihr der Vater vertraut gemacht hatte, ließen sie den Vater schmerzlich vermissen und gaben ihr gleichzeitig durch ihre Schönheit und Vielfalt reichen Trost.

Sie litt unter der Freudlosigkeit und Kargheit ihres Zuhause und sie brachte Blumen mit, um die düstere Stube aufzuhellen und 'schöner' zu machen. Mutter blickte zwar verächtlich auf das 'Unkraut', ließ das Kind aber gewähren. Aglaias Verlangen nach

Schönheit fand in der kargen Wirklichkeit nur wenig Befriedigung. In den einsamen Stunden mit den Ziegen konnte sie dieser Sehnsucht in ihren Fantasien breiten Raum geben. Sie sah sich selbst in einem wunderschönen Garten mit farbenprächtigen Blumen und zahmen Tieren spielen. Sie malte sich aus, in einem prächtigen Schloss zu wohnen. In ihren Träumen trug sie herrlich bestickte Kleider, saß an reich gedeckten Tischen, wurde von einem zärtlichen König, der immer die Züge ihres verstorbenen Vaters trug, versorgt und spielte mit Kindern, die sich nie stritten und immer liebevoll miteinander umgingen.
Wie anders war das wirkliche Leben und wie weit entfernt von ihrer Sehnsucht nach dem Schönen, dem Besonderen. Hier blieb nur ein leuchtendes Band, das ihr von einer freundlichen Nachbarin geschenkt worden war und das sie in ihre Haare flocht, eine Blume an ihrem verwaschenen Kittel, oder – wenn sie mit ihren Ziegen allein war – ein Blütenkranz im Haar wie die Krone einer Prinzessin. „Affig" nannten die großen Geschwister ihr Bemühen, sich ein wenig herauszuputzen. Sie meinten es nicht böse, aber was sollten sie mit einer kleinen Schwester anfangen, die sich nicht an ihren wilden Spielen beteiligte, die am liebsten allein mit ihren Ziegen war, die sie ermahnte, nicht mit schmutzigen Stiefeln das Haus zu betreten, die überhaupt so anders war, als würde sie gar nicht richtig zu ihnen gehören.
Kurz nach des Vaters Tod war auch Aglaias Patentante Balbina gestorben. Aglaia hatte sie nur einmal mit dem Vater besucht, und das kleine Kind hatte damals staunend vor den Bücherwänden gestanden. Dieses Gefühl des Überwältigtseins von etwas, das so ganz verschieden von ihrer gewohnten Umgebung war, hatte Aglaia bewahrt, auch wenn sie sich kaum an ihre Patentante erinnern konnte. Dieses Gefühl verstärkte sich, als der Schulbeginn für sie nahte. Sie ahnte, dass dies der Weg war, dem Geheimnis der Bücher auf die Spur zu kommen.
Am Abend vor ihrem ersten Schultag tanzte sie durch die Stube und sang dabei: „Ich lerne lesen, ich lerne lesen..."

„Sei endlich still“, unterbrach Mutter ihren Singsang, „Lesen und Bücher machen keinen guten Menschen. Deine Patentante hat sich nie um dich gekümmert, dir noch nicht einmal ein anständiges Taufgeschenk gemacht. Eine Glaskugel zur Taufe und eine Kiste voller Bücher ist alles, was sie dir hinterlassen hat.“
„Bücher, wo sind sie?“, rief Aglaia ganz aufgeregt.
„Irgendwo im Schuppen. Nach ihrem Tod fand man die Kiste mit deinem Namen. Ihr Geld und alles, was wertvoll war, hat ein Neffe geerbt. Unsere Familie hat für sie nicht gezählt, und wie gut hätten wir etwas von ihrem Geld gebrauchen können.“ Verbittert fügte Griselda hinzu: „Es war schon ein verrückter Einfall deines Vaters, Balbina zu deiner Patin zu machen.“
Bücher, die ihr gehörten – Aglaia konnte es kaum fassen. Bald würde sie lesen können und dann würde sie das Geheimnis dieser fremden Welt, das sie seit dem Besuch bei Balbina nicht mehr los ließ, ergründen. Und es gab einen weiteren Schatz, auch wenn Mutter ihn verachtete: eine Glaskugel! „Mutter, darf ich die Kugel sehen?“
„Sie muss irgendwo in der Tischschublade sein. Vater hat sie aufgehoben, obwohl ich diesen Tand am liebsten weggeworfen hätte. Du kannst sie behalten und ich bin sie los. Sie erinnert mich doch nur an den Geiz deiner Patin und an die Gutgläubigkeit deines Vaters. Aber nun lass mich in Frieden. Ich muss weiter arbeiten.“
Aglaia ließ es keine Ruhe. Sie kramte in der Tischschublade, und schließlich fand sie in der hintersten Ecke ein kleines Schächtelchen und darin eine glatte, schimmernde Glaskugel. Die Kugel fühlte sich wunderschön an, glatt und kühl. Sie schmiegte sich in die Hand und nahm die Wärme an. Aglaia konnte es gar nicht abwarten, sie mit hinaus auf die Weide zu nehmen.
Aber zuerst musste sie noch nach den Büchern gucken. Im Schuppen war es düster. Allerlei Gerümpel lag herum. Wo konnte hier nur eine Kiste sein? Ob sie besser warten sollte, bis der große Bruder nach Hause kam? Aber es war ihr Schatz und sie wollte ihn mit niemanden teilen. Mit großer Anstrengung gelang es ihr endlich, einige morsche Bretter beiseite zu schieben. Da sah sie

eine verstaubte Kiste. Sie hob den Deckel etwas an und fasste in den Spalt. Nun konnte sie das oberste Buch herausziehen. Ohne es näher anzusehen, legte sie es beiseite. Wenn sie mit den Ziegen auf der Weide war, konnte sie es sich in Ruhe ungestört und unbeobachtet ansehen. Zunächst aber galt es, die Kiste wieder gut unter dem alten Gerümpel zu verstecken. Es war mühsam, aber schließlich gelang es ihr. Da hörte sie auch schon die ärgerliche Stimme der Mutter: „Aglaia, was trödelst du herum. Geh endlich ins Bett, sonst schläfst du morgen in der Schule ein."
Der erste Schultag war für Aglaia eine große Enttäuschung. Sie hatte gehofft, gleich mit dem Lesen und Schreiben anzufangen, und nun sollten sie Kringel und Spazierstöcke auf die Tafel malen.
„Wann lernen wir endlich lesen?", fragte sie den Lehrer.
„Sei nicht so vorlaut", wurde sie zurecht gewiesen, „alles kommt zu seiner Zeit."
Als sie mittags wieder zu Hause war, steckte sie schnell ein Stück Brot und ein Stück Käse in ihren Beutel, legte im Schuppen das Buch und die Glaskugel dazu und machte sich mit den Ziegen auf den Weg zur Weide. Sie trieb die Tiere zu ungewohnter Eile an, konnte sie es doch kaum erwarten, ihre Schätze näher zu betrachten. Sie suchte sich einen geschützten Platz und ließ die Tiere grasen. Vorsichtig und erwartungsvoll holte sie nun das Buch aus dem Beutel. Ehrfurchtsvoll hielt sie es in Händen. Noch nie hatte sie etwas ähnlich Kostbares in der Hand gehalten. Es war in Leder gebunden und goldene Buchstaben leuchteten in der Sonne. Der Rand war mit goldenen Girlanden verziert. Ein ähnliches Buch hatte sie nur in der Kirche beim sonntäglichen Gottesdienst gesehen. Der Pfarrer las daraus vor. Ganz vorsichtig schlug sie das Buch auf und ein Ruf des Erstaunens kam über ihre Lippen. Sie sah ein Bild in leuchtenden Farben, einen Garten mit vielen bunten Blumen und hohen Bäumen, mit Tieren, die aussahen, als wären sie lebendig und würden gleich aus dem Buch herausspringen. Inmitten des Bildes sah sie zwei Menschen, einen Mann und eine Frau, die sich an den Händen hielten. Über allem breitete sich ein helles Licht aus, und in diesem Licht konnte sie ein Ge-

sicht erkennen, weit entfernt und gleichzeitig ganz nah. Das konnte nur Gott sein, von dem der Pfarrer einmal gesprochen hatte, Gott, der alles gemacht hatte, die Pflanzen, die Tiere, die Menschen, Sonne, Mond und Sterne, die Berge und die Flüsse, und alles war gut. Sie blätterte vorsichtig weiter und konnte sich nicht satt sehen an den Bildern. Zu einigen Bildern fielen ihr Geschichten ein, die sie im sonntäglichen Gottesdienst gehört hatte, aber vieles blieb ihr rätselhaft. Bald würde sie lesen können und die Zeichen, von denen einige kunstvoll verziert waren, würden ihr Geheimnis preisgeben.

Vorsichtig legte sie das Buch in den Beutel zurück. Dabei berührten ihre Finger die Glaskugel. Die hatte sie über dem Buch ganz vergessen. Im Sonnenlicht schillerte sie in allen Farben. Es war, als würde sie die ganze bunte Welt widerspiegeln. Aglaia war so gebannt von diesem Farbenspiel, dass sie gar nicht merkte, wie die Zeit verrann. Sie erschrak, als die Ziegen sie anstupsten, weil sie zurück in den Stall wollten. Wie aus einem schönen Traum erwacht schaute sie sich um. Es war Zeit, nach Hause zu gehen. Sie konnte es immer noch nicht fassen, dass solch wunderbare Schätze ihr eigen waren. Aber wo sollte sie diese kostbaren Dinge aufbewahren? Ihr fiel die kleine Höhle ein, die sie einmal zufällig entdeckt hatte, als sie einer Ziege nachlief. Der Eingang war so dicht von Dornen überwuchert, dass niemand hier eine Höhle vermuten würde. Vorsichtig bog sie die Dornen beiseite und kroch durch den schmalen Spalt. Eine kleine Nische im Fels war ein guter Platz für diese wunderschönen Dinge. Jeder Tag auf der Weide würde nun ein Festtag für sie sein. Sie konnte kaum erwarten Lesen zu lernen, denn auf sie warteten noch viel mehr Bücher. Zum großen Erstaunen des Lehrers konnte Aglaia innerhalb kürzester Zeit lesen. Es war, als hätten die Buchstaben, die sie in ihrem Inneren gespeichert hatte, nur darauf gewartet, zum Leben erweckt zu werden.

In diesem Jahr blieben ihr nur noch wenige Wochen, in denen sie mit den Tieren auf die Weide gehen konnte. Eingehüllt in ein warmes Umschlagtuch, geschützt durch einen vorspringenden

Felsen, trotzte sie den Unbilden der herbstlichen Witterung und las nun erst langsam und stockend, dann immer flüssiger die Texte zu den faszinierenden Bildern. Sie verstand nicht alle Zusammenhänge, manche Worte waren ihr fremd, aber sie ließ sich von der Ausstrahlung dieses, wie sie es nannte, heiligen Buches gefangen nehmen. Sie sprach fremd klingende Wörter vor sich hin und erfreute sich an ihrem Klang.

Wenn sie 'satt' war von all dem Neuen, das sie erfahren hatte, nahm sie ihre Kugel in die Hand, und im Betrachten des wechselnden Farbenspieles kamen Träume und Fantasien wie von selbst. Sie hatte Angst vor Pharao, sie aß von dem Manna in der Wüste, sie war David und besiegte Goliath, sie war Petrus, der dem Malchus ein Ohr abschlug, sie weinte wie Maria Magdalena am leeren Grab.

Als es kälter wurde und Raureif morgens die Wiesen bedeckte, blieben die Ziegen im Stall. Wohin nun mit den Büchern? Im Haus, wo die große Familie eng zusammengedrängt wohnte, war kein Platz. Im Schuppen war es zu kalt und schmutzig. Aber im Ziegenstall, wo in einer Ecke Stroh und Heu gestapelt war, schuf sie sich Platz für die große Bücherkiste. Der große Bruder, der schon als Knecht bei einem Bauern arbeitete und nur am Sonntag für einige Stunden die Familie besuchte, half ihr, die große Kiste an den neuen Ort zu schleppen. Er war ein gutmütiger Junge und tat der kleinen Schwester gern den Gefallen, aber Bücher interessierten ihn nicht. Da auch die Mutter und die anderen Geschwister keinen Gefallen an solch nutzlosen Schätzen zeigten, war Aglaia sicher vor störender Neugier.

Tagsüber schlich Aglaia sich so oft wie möglich in den Stall, und am Abend, wenn die anderen Kinder ihre Schulaufgaben machten, saß sie auf der Ofenbank und las beim Schein einer Kerze.

In der Schule langweilte sie sich schon nach kurzer Zeit und um Ruhe zu haben vor ihren wissbegierigen Fragen, erlaubte ihr der Lehrer bald, ihre eigenen Bücher mitzubringen. Während die anderen Kinder mühsam das ABC buchstabierten, war sie ganz versunken in die Bücher über Pflanzen, Tiere, Sterne, fremde

Länder, Klöster, Schlösser, Kirchen, was auch immer sich in der Kiste befand.
Zwar beteiligte sich Aglaia in den Pausen an den Spielen der Kinder und sie wurde auch oft zur Anführerin gewählt, weil sie immer neue Ideen hatte, aber auf eine gewisse Art blieb sie den Jungen und Mädchen fremd. Sie war in vielen Dingen so ganz anders als sie. Es blieb ihnen unverständlich, dass jemand so versessen auf Bücher und immer neues Wissen war. Sie fanden es merkwürdig, dass Aglaia sich oft mitten im Spiel zurückzog und allein sein wollte. Auch ihre Sonderstellung im Unterricht trug mit dazu bei, dass Aglaia nicht richtig dazu gehörte. Genau wie ihre Geschwister fanden die Kinder es 'affig', wenn sie ihre Kleider mit bunten Bändern schmückte oder eine Blume im Haar trug. Aglaia war in allem so ganz anders. Am glücklichsten war Aglaia, wenn sie allein mit ihren Ziegen auf der Weide war, mit der Glaskugel in der Hand ihren Fantasien nachhing oder ein neues Buch aus der Kiste las.
So vergingen einige Jahre und für die Mutter und den Lehrer gab es keinen Grund mehr, Aglaia noch länger in der Schule zu lassen. Im Nachbardorf wurde eine Kleinmagd gesucht, und das schien Griselda die beste Gelegenheit, ihre merkwürdige Tochter wieder in die Realität des Lebens zu bringen und sie so auf ein ganz normales Leben vorzubereiten. „Es ist dringend nötig, dass du einmal richtig arbeitest und dir nicht länger die Zeit vertreibst mit überflüssigen Dingen. Wenn du weiterhin nur Bücher und Geschichten im Kopf hast, wirst du nie einen Mann finden."
Entsetzt hörte Aglaia diese Worte. Nie und nimmer wollte sie als Magd arbeiten. Aber was konnte sie schon dagegen tun? Weinend packte sie ihre Sachen zusammen. Ein Buch wenigstens würde sie heimlich mitnehmen. Sie kramte in ihrer Kiste, und zu ihrer eigenen Überraschung fand sie ganz unten ein Buch, das sie noch nie gesehen hatte. Sie hatte keine Zeit, sich das Buch näher anzusehen, denn ein Nachbar, der zufällig den gleichen Weg hatte, wartete schon mit seinem Fuhrwerk, um sie zu ihrer Arbeitsstelle mitzunehmen. So packte sie es schnell zusammen mit der Kugel zuun-

terst in ihren Sack und verabschiedete sich von ihrer Mutter. Viel hatten sie sich nicht zu sagen. Mutter war froh, dass sie dieses unbequeme Kind los war, und Aglaia war wütend und enttäuscht, dass sie auf diese Art abgeschoben wurde.
Ihr blieb zwar jetzt keine andere Wahl, als sich zu fügen, aber sie würde nicht ihr Leben als Magd verbringen. Irgend etwas würde sich schon finden. So saß sie ganz in Gedanken versunken neben dem Nachbarn. Sie antwortete nur einsilbig auf die Fragen des Mannes, so dass er bald das Gespräch aufgab.
„Ach, da bist du ja endlich“, wurde sie von der Bäuerin ziemlich unfreundlich empfangen, „ich habe schon auf dich gewartet. Die Kühe müssen zuerst auf die Weide gebracht werden, hier oberhalb des Waldes. Dann kommst du gleich zurück und mistest den Stall aus.“ Sie zeigte ihr noch schnell ihre Schlafstätte, einen kleinen Verschlag ohne Fenster neben der Küche. Ein Strohsack und zwei Haken an der Wand waren die einzige Einrichtung. Da hatten die Ziegen zu Hause mehr Platz. Eine Magd schien auf diesem reichen Bauernhof nichts wert zu sein. Nein, hier würde sie nicht bleiben. Sie zog ihren Arbeitskittel an und steckte noch schnell Buch und Kugel in ihren Beutel, den sie unter ihrem Kittel verbarg.
Nun trieb sie die Kühe auf dem Weg, den ihr die Bäuerin gezeigt hatte, auf die Weide. Der Weg war länger und steiler, als sie gedacht hatte, und als Aglaia endlich oben ankam, verspürte sie großen Durst. Als sie sich vergewissert hatte, dass das Gatter fest verschlossen war, hielt sie Ausschau nach dem Bach, dessen Plätschern sie schon einige Zeit gehört hatte. Sie fand schnell die Quelle, aus der sauberes, klares Wasser sprudelte. Nach dem anstrengenden Aufstieg würde ihr etwas Ruhe gut tun. Nachdem sie ihren Durst gelöscht hatte, griff sie nach dem unbekannten Buch. Merkwürdig, dass sie es früher nie gesehen hatte.
Sie schlug die erste Seite auf und sah ein prächtiges Schloss, umgeben von einem wundervollen Park. Als sie das Bild länger anschaute, schien es ihr, als wäre sie mitten drin. Sie nahm den Duft der Rosen war, die den breiten Zugang zum Schloss säumten, sie hörte das Zwitschern der Vögel in den hohen Bäumen. Das reich

verzierte Portal stand weit offen, als würde es zum Hineingehen einladen. Wie im Traum schlug sie die nächste Seite auf und sie befand sich im Inneren des Schlosses. Aus der großen, prachtvoll mit Teppichen ausgelegten Eingangshalle führte eine breite Treppe in die oberen Stockwerke. Sie brauchte nur immer weiter zu blättern und konnte so das ganze Schloss durchwandern. Ein Raum war prunkvoller als der andere. Sie blätterte weiter und plötzlich war das Schloss belebt mit vielen Menschen, Frauen und Mädchen in aufwendigen Kleidern, Männer in pompösen Hosen und Jacken. Wie schön wäre es, unter diesen fröhlichen Menschen zu sein und nicht in einer armseligen Kammer zu hausen und Kühe als einzige Gesellschaft zu haben.

Der Gedanke an die Kühe ließ sie hochschrecken. Sie hatte die Zeit verträumt. Wie spät mochte es sein? Ein Blick zur Sonne sagte ihr, dass es schon weit über Mittag war. Ihr fiel ein, dass sie sofort zurückkommen sollte. Was würde sie erwarten? Könnte sie doch diesem ganzen elenden Leben entfliehen. In ihrer Ratlosigkeit und Verzweiflung griff sie nach ihrer Kugel, deren Anblick ihr schon so oft Trost gespendet hatte. Als Aglaia sie zum Sonnenlicht hinhielt, schimmerte sie in allen Farben und leuchtete schöner und stärker denn je. In diesem Leuchten nahm Aglaia plötzlich eine Gestalt wahr. Als sie sich ihr näherte, erkannte Aglaia in ihr die verstorbene Patentante Balbina. Mit sanfter Stimme sprach sie Aglaia an: „Nun ist es an der Zeit, dass du die wunderbaren Kräfte meines Patengeschenkes erfahren sollst. Wenn du es willst, dann kannst du dich mit Hilfe des Buches und der Kugel überall hin begeben. Du brauchst nur die betreffende Seite im Buch aufzuschlagen, die Kugel in die Hand zu nehmen und deinen Wunsch zu äußern. Sofort wirst du am Ort deiner Sehnsucht sein." Ehe Aglaia noch etwas sagen oder fragen konnte, verschwand die Gestalt so geheimnisvoll, wie sie erschienen war.

Überrascht und verwirrt saß Aglaia da, das geöffnete Buch im Schoß, die Kugel noch in der Hand. Doch nicht lange lähmte sie dieses überraschende Angebot. Jetzt bot sich ihr endlich die Gelegenheit, ihr Schicksal zu wenden, und ganz nebenbei wäre sie

auch aus ihrer misslichen Lage befreit. Da gab es für Aglaia kein Zaudern und Überlegen. Sie würde diese Möglichkeit sofort nützen. Es war auch keine Frage, wohin sie ihr Weg führen würde. Das aufgeschlagene Buch zeigte ihr das Ziel ihrer Sehnsucht.
Kaum hatte sie ihren Wunsch ausgesprochen, zu diesen fröhlichen, eleganten Menschen im Schloss zu gehören, da ging ihre Bitte auch schon in Erfüllung und sie befand sich mitten unter denen, die sie noch kurz zuvor so sehr bewundert und beneidet hatte. Sie sah sich in einem der großen Spiegel, die in prunkvollen Goldfassungen an den Wänden angebracht waren, und sie konnte ihre Augen kaum lösen von dem jungen Mädchen, das ihr entgegenblickte. Bin ich das wirklich: diese elegante junge Frau mit dem spitzenverzierten, perlenbestickten Kleid, mit der kunstvollen Frisur und dem strahlenden Lächeln? Ja, das bin ich. Hier gehöre ich hin. Ich wusste doch schon immer, dass ich etwas Besonderes bin – eine Prinzessin. Und mein Vater ist ein König.
Aglaia genoss das unbeschwerte Leben als schöne begehrenswerte Königstochter, die prächtigen Kleider, die bewundernden Blicke der jungen Männer, die Aglaia gern als Braut erobert hätten, die Dienstbeflissenheit der Diener und Dienerinnen und besonders ihrer eigenen Zofe, die großartigen Bälle und Konzerte, kurzum alles, was dem Vergnügen diente. Das Leben schien ein einziges Fest zu sein.
Doch eines Morgens wachte sie auf mit der Frage: Ist dieses Leben alles, was ich mir ersehnte? Diese Frage begleitete sie den ganzen Tag. War es wirklich eine wichtige Entscheidung, ob sie dieses oder jenes Kleid anzog, ob sie mit der Kutsche spazieren fuhr oder mit ihrem Pferd ausritt, ob sie Klavier spielte oder an ihrer Stickerei arbeitete? Wollte sie wirklich diesen aufdringlichen jungen Männern gefallen? Plötzlich war sie all das Lachen und oberflächliche Plaudern leid. Was war eigentlich der Sinn ihres Lebens? Diese Frage erschien ihr so wichtig, dass sie keinen Aufschub ertrug. Sie musste sie sofort loswerden, und bei wem könnte sie eine bessere Antwort bekommen als bei ihrem königlichen Vater?

Sie eilte zum Audienzsaal, wo ihr Vater gerade einige Bittsteller empfing. „Sage meinem Vater, dass ich ihn sofort in einer ganz wichtigen Angelegenheit sprechen muss", befahl sie dem Saaldiener.

Als dieser dem König die Botschaft überbrachte, reagierte der König zunächst unwillig. „Ich bin in einer wichtigen Besprechung, das Anliegen meiner Tochter hat bestimmt noch etwas Zeit."

„Es schien mir aber sehr dringend zu sein", entgegnete der Diener, „ich glaube kaum, dass ich die Prinzessin noch länger hinhalten kann."

Resigniert gab der König klein bei. Wann hätte er auch seiner jüngsten Tochter je etwas abschlagen können. „Na gut, ich unterbreche für fünf Minuten die Sitzung und erwarte meine Tochter im kleinen Salon neben dem Audienzsaal."

Beim Anblick seiner geliebten Tochter schwand auch der letzte Rest des Ärgers über die Störung wichtiger Amtshandlungen. „Nun, was gibt es so Dringendes, dass du mich mitten in meinen Geschäften stören musst?"

„Papa, sage mir schnell, was ist der Sinn meines Lebens?"

Verblüfft schaute der König seine Tochter an. Mit allem anderen hatte er gerechnet, nur nicht mit dieser Frage. „Was zerbrichst du dir deinen hübschen Kopf mit solchen Gedanken? Du lebst zu unser aller Freude. Du wirst einmal einen netten, klugen und reichen Mann heiraten, der dir ein angenehmes Leben bereiten wird. Du wirst einmal Kinder haben, die auch mein Herz erfreuen werden. Alles wird sich für dich wie von selbst ordnen, ohne dass du dir darüber Gedanken machen musst. Und nun genieße dein Leben, erfreue dich an schönen Kleidern, vergnüge dich auf den Festen und vor allem, lache und sei fröhlich, denn das tut deinem alten Vater gut und ist die beste Medizin gegen manche Altersbeschwerden, die mich ab und zu heimsuchen. So, und nun gib mir noch einen Kuss, vergiss diese unnötigen Gedanken und lass mich weiter meine Arbeit tun." Mit diesen Worten begab sich der König wieder in sein Audienzzimmer.

Enttäuscht blieb Aglaia zurück. Das sollte ihr ganzes Leben sein? Alles erschien ihr so oberflächlich und sinnlos. Sie konnte doch nicht ihr ganzes Leben auf diese Art vertun. Es musste doch noch etwas anderes geben als schöne Kleider, prachtvolle Feste und amüsantes, nichtsagendes Geplauder.
Gedankenverloren griff sie nach dem Buch, das sie zusammen mit der geheimnisvollen Kugel als einzige Dinge mit in ihr neues Leben gebracht hatte. Bis jetzt hatte es unbeachtet in einer Kommode gelegen. Sie war so sehr von ihrem neuen Leben erfüllt gewesen, dass die Vergangenheit keine Bedeutung für sie gehabt hatte.
Sie schlug das Buch auf und blickte auf einen gewaltigen Dom mit einem prächtigen Portal, das zum Eintreten einlud. Sie blätterte weiter und gelangte in das Innere dieses Domes. Sie spürte die Stille und einen tiefen Frieden. Auf einmal hörte sie die machtvollen Klänge einer Orgel, die sie tief bewegten. Sie sah Mönche einziehen, und die Kirche war erfüllt von gregorianischen Gesängen. Begierig blätterte sie weiter. Sie sah Nonnen, die im Kreuzgang meditierend dahinschritten. Sie sah sie in stiller Anbetung vor dem Allerheiligsten. Eine tiefe Sehnsucht erfasste Aglaia. So zu leben wie diese Mönche und Nonnen in vollkommenem Frieden könnte die Erfüllung ihres Lebens sein. Ein Dasein ganz Gott hingegeben, fernab von den seichten Vergnügungen der Welt, die Tage ausgefüllt mit Anbetung, Meditation und gregorianischen Gesängen, das wäre der Sinn ihres Lebens. Alles Suchen und Fragen hätte dann ein Ende.
So nahm sie die Kugel in die Hand und wünschte sich dieses neue Leben, das ihr das Buch so verheißungsvoll versprochen hatte. Kaum war der Wunsch ausgesprochen, fand sich Aglaia ganz verändert wieder. Statt des prächtigen, farbenfrohen Kleides trug sie nun ein schwarzes, einfaches Gewand. Ihre blonden Locken waren der Schere zum Opfer gefallen, und eine Haube umrahmte streng ihr Gesicht. Eine karge Zelle anstelle des weitläufigen Palastes war nun ihr Heim. Kein duftendes Bad wurde mehr für sie eingelassen. Keine Zofe half ihr beim Ankleiden. Kein amüsantes Geplauder

verkürzte ihr die Tage. Niemand schmeichelte mehr ihrem Aussehen und kein liebevoller Vater erfreute sich an ihrem Anblick.
Aglaia vermisste nichts aus ihrem früheren Leben, so sehr war sie danach bestrebt, sich rückhaltlos in ihre neue Existenz einzufinden. Die gregorianischen Gesänge lösten nie gekannte Gefühle in ihr aus und sie fühlte sich mit allen Chören der Engel verbunden. Oft kamen ihr die Tränen vor so viel unfassbarer Schönheit. Sie ging ganz auf in den täglichen Gebets- und Betrachtungszeiten und kämpfte gegen jede Ablenkung an. Sie stellte an sich die höchsten Ansprüche und nahm oft verwundert wahr, dass ihre Mitschwestern nicht die gleichen Anforderungen an sich stellten.
Die Zeit verging, und Aglaias Hochgefühl des Einzigartigen, des Außergewöhnlichen verblasste. Die Tage verliefen im gleichen Rhythmus. Gebet, Arbeit, Ruhezeiten wechselten miteinander ab und Aglaia litt unter dieser 'Eintönigkeit'. Alles war so gewöhnlich geworden und sie spürte eine große Traurigkeit.
Ihre Sehnsucht nach 'dem' erfüllten und besonderen Leben wurde von Tag zu Tag stärker. Gelangweilt von der Monotonie des Tages blätterte sie eines Abends wieder einmal in ihrem Buch. Sie sah Menschen in Elendsvierteln, krank und verlassen. Sie sah verwundete Soldaten auf dem Schlachtfeld. Sie sah hungrige Menschen, die Müllhalden nach etwas Essbarem durchsuchten. Die Bilder zeigten ihr aber auch Männer und Frauen, die sich aufopferungsvoll für diese Armen und Hilfsbedürftigen einsetzten. Sie erschienen Aglaia als wahre Helden, die ihr eigenes Leben gering achteten. Das könnte die Erfüllung auch ihres Lebens sein, das alles verändern und endlich ihre Sehnsucht stillen würde.
Wieder fand Aglaia mit Hilfe des Buches und ihrer Kugel den Weg in ein neues Leben, ein Leben inmitten von Leiden, Schmerzen, Verwundung und Tod. In dem großen Zelt lagen Verwundete, die direkt vom Schlachtfeld hierher gebracht worden waren. Aglaia säuberte und verband Wunden, half dem Arzt bei den Operationen, tröstete die Sterbenden. Inmitten des Schlachtenlärms arbeitete sie unermüdlich und gönnte sich kaum kurze Zeiten der Ruhe. Die Front rückte näher und der letzte Transport

Richtung Heimat wurde zusammengestellt. Alle Schwestern und Ärzte sollten den Transport begleiten und betreuen und sich so auch selbst in Sicherheit bringen. Der Platz reichte aber nicht für alle und einige Schwerverletzte, für die es sowieso keine Rettung mehr gab, mussten zurückbleiben. Aglaia zögerte; es schien ihr unerträglich, Sterbende im Stich zu lassen. „Beeil dich", drängten die anderen, „wir können nicht länger auf dich warten."

„Fahrt ohne mich, ich bleibe hier." Sollten doch alle anderen sich in Sicherheit bringen, sie würde bei den Sterbenden ausharren, auch wenn es sie das Leben kosten sollte.

Das Gefühl, etwas ganz Besonderes zu sein, erfüllte sie und gab ihr übermenschliche Kraft. Diese Kraft brauchte sie auch, um Tag und Nacht die Sterbenden, die unter qualvollen Schmerzen litten und kaum noch ansprechbar waren, zu versorgen. Die Tage vergingen und ihr Hochgefühl schwand langsam dahin. Sie fühlte sich einsam und allein, ohnmächtig dem Tod gegenüber, der ein Opfer nach dem anderen forderte, ohne dass sie etwas dagegen tun konnte.

Als der letzte Mann tot und begraben war, kam ihr das ganze Leben sinnlos vor.

Gedankenverloren blätterte sie in ihrem Buch, das lange Zeit unbeachtet in einem Verschlag gelegen hatte. Sie war zu müde und niedergedrückt, um nach etwas Bestimmtem Ausschau zu halten. Da fiel ihr Blick auf ein Bildnis Dante Alighieris, dessen Werk auf einigen Seiten gewürdigt wurde. Wenn ich doch auch über einen solchen Reichtum der Sprache, solch überragenden Gedanken, über diese großartige Leidenschaft und Tiefe der Empfindung verfügen könnte, dann könnte ich mir alles Leid von der Seele schreiben, dann könnte ich die Menschen von der Sinnlosigkeit eines Krieges überzeugen, dann würde dieses anonyme Leiden und Sterben ans Licht der Öffentlichkeit gebracht, und den stillen Helden würde noch eine späte Würdigung zuteil.

Wie von einem inneren Zwang getrieben, griff sie nach ihrer Kugel und sie befand sich in einem hellen, lichtdurchflutetem Zimmer. Nur kurz gönnte sie sich am Fenster einen Blick über die Dächer der Stadt und schon saß sie am Tisch, und ihre Feder glitt wie von selbst über das Papier, das in einem großen Stoß bereitlag. Sie musste nicht nach Worten suchen. Ihre Erfahrung von der Vergänglichkeit des Lebens schlug sich in ihren Romanen und Gedichten nieder. Es war für sie wie eine Befreiung von der niederdrückenden Realität.

Ihre Werke wurden veröffentlicht und das Echo war überwältigend. Man sprach von einem Jahrhundertwerk, in dem in künstlerischer, überragender Weise die Tragödie von Krieg, Tod, Verderben dargestellt sei. Man sprach gar von einer Faszination des Todes. Die Illustrationen, die auch aus Aglaias Hand stammten, wurden ihrer Ästhetik wegen besonders gerühmt. Es gab aber auch Stimmen, die Aglaia vorwarfen, die grausame Wirklichkeit idealisiert und von einer ästhetischen Warte aus beschrieben zu haben, die mit der Wirklichkeit nichts mehr zu tun habe.

Diese Kritik traf Aglaia hart. Sie fühlte sich missverstanden. Sie zog sich immer mehr zurück und spürte in sich nur noch eine große Leere. Sie fühlte sich dem wirklichen Leben entfremdet und alles kam ihr sinnlos vor. Auch Buch und Kugel boten ihr keinen Ausweg mehr, hatte sie doch letztlich in keinem ihrer Lebensentwürfe Befriedigung und Erfüllung gefunden. Sie war gescheitert, und das Leben hatte für sie keinen Sinn mehr. Am liebsten würde sie sterben.

Bei einem ihrer einsamen Spaziergänge setzte sie sich auf einen Baumstumpf und fand nicht mehr die Kraft aufzustehen, um sich auf den Heimweg zu machen. 'Niemand würde mich vermissen, wenn ich nicht mehr nach Hause komme, und für mich wäre der Tod nur eine Befreiung.' Ihre Hand fasste die Kugel, die sie gewohnheitsmäßig immer bei sich trug, und sie schleuderte sie von sich.

„He, was soll das, du hättest mich fast am Kopf getroffen. Ist das eine Art, harmlose Wanderer zu begrüßen?" Erschrocken sah Aglaia auf und sah einen alten Mann mit einem langen weißen Bart vor sich stehen. Er schien aber nicht ärgerlich zu sein, denn ein vergnügtes Lächeln umspielte seine Lippen.

„Es tut mir leid, ich hatte euch nicht gesehen", entschuldigte sich Aglaia und versank wieder in Teilnahmslosigkeit.
„Was ist mit dir los? Du bist jung und schön, du solltest vergnügt umherspringen anstatt hier zu sitzen und Trübsal zu blasen."
„Lasst mich", wehrte Aglaia ab, „mein Leben hat keinen Sinn. Ich warte hier nur auf den Tod."
„Kannst du das Sterben nicht noch ein bisschen hinausschieben und mir etwas behilflich sein? Wir sind zu wenig Leute, um die Arbeiten auf meinem Hof rechtzeitig zu beenden. Abgesehen von vielen anderen dringenden Verrichtungen müssen die Apfel geerntet werden, ehe sie von selbst vom Baum fallen."
„Es macht für mich keinen Sinn, eure Äpfel zu ernten. Lasst mich endlich in Frieden, dass ich in Ruhe sterben kann."
„Für dich macht es vielleicht keinen Sinn, aber für mich und meine Äpfel ist es von großer Bedeutung. Komm mit! Sterben kannst du immer noch." Bei diesen Worten schaute der alte Mann Aglaia so gewinnend an, dass sie nicht länger widerstehen konnte und ihm folgte.
Als sie nach einer kurzen Wegstrecke auf dem Hofgut ankamen, sah Aglaia eine schier endlose Reihe von Apfelbäumen. Prächtige Äpfel warteten darauf, gepflückt und in die bereitstehenden Körbe geleert zu werden. Ehe Aglaia noch so recht zu Besinnung kam, stand sie schon auf der Leiter und pflückte Apfel um Apfel in ihren Brechsack. Nur am Rande nahm sie wahr, dass noch andere Menschen, Männer, Frauen, junge und alte, mit verschiedenen Arbeiten beschäftigt waren, aber sie hatte nicht das Bedürfnis mit jemandem Kontakt aufzunehmen. Gegen Abend zeigte ihr ein junges Mädchen ein kleines Zimmer, in dem ein Bett für sie bereitet und ein Imbiss bereitgestellt war. Müde und erschöpft von der ungewohnten Arbeit schlief sie bis zum Morgen und fühlte sich wunderbar erfrischt. Nach dem Frühstück, das ihr das junge Mädchen brachte, machte Aglaia sich gleich wieder an die Arbeit. Wie am vorigen Tag hieß es wieder, Apfel um Apfel in den Brechsack zu pflücken. Aglaia spürte, dass ihr die gleichförmige Arbeit gut tat. Die quälenden Gedanken hatten sie verlassen. Gegen Mittag

lud sie ein kleiner Junge zum Essen ein. Bereitwillig folgte sie ihm und er führte sie in einen gemütlichen Raum, wo schon Männer, Frauen und Kinder sich an einem langen Tisch versammelt hatten. Am Kopfende saß der alte Mann, der sie hierher gebracht hatte. Er nickte ihr herzlich zu. Auch die anderen blickten sie freundlich an, ohne ihr durch neugierige Fragen lästig zu fallen. Sie nahmen sie wie selbstverständlich in ihre Mitte auf. Nach dem Essen saßen einige noch in kleinen Gruppen zusammen und unterhielten sich, andere, besonders die Kinder, vergnügten sich im Freien mit verschiedenen Spielen, und wieder andere zogen sich zurück in ihre Zimmer oder genossen draußen die milde Herbstsonne. In den ersten Tagen kehrte Aglaia gleich zu ihren Apfelbäumen zurück. Sie hatte das Bedürfnis allein zu sein.

Doch bald wuchs ihr Interesse an der neuen Ungebung und an den Menschen, die mit ihr zusammenlebten. Als die Kinder sie nach dem Essen fragten, ob sie mit ihnen Ball spielen wolle, sagte sie zu, und sie hatte großen Spaß dabei. Nach und nach bekam sie auch Kontakt zu den anderen Bewohnern, und als sie merkte, dass niemand sie mit neugierigen Fragen bedrängte, verlor sie ihre Befangenheit. Sie erfuhr, dass die Menschen hier in Wohngemeinschaften zusammenlebten, dass elternlose Kinder in einer Familie mit einem Betreuerpaar zusammenlebten, dass einige hierher gekommen waren, weil sie in Schwierigkeiten geraten waren, sei es durch Verlust der Wohnung oder der Arbeit, sei es durch Krankheit oder weil sie zu einer verfolgten Minderheit gehörten. Es ist ja vielerlei, was Menschen veranlasst, einen solchen Zufluchtsort zu suchen. Andere waren gekommen und geblieben, weil ihnen die Art des Zusammenlebens gefiel, wo jeder das tat, was gerade an Arbeit anfiel, wo jeder wie selbstverständlich half, wenn jemand Hilfe brauchte.

Der gute Geist dieser Lebensgemeinschaft war der alte Mann, Heimrad genannt, der Aglaia hierher gebracht hatte. Er schien überall zugegen zu sein. In seiner Anwesenheit wurden Streitigkeiten bald aus dem Weg geräumt, weil er niemanden verurteilte, sondern eine Atmosphäre des Vertrauens schuf, in der die Men-

schen miteinander redeten und aufeinander hörten. Für Menschen, die sich in Schwierigkeiten befanden, hatte er immer ein offenes Ohr und fand gemeinsam mit ihnen eine Lösung.
Aglaia wurde immer vertrauter mit ihrer Umgebung. Besonders die Kinder liebten sie sehr, da sie immer häufiger mit ihnen spielte und ihnen am Abend Geschichten erzählte.
Nach der Apfelernte wollte sich Aglaia verabschieden, da ihre Arbeit beendet war. Heimrad schaute sie verwundert an. „Warum willst du uns verlassen? Es gibt noch so viel zu tun. Die Kartoffelernte steht bevor. Die Kinder müssen nach der langen Sommerpause wieder unterrichtet werden und wie ich sehe, wärst du die ideale Lehrerin, weil die Kinder dich lieben und dir vertrauen. Wir brauchen auch dringend jemanden, der sich der Menschen annimmt, die neu zu uns stoßen. Sie haben oft ein schweres Schicksal und unsere Gemeinschaft ist für sie die letzte Chance, wieder ins Leben zu finden. Ich wüsste niemand, der besser als du dazu geeignet wäre, ihnen wieder zu Vertrauen und neuem Lebensmut zu verhelfen.
Heimrad musste Aglaia nicht lange bitten zu bleiben. Die Aufgaben, die sie übernahm, gaben ihr große innere Zufriedenheit, wie sie Ähnliches noch nie in ihrem Leben empfunden hatte. Es machte ihr Freude, die Kinder zu unterrichten. Sie ließ sich anstecken von ihrer Lebensfreude und ihrer Neugier auf alles, was ihnen neu und unbekannt war. Mit großem Einfühlungsvermögen und Verständnis begleitete sie Menschen, die am Leben verzweifelten, und gab ihnen neuen Mut und Zuversicht. Und immer wieder drängte es sie, auf dem Feld und im Garten mitzuarbeiten. Sie fühlte sich im Einklang mit der Natur und den Menschen, mit denen sie zusammenlebte. Es gab aber auch Zeiten, in denen sie sich zurückzog und unvergängliche Kunstwerke schuf. Ihre Bilder und Gedichte drückten ihre persönlichen Erfahrungen allgemeingültig aus und sprachen von Wahrheiten, die für alle Menschen gelten.

‚Wissen ist Macht'
Sophie auf der Suche nach dem Lebenselixier

In einer kleinen Stadt lebte einst der Arzt Heilmar mit seiner Familie. Vier Söhne hatte die Frau schon geboren, und es waren gesunde, kräftige Burschen, auf die der Vater stolz war. Auch die Mutter liebte ihre vier wilden Buben, doch als sie nun zum fünften Mal schwanger war, wünschte sie sich sehnlichst eine kleine Tochter. Sie träumte von einem lieben, zierlichen Mädchen mit blonden Locken, das ihr im Haus Gesellschaft leisten würde und sich nicht wie die Buben die meiste Zeit außerhalb des Hauses vergnügte. Hübsche Kleider würde sie ihm anziehen und das Kind würde immer sorgfältig darauf achten. Für die Buben musste sie sich ja manchmal schämen, wenn sie gerade frisch gewaschen und sauber angezogen in einem unbewachten Augenblick in den Hof verschwanden und den Besuch dann mit schmutzigen Händen und verfleckten Hosen begrüßten.

Ihr Mann lachte über ihre Phantasien und sagte: „Ob Junge oder Mädchen – die Hauptsache, das Kind ist gesund." Aber ein Mädchen, das sich zärtlich an ihn schmiegte, wäre auch ihm schon lieb gewesen.

Und wirklich, ihr Wunsch ging in Erfüllung. Die Frau gebar ein Mädchen und sie nannten es Sophie. Groß war auch die Freude der vier älteren Brüder. Ganz vorsichtig berührten sie die kleinen Fingerchen und trauten sich kaum, so etwas Winziges und Zerbrechliches anzufassen. Nun, allzu viel konnte man ja mit so einem kleinen Wesen noch nicht anfangen. Da waren die fünf Welpen ihrer Hündin Senta schon interessanter, zumal man sich vor dem Spiel mit ihnen die Hände nicht gründlich scheuern musste.

Verwandte und Freundinnen bewunderten das Neugeborene und die Wiege wurde zum Mittelpunkt des Hauses.

So kam der Tag der Taufe. Frau Marie hatte sich als Patin ihre verwitwete Schwester Gracia ausgesucht. Diese lebte seit dem frühen Tod ihres Mannes ganz im Dienst der Armen und Notlei-

denden. Viele Menschen kamen zu ihr um sie um Rat und Hilfe zu bitten. Das Vermögen, das ihr der verstorbene Mann hinterlassen hatte, ermöglichte es ihr manche Not zu lindern.
Am Vorabend der Taufe eröffnete Heilmar seiner Frau, dass er seinen Onkel Raban als zweiten Taufpaten ausersehen hatte. Ungläubig schaute Marie ihren Mann an. „Das darf doch nicht wahr sein. Du kannst doch den 'Hexer' nicht zum Taufpaten unseres Kindes machen."
„Nenne ihn nicht Hexer wie die einfältigen Leute in der Stadt, die jedem mit Misstrauen begegnen, der nicht so lebt wie sie. Die Leute glauben, er habe sein Vermögen mit allerlei schwarzen Künsten erworben, aber sie sind nur neidisch."
„Mag sein, aber ich fühle mich unbehaglich, wenn ich mit ihm zusammen bin, und unsere Nachbarn werden mit Fingern auf uns zeigen; glauben doch viele, er sei mit dem Teufel im Bund."
„Papperlapapp, du wirst doch nicht auf diesen Unsinn hören. Aber, wie dem auch sei, ich habe gar keine andere Wahl. Er hat es mir ermöglicht, in Paris Medizin zu studieren und mich bei den bekanntesten Ärzten der Welt weiterzubilden. Mit seiner Hilfe konnte ich dieses schöne, große Haus kaufen und mir eine reich ausgestattete Praxis einrichten. Er hat die Grundlage dazu geschaffen, dass wir sorglos leben können, dass wir einen Hauslehrer, ein Kindermädchen und eine Küchenmagd bezahlen können. Ich habe mit ihm ausgemacht, dass er dafür einen Wunsch frei hat. Nie hat er bisher etwas von mir verlangt. Zum ersten Mal hat er nun einen Wunsch geäußert – Pate unseres jüngsten Kindes zu sein. Diesen Wunsch kann ich ihm nicht abschlagen, weil ich zu meinem Wort stehen muss und weil ich ihm alles, was ich im Leben erreicht habe, verdanke. Lass die Leute sich doch ihre Mäuler zerreißen."
Marie spürte, dass nichts ihren Mann von seinem Entschluss abbringen könnte, und so willigte sie schweren Herzens ein.
Ein Raunen ging durch die Menge der zur Kindtaufe versammelten Leute, als die Familie des Arztes mit den beiden Taufpaten die

Kirche betrat. Gracia trug den Säugling und Raban ging im schwarzen Anzug an ihrer Seite.
Die Taufhandlung begann, und als der Augenblick gekommen war, den Täufling über das Taufbecken zu halten, damit der Pfarrer ihm das geweihte Wasser über den Kopf goss, da nahm Raban Gracia das Kind aus dem Arm und hielt es selbst über das Taufbecken, wie um zu zeigen, dass er der wirkliche Pate sei.
Nach einer schönen alten Sitte sprachen die beiden Paten am Ende der feierlichen Handlung ihre Wünsche für das Kind aus.
Als erster ergriff Raban das Wort:

Das höchste Ziel in deinem Leben
sei, nach Wissen und Erkenntnis zu streben.
Lass dich nicht von deinen Gefühlen verwirren.
Schau immer gut hin, so wirst du nie irren.
Vermeide es, dich an Menschen zu binden,
so wirst du zum Grund aller Dinge finden.

Kein Laut war in der Kirche zu hören. Es war, als würde ein kühler Wind durch die Kirche wehen, und manch einen fröstelte es, obwohl es ein heißer Sommertag war.
Nun nahm Gracia das Kind in ihre Arme, neigte sich ihm liebevoll zu und sprach mit ihrer sanften und zugleich klangvollen Stimme:

Ich wünsch dir die Weisheit, dich zu wandeln,
dass du gelangst vom Wissen zum Handeln.
Du musst nicht nur auf deine Gedanken bauen.
Du kannst auch anderen Menschen vertrauen.
Du wirst erst teilhaben am Leben,
wenn du bereit bist, anderen zu geben.
So soll Liebe dein Leben leiten.
Dazu möge dich Gott begleiten.

Ein Aufatmen ging durch die Menge. Die Menschen lachten und nickten einander freundlich zu. Anschließend wurde fröhlich gefeiert. Kein Schatten trübte das Fest, zumal sich Raban gleich an der Kirchentür verabschiedet hatte um in seinen Wohnturm zurückzukehren. Als Taufgabe hinterließ er für Sophie eine kleine

Eule aus massivem Gold, die er einmal von einer Reise nach Ägypten mitgebracht hatte.
Sophie blieb der Mittelpunkt des Hauses, als sie zum ersten Mal lächelte, als sie sich in ihrem Bettchen aufsetzte, als sie die ersten Schritte machte und Eltern und Brüder sie immer wieder auffingen. Bald konnte sie an Mutters Hand kleine Spaziergänge machen, ein Schleifchen in den blonden Locken, in einem spitzenbesetzten Kleidchen und mit zierlichen Schuhen. Bekannte blieben stehen, grüßten Marie, bewunderten das kleine Mädchen, streichelten ihr über das Köpfchen, und Klein-Sophie wurde von der Mutter angehalten, brav das Händchen zu geben. Besucher der Familie nahmen Sophie auf den Arm, herzten und drückten das Kind und sprachen zärtlich auf es ein.
Allzu glücklich schien Sophie über die vielen Liebesbeweise nicht zu sein. Wer aufmerksam hinschaute, konnte wahrnehmen, wie sie das Gesichtchen verzog oder den Kopf abwandte. Aber wer schaut schon aufmerksam hin, wenn ihn ein solch liebreizendes Püppchen zum Anfassen verlockt?
Als Sophie sicher auf ihren Beinen stand und auch Treppen kein Hindernis mehr für sie waren, begann eine aufregende Zeit für die Hausbewohner. Hatten Mutter oder das Kindermädchen auch nur ein paar Sekunden nicht achtgegeben – schon war Sophie verschwunden und hatte sich irgendwo im Haus versteckt. „Sophie", schallte es durch das ganze Haus, aber Sophie gab keine Antwort. Fand man sie endlich in einem Schrank, hinter dem Sofa, unter einem Bett, wo auch immer so ein kleines Persönchen Platz hatte, kauerte sie vergnügt in ihrem Versteck, als sei sie froh, allen Liebesbezeugungen einmal entkommen zu sein.
Nun, mit der Zeit gewöhnte man sich an Sophies Versteckspiel, zumal jeder im Haus bald ihre Lieblingsplätze kannte.
Manchmal fragte Mutter sie: „Warum will meine kleine Sophie denn immer weglaufen und nicht bei Mama bleiben? Mama hat Sophie doch so lieb."
Als Sophie aber zwei Jahre alt war, versetzte sie eines Tages die ganze Familie in Angst und Schrecken. An diesem Tag wurde in

der Pfarrkirche das Kind einer nahen Verwandten getauft, und da Marie wusste, dass Sophie die heilige Handlung nicht stören würde, durfte das Kind mit in die Kirche. Ruhig saß sie neben der Mutter auf ihrem Platz und schaute sich aufmerksam um. Das Baby schrie lautstark und die Blicke aller Anwesenden waren auf das Taufbecken gerichtet. Als Marie sich wieder zur Seite wandte, saß Sophie nicht mehr neben ihr. Die Mutter schaute umher, aber nirgends war das Kind zu sehen. Die Taufhandlung war gerade zu Ende und alle standen auf, um sich zu der Familie des Täuflings zu gesellen. Marie fragte die Nächststehenden nach ihrem Töchterchen, aber niemand hatte Sophie gesehen. Sie musste sich ganz unbemerkt fortgeschlichen haben.

Das Verschwinden des Kindes sprach sich bei den Gottesdienstbesuchern schnell herum und alle hielten nach Sophie Ausschau. Die Eltern waren zunächst noch recht gelassen, weil sie ja die Eigenart ihres Kindes kannten, sich überall zu verstecken. Doch ihre Angst und Aufregung wuchs, je länger alle vergeblich nach dem Kind suchten. Bald gab es keinen Platz mehr, der nicht gründlich durchsucht war. Sie war in keiner Seitenkapelle, nicht in der Sakristei und hatte sich auch hinter keinem Altar versteckt. Ob sie wohl das Gotteshaus unbemerkt verlassen hatte und nun in den Straßen umherirrte? Schon machten sich Freunde und Verwandte auf die Suche in den benachbarten Straßen

Die beiden ältesten Buben hatten auf der Empore jeden Winkel durchsucht. Sie wollten ihre Suche gerade ergebnislos abbrechen, als sie ein ganz schwaches Geräusch vernahmen. Es schien geradewegs aus der Orgel zu kommen. Und wirklich fanden sie Sophie zwischen den Orgelpfeifen. Ganz aufmerksam und in sich versunken schaute sie zu den für sie riesenhaften Pfeifen empor.

„Aber Sophie“, riefen die Brüder ihr zu, „warum bist du denn weggelaufen? Wir haben alle große Angst um dich gehabt.“

„Ich habe keine Angst. Alles ist so groß und ich bin ganz allein hierher gekommen.“

Zum ersten Mal spürten die Brüder etwas von der Unabhängigkeit und Eigenständigkeit ihrer kleinen Schwester.

'Allein' wurde in nächster Zeit Sophies Lieblingswort – allein essen, allein anziehen, allein spielen..., und Mutter machte es ein bisschen traurig, dass Sophie sich immer mehr ihrer Fürsorge entzog.
Das Schulzimmer ihrer Brüder wurde bald Sophies Lieblingsplatz. Hier wurden die Buben einige Stunden am Tag von einem mittellosen Studenten unterrichtet, der sich so seinen Lebensunterhalt verdiente. Sie lernten hier alle Grundkenntnisse, bis sie gut vorbereitet die Domschule besuchen konnten. Anfangs wurde Sophie von der Mutter zu Beginn des Unterrichts aus dem Schulzimmer geholt. Aber da sie immer wieder hartnäckig hineinstrebte und ihre Anwesenheit nicht störte, ja nach einer gewissen Zeit überhaupt nicht mehr wahrgenommen wurde, duldete es die Mutter schließlich, wenngleich ein gewisses Unbehagen blieb, weil ihr kleines Mädchen sich so ganz anders entwickelte, als sie es sich erträumt hatte.
Mucksmäuschenstill saß Sophie auf ihrem kleinen Stühlchen und saugte wie ein Schwamm alles auf, was sie hörte und sah. Irgendwann stellten die Eltern dann überrascht fest, dass Sophie fließend lesen konnte, ohne dass es ihr jemand direkt beigebracht hatte. Nun war es nur noch ein kleiner Schritt, dass sie am Unterricht teilnahm.
Als die Brüder dann einer nach dem anderen die Domschule besuchten und der Hauslehrer überflüssig wurde, endete auch für Sophie der Unterricht, der ihr ohnehin nichts Neues mehr bieten konnte. Sophie hatte längst die faszinierende Welt der Bücher entdeckt und war dauernd auf der Suche nach einem ungestörten Platz, wo sie in Ruhe lesen und sich der mütterlichen Inanspruchnahme entziehen konnte. Im Sommer war das recht einfach, hatte sie sich doch im hintersten, etwas verwilderten Teil des großen Gartens eine kleine Höhle zurechtgemacht, wo sie das Rufen nach ihr nicht hören konnte. Oder sie saß auf ihrem Lieblingsbaum, verborgen im dichten Blattwerk. Die Bücher aus Vaters reichhaltiger Bibliothek boten ihr genügend Lesestoff, und Vater war immer bereit, ihr zu erklären, was sie nicht verstanden hatte.

Mutter versuchte ständig, sie für Handarbeiten und schöne Kleider zu interessieren. Sophie schien auch zuzuhören, aber mit dem Herzen war sie nie dabei. Sie erledigte auch widerspruchslos die ihr aufgetragenen kleinen häuslichen Arbeiten, nutzte aber die erste sich ergebende Möglichkeit, sich in ihre Welt zurückzuziehen.

Manchmal beklagte sich Mutter bitter bei Vater, dass sich Sophie so gar nicht für Dinge interessierte, die für ein heranwachsendes Mädchen und eine künftige Hausfrau so wichtig sind. Vater gab ihr recht, aber insgeheim freute er sich über das Interesse, das Sophie für seine Bücher an den Tag legte, und es machte ihm Spaß, auf ihre Fragen einzugehen.

Es ergab sich, dass Sophie, die sich mit ihren Brüdern genügend Latein angeeignet hatte, die Verantwortung für Vaters kleine Apotheke übernahm, und hier wurde sie ihm eine große Hilfe.

Sophie war nun fast 14 Jahre alt und Marie setzte all ihre Hoffnungen auf die kommenden Tanzstunden. Hier würde Sophie doch wohl endlich Freude am Umgang mit anderen jungen Menschen und an hübschen Kleidern finden.

Da Sophie ein hübsches Mädchen war und Marie sie auch reichlich mit neuen Kleidern ausgestattet hatte, suchten anfangs alle ihre Nähe. Aber Sophie wusste nicht, was sie mit den anderen Mädchen reden sollte. Gespräche über die neueste Mode oder die Qualität einer bestimmtem Spitze interessierten sie nicht, und die Annäherungsversuche der jungen Männer empfand sie als alberne Belanglosigkeiten. Sie hätte gern ernsthafte Gespräche geführt. Einmal versuchte sie, mit einem recht intelligent aussehenden jungen Mann über die himmelstrebende Architektur, die durch das Kreuzrippengewölbe möglich wurde, zu sprechen, aber sie erntete nur ein verständnisloses Kopfschütteln.

So waren für Sophie die Tanzstunden nur eine nutzlose Zeitverschwendung. Sie langweilte sich und fühlte sich fehl am Platz. Die anderen dagegen fanden sie eingebildet und konnten nichts mit ihr anfangen.

Der erste Ball nahte heran und Marie hatte ein wirklich entzückendes Ballkleid für Sophie anfertigen lassen. Diese verband damit allerdings nur die Erinnerungen an die schrecklichen, stundenlangen Anproben bei der Schneiderin.

Der Ball verlief nicht anders als all die Tanzstunden zuvor, und Sophie versuchte erst gar nicht, mit anderen ins Gespräch zu kommen. Sie hätte sich lieber zu Hause das Mikroskop näher angesehen, das an diesem Tag mit der Postkutsche gekommen war – ein Geschenk eines bekannten Professors an ihren Vater. Als sie gerade überlegte, wie lange sie es wohl auf diesem langweiligen Ball noch aushalten musste, forderte sie ein junger Mann, den sie flüchtig kannte, zum Tanz auf. Es war Stefan, der Sohn einer bekannten Familie, der in Paris Medizin studierte und gerade ein paar Tage daheim verbrachte. Stefan hatte in Paris viel mit dem Mikroskop gearbeitet und er war ganz erfüllt von den neuen Erfahrungen, die er damit gemacht hatte. – Die ersten brauchbaren Geräte hatten nämlich gerade erst an den Universitäten Verbreitung gefunden. – Begeistert erzählte er Sophie davon, entschuldigte sich zwar, dass er sie mit den Vergrößerungen von Fliegenbeinen, Blut und Haut langweile, erzählte aber doch weiter begeistert von den faszinierenden Anblicken, die ihm das Mikroskop verschafft hatte, als er spürte, wie interessiert und aufmerksam Sophie zuhörte.

Als der Tanz zu Ende war, verabschiedete er sich und sprach die Hoffnung aus, Sophie bald einmal wiederzusehen. Sophie wusste nicht recht, was sie darauf antworten sollte. Sie hatte das Bedürfnis allein zu sein, um in Ruhe über alles nachzudenken. So war sie froh, dass der Ball bald zu Ende war.

Zu Hause stand ihr der ganze Abend noch einmal vor Augen – besonders die Begegnung mit dem jungen Mann. Sie spürte tief in sich ein warmes Gefühl der Zuneigung und der Verbundenheit und sie bedauerte es ein bisschen, dass sie so zurückhaltend reagiert hatte. Es war, als hätte sie eine Chance vertan, einem anderen Menschen ein wenig näher zu kommen.

Es war am Abend vor Sophies 14. Geburtstag und die Eheleute saßen vor dem Schlafengehen noch zusammen. Marie spürte, dass ihren Mann etwas bedrückte. „Nun sag schon, was dir so sehr auf dem Herzen liegt, dass du gar nicht merkst, dass dein Buch verkehrt vor dir liegt."

Heilmar fiel es sichtlich schwer einen Anfang zu finden. Zögernd begann er schließlich: „Damals bei Sophies Taufe habe ich dir nicht die ganze Wahrheit gesagt. Ich habe Raban nicht nur die Patenschaft versprochen, sondern auch, dass unser fünftes Kind nach seinem 14. Geburtstag ihm ganz gehören soll. Die ganzen Jahre über habe ich gehofft, dass irgendein Wunder geschieht, dass uns davor bewahrt, aber heute hat mich Raban an mein damaliges Versprechen erinnert und ich weiß keine Rettung."

Marie spürte die tiefe Verzweiflung ihres Mannes, aber dieses Mal war Rabans Ansinnen so ungeheuerlich, dass sie sich wehren und nicht mehr wie bei Sophies Taufe klein beigeben würde. „Unser Kind ist doch mehr wert als unser Vermögen. Lieber lebe ich in größter Armut, als unser Kind Raban auszuliefern."

„Wenn es nur um unseren Besitz ginge. Darauf könnte ich auch verzichten. Es gibt etwas, wodurch Raban mich völlig in der Hand hat. Ich habe es dir nie erzählt, um dich nicht mit einer solch schlimmen Sache zu belasten, aber nun bleibt mir keine andere Wahl. Als junger Mann habe ich im Zorn den Sohn eines hohen königlichen Beamten getötet. Er hatte ein Mädchen, das ich liebte, durch falsche Versprechungen verführt und, als sie ein Kind erwartete, im Stich gelassen. In seiner Verzweiflung hat sich das Mädchen dann ertränkt. Ich, ein mittelloser Bursche, hätte keine Chance auf einen ehrlichen Prozess gehabt und wäre zum Tode verurteilt worden. Raban hat mich damals gerettet, indem er für mich falsch ausgesagt hat. Da jeder insgeheim Angst vor ihm hatte, wagte keiner, sein Zeugnis zu bezweifeln. So kam ich davon, aber ich musste Raban ein schriftliches Geständnis der Tat geben und ihm überdies versprechen, dass ich ihm zu gegebener Zeit mein fünftes Kind überlasse. Das lag alles in so weiter Ferne, dass ich, um mein Leben zu retten, mit allem einverstanden war."

„Dieses Versprechen gilt nicht. Es ist gegen jede Sitte und Vernunft. Außerdem bist du inzwischen selbst ein angesehener Mann geworden und man wird deine Jugendsünde heute milde beurteilen."

„Ich habe noch nie ein Versprechen gebrochen, gleich wem oder unter welchen Umständen ich es gegeben habe. Auch habe ich in der Stadt mächtige Feinde und Neider, die mich nur allzu gern vernichten würden. Wenn es nur mich allein treffen würde –aber wenn die Tat bekannt wird, werdet ihr alle mit hineingezogen, du, unsere Söhne und auch Sophie, die du jetzt unter allen Umständen zu retten versuchst."

Doch Marie gab nicht auf: „Dann werde ich selbst mit Raban sprechen und ihn, wenn es sein muss, auf Knien anflehen."

„Ich habe schon alles versucht, um ihn umzustimmen – vergeblich. Raban wird sich nie erweichen lassen."

In diesem Moment öffnete sich die Tür und Sophie betrat das Zimmer.

„Ich habe gehört, was ihr gesprochen habt. Warum macht ihr euch solche Sorgen um mich? Raban ist ein gescheiter, alter Mann und ich kann viel von ihm lernen."

Verblüfft schauten die Eltern Sophie an. „Woher willst du das wissen? Du kennst ihn doch gar nicht."

Es stellte sich nun heraus, dass Sophie ohne Wissen der Eltern Raban schon häufig getroffen hatte. Es war nämlich so, dass sie einmal in der Woche frische Heilkräuter für Vaters Apotheke brauchte und sie auf den umliegenden Feldern und Wiesen und im nahegelegenen Wald pflückte. Ihr machte diese Arbeit Spaß und sie kannte alle Plätze, wo die heilkräftigen Pflanzen wuchsen. Da es für ein junges Mädchen nicht schicklich gewesen wäre, allein durch Feld und Wald zu streifen, beauftragten die Eltern Sophies Bruder Konrad, sie auf ihren Gängen zu begleiten. Dieser stand ihr im Alter am nächsten und war ihr auch am vertrautesten. Nur hatte er kein Interesse an diesen Pflanzen, und so waren diese Streifzüge durch Wald und Flur für ihn recht langweilig, zumal seine Schwester ganz in ihre Aufgabe vertieft war und sich nicht gern ablenken ließ. Sophie spürte das Unbehagen ihres Bruders, und da sie auch lieber ungestört und allein gewesen wäre, hatte sie ihrem Bruder den Vorschlag gemacht, sie drei Stunden allein zu lassen und in der Zwischenzeit seinen Freund, den Müllersohn, zu besuchen. Dieser wohnte nicht allzu weit entfernt in der Mühle am Mühlbach. Konrad hatte zuerst gezögert, seine Schwester allein zu lassen, doch als sie ihm weiter zuredete, hatte er schließlich erleichtert zugestimmt. Anfangs hatte Konrad noch ein schlechtes Gewissen gehabt, doch im Laufe der Zeit war es für die beiden zur Gewohnheit geworden, sich zu trennen und später vom verabredeten Platz aus wieder gemeinsam nach Hause zu gehen. Für die Eltern war alles in Ordnung – Sophie und Konrad gingen zusammen weg und kehrten rechtzeitig mit den benötigten Kräutern zurück.

Auf einem ihrer Streifzüge hatte Sophie Raban getroffen und dieser hatte sich ihr als ihr Pate zu erkennen gegeben. Endlich hatte Sophie diesen geheimnisvollen Paten kennen gelernt, über den die Eltern – wenn überhaupt – nur andeutungsweise redeten.

Sophie merkte bald, dass Raban noch viel besser als sie oder ihr Vater über heilkräftige oder giftige Pflanzen Bescheid wusste, wobei Raban das Wort giftig nicht gelten ließ. Sie trafen sich nun jedes Mal und Raban erklärte ihr die Wirksamkeit vieler ihr noch unbekannter Pflanzen. Sie sprachen über die Dosis und die Anwendungsart, die bei manchen Pflanzen darüber entschied, ob sie zu Heil oder Unheil, zu Leben oder Tod gereichte.

Ohne dass Raban es ihr direkt verboten hätte, sprach Sophie zu Hause nie über diese Begegnungen. Sie spürte, dass dies Raban nicht recht gewesen wäre. Außerdem fürchtete Sophie, dass die Eltern ihr diesen Umgang verbieten würden, vermieden sie doch aus unerfindlichen Gründen jeden Kontakt zu ihrem Paten.

„Ihr seht also, dass ich Raban sehr wohl kenne, und es bleibt euch auch gar keine andere Wahl, wenn nicht die ganze Familie ins Verderben stürzen soll. Für mich ist es kein Unglück, und was über Raban geredet wird, glaube ich nicht. Wenn die Leute etwas nicht verstehen, wenn ihnen etwas fremd ist, dann glauben sie gleich, dass der Teufel seine Hand im Spiel hat."

„Aber du bist in dem abgelegenen Turm dann ganz allein mit diesem unheimlichen Menschen. Dieser Gedanke wird mir jeden Schlaf rauben," brachte Marie unter Tränen hervor, „und was werden unsere Verwandten und Bekannten denken?"

„Es wird euch schon etwas einfallen, was ihr den Leuten sagt", wischte Sophie diesen Einwand vom Tisch, „schon nach kurzer Zeit werden sie mich vergessen haben, weil es dann wieder etwas Neues gibt, worüber sie sich aufregen können. Und was die Abgelegenheit des Turmes betrifft – nun, je weiter entfernt wir vom Trubel der Menge sind, um so ungestörter können wir arbeiten. Ich glaube nämlich, dass Raban wichtigen Geheimnissen auf der Spur ist und ich hoffe, dass er mich daran teilnehmen lässt."

Sophie ließ keine weiteren Einwände gelten, packte am nächsten Tag die notwendigsten Dinge zusammen und verabschiedete sich von ihren Eltern und Brüdern. Wohl war ihr ein bisschen traurig ums Herz, als sie alles, was ihr vertraut war, verließ, aber der Gedanke an das, was sie nun lernen und erfahren würde, vertrieb ihr die schwermütigen Gedanken.

Vater brachte sie zum Turm. „Ich werde dich vermissen", sagte er zum Abschied, „auch deine Mithilfe in der Apotheke." „Lass gut sein, Vater, vielleicht werde ich dir später einmal eine größere Hilfe sein."

Ein bisschen bange war Sophie schon vor ihrem neuen Heim und dem seltsamen Mann, aber der Anblick der vielen Bücher fesselte bald ihre ganze Aufmerksamkeit.

„Gut, dass du nun da bist", waren Rabans erste Worte an sie. „Es gibt viel zu tun. Ich arbeite seit Jahren daran, eine Salbe und eine Medizin zu bereiten, die alle Verwundungen und Krankheiten heilen können und – was noch viel wichtiger ist – ich bin nahe daran, ein Elixier herzustellen, welches das Leben verlängern kann. Vor Jahren habe ich in einem alten Buch, das mir eine Frau, die später als Hexe verbrannt wurde, hinterließ, einen Hinweis auf einen solchen Trank gefunden. Ein griechischer Arzt soll dieses

Rezept besessen haben, aber seit seinem Tod ist es verschollen. In jahrelanger, mühsamer Arbeit habe ich alte Bücher nach weiteren Hinweisen durchforscht und habe auch nähere Anhaltspunkte gefunden. Immer wieder habe ich die verschiedensten Zusammensetzungen ausprobiert und wieder und wieder verändert. Manchmal glaubte ich, die richtige Rezeptur gefunden zu haben, aber dann hat irgendetwas doch nicht gestimmt. Doch mit dir gemeinsam wird die große Entdeckung gelingen. Deine Aufgabe wird es sein, die Bücher nach weiteren Hinweisen zu durchforschen, mir bei der Herstellung der Salben und Mixturen zu helfen, die Tiere, die mir zu Versuchszwecken dienen, zu behandeln und dabei genau zu beobachten und aufzuschreiben, wie sie auf die verschiedenen Mittel reagieren."

Als Sophie ihn verwundert anblickte, fuhr er fort: „Ach ja, ich vergaß, du kennst meine Tiere noch nicht." Er führte Sophie hinter den Turm auf ein Gelände, dicht mit Büschen umstanden und in den Wald übergehend. Dann zog er ein kleines silbernes Pfeifchen aus der Tasche. Auf einen für Menschen unhörbaren Pfiff hin kamen aus allen Ecken und Büschen Tiere herbei. Manche schleppten sich mit letzter Kraft heran, weil sie an Verletzungen oder Krankheiten litten, andere konnten sich vor Altersschwäche kaum fortbewegen, und wieder andere schienen gesund und munter zu sein. Alle versammelten sich ohne Scheu um Raban. Unter den Tieren waren: räudige Hunde und Katzen aus der Stadt, um die sich niemand kümmerte, klapprige alte Pferde, für die ihre ehemaligen Besitzer keine Verwendung mehr hatten, ein Kater, der im nächtlichen Zweikampf mit seinem Rivalen tiefe Wunden davongetragen hatte, ein Fuchs, der eine verletzte Pfote nachzog, ein Sperber mit einem gebrochenen Flügel, der mühsam auf dem Boden herumflatterte, ein Reh mit einer offenen Wunde, zwei verspielte Hasen und viele andere.

Gleich anfangs hatte sich ein Rabe auf Rabans Schulter gesetzt. Er sah aufmerksam in die Runde, als hätte er die Oberaufsicht über die bunte Versammlung. Als er Sophie mit seinen kleinen, schwarzen Augen anschaute, überlief diese ein Schauder, als wäre

sie plötzlich mit einer unheimlichen Macht in Berührung gekommen. Doch dieser Moment des Unbehagens ging schnell vorüber, als Sophie ihre Aufmerksamkeit wieder Raban zuwandte.
Dieser gab Sophie nun seine Anweisungen, wie sie die Tiere zweimal am Tag mit bestimmten Salben und Tinkturen behandeln sollte. Besonderes Augenmerk sollte sie auf die altersschwachen Tiere richten, ob das Verabreichen eines bestimmten Trankes neue Lebenskräfte in ihnen wecken würde. Füttern dagegen würde sie sein taubstummer Diener, der sich im Übrigen auch um die notwendigen Arbeiten im Haus kümmern würde.
Staunend hatte Sophie die magische Anziehungskraft Rabans auf die Tiere wahrgenommen. Selbst Tiere, die sonst jeden Kontakt mit den Menschen mieden, hatten sich ihm fast ehrerbietig genähert. Als könnte er Sophies Gedanken lesen, reichte Raban ihr nun die kleine Pfeife. „Damit wirst du genau wie ich die Tiere herbeirufen können."
Bald war Sophie so gefesselt von ihrem neuen Leben, dass sie kaum noch an ihre Familie dachte. Genau so besessen wie Raban suchte sie nach Hinweisen in den alten Büchern, mischte sie Salben und Tinkturen, suchte sie nach neuen Ingredienzien für das Lebenselixier.
Einmal schien der Erfolg greifbar nahe. Zwei altersschwache Hunde erlangten plötzlich neue Kräfte. Ihre Bewegungen wurden lebhafter, ihr mattes Fell glänzte wieder, ihre einst trüben Augen blickten wach. Doch nach zwei Wochen waren beide tot. Es war also nur ein kurzes Aufflackern ihrer Lebensgeister vor dem Tod gewesen. Doch Raban meinte verbissen: „Einmal wird mir der Durchbruch gelingen. Ich werde das Lebenselixier finden und dann wird es nicht schwer sein, es auch auf den Menschen zu übertragen."
Sophie stand Raban in nichts nach. Sie setzte sich mit dem gleichen – fast fanatischen – Eifer ein und gönnte sich kaum eine Pause. Sie fand heraus, dass viele Krankheiten und Wunden unter ihrer Behandlung heilten, aber manche auch nach anfänglicher

Besserung zum Tode führten. Auch hier war sie dauernd auf der Suche nach dem besseren, dem besten Mittel.
So gefangen war sie von ihrer Arbeit, dass sie kaum wahrnahm, dass außerhalb ihres Turmes ein Krieg tobte. Fremde Truppen hatten die Stadt überfallen. Sie waren zwar wieder vertrieben worden, aber außerhalb der Stadtmauern gingen die Kämpfe weiter. Es gab viele Verletzte und in der Stadt fürchtete man den Ausbruch von Seuchen.
Eines Tages schickte Vater Heilmar nach Sophie mit der Bitte, ihm bei der Versorgung der Verwundeten und Kranken zu helfen. Er allein schaffe es nicht mehr. Aber Sophie lehnte – bestärkt durch Raban – ab. Sie war gerade dabei neue Erkenntnisse auszuwerten und hoffte auf den lang ersehnten Durchbruch. Jede Verwicklung in die Ereignisse draußen würden ihrem großen Ziel im Weg stehen. Später, wenn sie noch mehr Wissen erworben und ihre Forschungen zu Ende gebracht hätte, würde sie gern helfen.
Da geschah eines Tages etwas, was Sophie mit Gewalt aus ihrem selbstgeschaffenen Ghetto herausreißen sollte. Sie wurden zwar weiter nachts von einem Bauern mit den nötigen Lebensmitteln versorgt – schließlich bezahlte Raban gut –, aber eines Tages fehlten Sophie bestimmte Heilkräuter, ohne die sie nicht weiterarbeiten konnte. Wohl war es in diesen Kriegswirren gefährlich, sich aus den schützenden Mauern herauszuwagen, aber die Fortführung ihrer Versuche war Sophie so wichtig, dass sie die Gefahr nicht beachtete. Bald hatte sie, begleitet vom nahen Kanonendonner, gefunden, was sie suchte. Sie wollte sich gerade erleichtert auf den Heimweg machen, als plötzlich eine Schar berittener Soldaten vor ihr auftauchte. Sie wusste nicht, ob es Feinde oder Verbündete waren. Es war zu spät um zu entfliehen, und Sophie zweifelte daran, dass man sie unbehelligt weitergehen ließe.
„Ei, was haben wir denn hier für ein hübsches Vögelchen, genau das Richtige, um unser trostloses Soldatendasein ein wenig zu erheitern“, rief einer von ihnen lachend, und die anderen stimmten in sein Lachen ein.

„Ruhe", unterbrach plötzlich eine befehlsgewohnte Stimme das Gelächter. „Jungfer, ich sehe, ihr habt heilkräftige Pflanzen in eurem Korb. Versteht ihr etwas von der Heilkunst?" Sophie konnte nur nicken und ehe sie sich versah, hatte der Anführer sie ergriffen und mitsamt ihrem Korb vor sich aufs Pferd gesetzt. „Ihr kommt uns gerade recht. Wir brauchen jemanden, der sich um unsere Verwundeten kümmert; unser 'Medikus' ist nämlich selbst verwundet."

Jeder Widerstand wäre sinnlos gewesen und so ergab sich Sophie in ihr Schicksal. Nach kurzem Ritt gelangten sie ins Lager. Was Sophie hier sah und hörte, ließ sie erschauern: verstümmelte Glieder, offene, eitrige Wunden, Menschen, die sich in ihrem Fieberwahn auf dem Lager wälzten, Männer, die vor Schmerzen schrieen und stöhnten. Aus der Stille und Zurückgezogenheit ihres Turmes heraus fühlte sie sich in das totale Chaos geworfen.

„Steht nicht tatenlos herum", fuhr sie der Reiter an, der sie auf seinem Pferd hierher gebracht hatte, „ihr seht doch, was hier los ist. Ich werde euch, soweit ich es vermag, helfen." Sophie erwachte aus ihrer Starre. Ihre Tatkraft kehrte wieder. Jetzt kam ihr zugute, was sie bei Raban gelernt hatte. Sie verschaffte sich schnell einen Überblick, was als erstes getan werden musste. Sie versorgte und verband Wunden, legte schmerzlindernde Kräuter auf, kochte fiebersenkende und betäubende Getränke, sprach beruhigend auf die Kranken ein und legte für einen Moment ihre Hand auf eine fieberheiße Stirn.

Aber die vorhandenen Mittel reichten bei weitem nicht aus. Um wirklich helfen zu können, brauchte sie weitere Salben und Tinkturen, die sie bei Raban vorrätig wusste.

Unter der Bedingung, so schnell wie möglich wiederzukommen, und unter der Aufsicht zweier schwerbewaffneter Soldaten durfte Sophie das Lager verlassen und zu Raban reiten.

Dieser hatte voller Ungeduld und Sorge auf die Rückkehr Sophies gewartet. Nun erfuhr er, was geschehen war und dass sein und Sophies Leben verwirkt wäre, wenn sie nicht auf die Bedingungen der Soldaten eingingen. Jäh aus seinem abgeschiedenen Forscherdasein gerissen, beugte Raban sich der Gewalt und half Sophie, die benötigten Heilmittel zusammenzupacken. Ehe er Sophie und die Soldaten aber mit vollbepackten Pferden davonziehen ließ, stellte er seinerseits eine Bedingung. Das Mädchen solle unverzüglich und unversehrt zu ihm zurückkommen, wenn ihre Aufgabe erfüllt sei. Die Soldaten, die sich vor nichts auf der Welt so schnell fürchteten, spürten plötzlich eine merkwürdige Macht, die dieser kleine, alte Mann ausströmte. Vielleicht war es auch der unheimliche, schwarze Vogel auf Rabans Schulter, der dieses seltsame Unbehagen in ihnen auslöste. Sie hatten nur noch den Wunsch, diesen Ort so bald wie möglich zu verlassen und sicherten zu, was Raban von ihnen verlangte. Auch Sophie las in Rabans Augen deutlich die Botschaft: 'Kehre zurück! Du gehörst mir!'

Wieder zurück im Lager hatte Sophie nur noch diesen einen Wunsch, den Verwundeten so gut und so schnell sie konnte zu helfen. Unterstützt vom Befehlshaber arbeitete sie bis zur völligen Erschöpfung, und bis zum nächsten Morgen waren alle Verwundeten versorgt.

Dann erst wandte sich Sophie einem Mann zu, dessen Gesicht ihr gleich bekannt vorgekommen war. Wirklich, es war Stefan, der auf ihrem ersten und einzigen Ball einen solch großen Eindruck auf sie gemacht hatte. Seine Verwundung war schwer, aber er würde leben und wieder ganz gesund werden. Gerade noch rechtzeitig hatte Sophie eine gefährliche Blutung stoppen können. Nun tat ihr Beruhigungstrank seine Wirkung. Eine Weile saß Sophie an seinem Lager und ein ungewohntes Gefühl erfasste sie. Zum ersten Mal in ihrem Leben spürte sie eine solch tiefe Zuneigung und Liebe zu einem Menschen, und Sophie wehrte sich nicht gegen dieses Gefühl.

Sie arbeitete weiter hart in diesem Lager und gewann die Anerkennung und Hochachtung aller Soldaten. Aber wichtiger war ihr die Zuneigung der Menschen, denen sie helfen konnte.

Der Krieg ging zu Ende, die Soldaten kehrten in ihre Heimat zurück und Sophies Aufgabe im Lager war beendet. Auch Stefan war fast wieder vollständig genesen und es war nur noch eine Fra-

ge der Zeit, bis er wieder im Vollbesitz seiner Kräfte sein würde. Sophies Liebe zu Stefan war in diesen Wochen immer mehr gewachsen und wurde von ihm gleichermaßen erwidert. Keiner konnte sich mehr ein Leben ohne den anderen vorstellen. Nur der Gedanke an ihre Abhängigkeit gegenüber Raban belastete Sophies Glück und stand ihren Zukunftsplänen im Wege.
Als Stefan von diesem Übereinkommen erfuhr, rief er erbost aus: „Dieser Vertrag widerspricht jeglichem moralischen Empfinden und auch jeder menschlichen Vernunft. Du hast es lange genug bei dem Alten ausgehalten, du hast ein Recht auf ein eigenes Leben. Er kann dich nicht dein ganzes Leben lang an sich binden. Du kehrst einfach nicht zu ihm zurück, und damit ist die Sache ein für alle Mal erledigt."
Einen kurzen Moment lang war Sophie dazu bereit. Es war allzu verlockend, so allen Auseinandersetzungen aus dem Weg zu gehen. Doch dann schüttelte sie den Kopf: „Raban vertraut darauf, dass ich zu ihm zurückkomme, und er hat das Recht, von mir selbst zu erfahren, dass ich ihn verlassen werde. Er war immer gut zu mir und ich habe viel von ihm gelernt – so viel, dass ich dir und anderen helfen konnte."
„Dann lass mich mit dir gehen", bat Stefan. „Ich habe Angst, dass Raban dich mit Gewalt zurückhält."
Wieder schüttelte Sophie den Kopf: „Diese Aufgabe muss ich allein erfüllen." Sie umarmte Stefan und machte sich auf den Weg.
Je näher sie dem Turm kam, um so sorgenvoller wurde ihr ums Herz. 'Hätte ich nicht doch besser Stefans Rat folgen und einfach wegbleiben sollen?', fragte sie sich angstvoll. Aber tief in ihrem Inneren wusste sie, dass sie sich dieser Auseinandersetzung stellen musste.
Als Sophie den Hof betrat, erwartete Raban sie schon. „Es wird Zeit, dass du zurückkommst", begrüßte er sie.
Ohne zu zögern sprach das Mädchen von seinen Absichten. Raban schüttelte unwillig den Kopf. „Du weißt nicht, was du da redest. Wir stehen kurz vor dem Abschluss unserer Lebensarbeit.

Das Lebenselixier wird die Welt verändern und du redest von einer solch kleinbürgerlichen Einrichtung wie Hochzeit. Vergiss diese einfältigen Dinge wie Liebe, Gefühle und Ähnliches. Nur Wissen zählt und verleiht Macht. Auf an die Arbeit!"
Doch Sophie ließ sich nicht beirren. Mit klopfendem Herzen hielt sie Rabans Worten und Blicken stand. Als dieser den Widerstand des Mädchens spürte, verzerrte sich sein Gesicht vor Wut. Er schien zu wachsen und auch der Rabe auf Rabans Schultern nahm in Sophies Augen immer größere Ausmaße an. Seine kohlschwarzen Augen fixierten sie und sie glaubte, kein Glied mehr rühren zu können. Sie spürte plötzlich, dass alle Macht von diesem Raben ausging und dass er wie ein böser Geist Raban vollkommen beherrschte. Auch sie schien dieser Macht unentrinnbar ausgeliefert zu sein und Hoffnungslosigkeit wollte sie ergreifen. Da dachte sie an ihre Liebe, an alles, was sie mit Stefan verband, an alles, was sie empfunden und erfahren hatte, was kostbarer war als ihr Leben und so allen Einsatz wert war.
Mit einer nie gekannten Energie überwand sie ihre Starre, packte den Vogel und drehte ihm den Hals um. Ein greller Blitz und ein ohrenbetäubender Donnerschlag ließen Sophie betäubt zu Boden stürzen. Als sie wieder zu Besinnung kam, sah sie den schwarzen Vogel tot auf dem Boden liegen und nichts war mehr von seiner dämonischen Ausstrahlung zu spüren. Auch Raban lag wie leblos daneben, als hätten ihn alle Kraft und Energie verlassen. Sophie war es, als erwache sie aus einem bösen Traum. Sie beugte sich zu Raban hinab. Dieser schlug die Augen auf. Wut und Ärger waren aus seinen Zügen verschwunden. Mit Hilfe des taubstummen Dieners bettete sie ihn auf seinem Lager. Er fiel in einen tiefen Schlaf, aus dem er am nächsten Tag erholt erwachte.
Für kurze Zeit wohnte Sophie noch im Turm. Dann verließ sie diesen Ort, der ihr in gewissem Sinn Heimat gewesen war, und ließ Raban in der Obhut seines treuen Dieners zurück. Die Besessenheit, das Lebenselixier zu finden, war von Raban gewichen. In großer Gelassenheit verbrachte er den Rest seines Lebens, freute

sich an seinen Tieren und linderte ihre Krankheiten und Leiden, so gut er konnte.
Sie selbst wollte nicht mehr länger von den Menschen getrennt leben. Ihre Kenntnisse reichten aus, um Kranken und Leidenden zu helfen. Wie Raban arbeitete sie nicht länger an der Erfindung des Lebenselixiers. Sie wusste nun, das Streben nach immer größerer Erkenntnis hatte ihr den Weg zu sich selbst und zu anderen Menschen verstellt. Was könnte ihr ein Lebenselixier, die Verlängerung ihres Lebens, nützen, wenn sie gar nicht wirklich lebte?
Eine Weile half sie noch ihrem Vater, dann heiratete sie Stefan. Als dieser sich als Arzt niederließ, arbeitete sie mit ihm viele Jahre zusammen, geliebt und verehrt von den Menschen, denen sie sich tatkraftig und liebevoll zuwandte.
Als Raban starb, trauerte Sophie um ihn von ganzem Herzen. Sie war ja die einzige, die er in seinem einsamen Leben um sich geduldet hatte, und seit sie ihr Wissen nicht mehr nur für sich bewahrte, wusste sie immer mehr zu schätzen, wie viel sie bei ihm gelernt und erfahren hatte.

'Über allem die Treue'
Thomas und Lena im Wald des schrecklichen Ungeheuers

In einer kleinen Stadt lebte einmal ein junger, tüchtiger Kaufmann. Mit Fleiß und Glück hatte er es zu einem beträchtlichen Vermögen gebracht. Als er dann daran dachte, es sei nun an der Zeit, eine Familie zu gründen, begegnete ihm eine schöne, liebenswerte Kaufmannstochter. Sie verliebten sich ineinander und heirateten nach kurzer Zeit.

Ihr Glück war vollkommen, als die junge Frau übers Jahr Zwillinge – einen Jungen und ein Mädchen – gebar. Die Geburt war schwer und die zarte Frau kam nie mehr so ganz zu Kräften. Trotzdem lebte die kleine Familie noch einige Jahre glücklich und zufrieden.

Dieses Glück ging jäh zu Ende, als die junge Frau schwer erkrankte und wenig später starb. Nach außen änderte sich im Haushalt des Kaufmanns wenig. Die tüchtige Grete, die seit der Geburt der Kinder im Haus half, hielt weiter alles in Ordnung, kochte und sorgte für die Kinder Thomas und Lena.

Und doch hatte sich alles grundlegend geändert, denn Lachen und Fröhlichkeit waren aus dem Haus verschwunden. Die Kinder konnten nicht verstehen, dass die Mutter auf einmal nicht mehr da war. Sie fühlten sich verlassen, denn Greta hatte neben ihren vielen Pflichten im Haus wenig Zeit für sie und der Vater war selten daheim. Auch hatte dieser sich für die Kinder so seltsam gewandelt. Hatte er früher oft mit ihnen gelacht und gespielt, so schien er sie jetzt kaum noch wahrzunehmen, so versunken war er in seine Trauer.

Als die Kinder sich darüber bei Grete beschwerten, sagte diese nur: „Papa ist traurig, dass eure Mutter nicht mehr lebt. Ihr müsst besonders lieb zu ihm sein und dürft ihm keinen Kummer machen."

So versuchten Thomas und Lena aufmerksam, die Stimmung des Vaters zu erfassen. Wollte er lieber allein und ungestört sein? Oder konnten sie ihn ein wenig aufmuntern, wenn sie ihm erzähl-

ten, was sie gelernt und erlebt hatten? Sie waren glücklich, wenn sie ihn einmal zum Lachen bringen konnten, und sie waren unglücklich, wenn er sie nicht sehen wollte, weil sie ihn zu sehr an den Verlust erinnerten, den er erlitten hatte. Die Kinder ahnten dann, dass er – ohne es eigentlich zu wollen – sie für den Tod seiner Frau verantwortlich machte. Sie lernten, auf seine Stimmungen zu achten und spürten genau, wenn es ihn nach ihrer Nähe verlangte oder wenn er lieber allein sein wollte. Sie fühlten sich immer mehr verantwortlich für sein Wohlergehen.
Wenn er einmal später als gewohnt nach Hause kam, hatten sie Angst, er könnte so wie die Mutter aus ihrem Leben einfach verschwinden. Sie fürchteten, es könnte ihm etwas Schlimmes zugestoßen sein. Vielleicht war er vom Pferd gestürzt oder Räuber hatten ihn überfallen oder Wölfe ihn angegriffen oder...
Wenn sie von ihren Ängsten sprachen, dann schüttelte Vater nur verständnislos den Kopf: „Was denkt ihr euch immer nur für komische Sachen aus. In der Nähe der Stadt gibt es keine Wölfe mehr, ich bin noch nie einem Räuber begegnet und falle auch nicht vom Pferd."
Da behielten die Kinder ihre Ängste für sich und malten sich nur noch untereinander aus, was alles passieren könnte.
Doch eines Tages änderte sich ihr Leben von Grund auf. Mit bewegter Stimme erzählte ihnen Vater, dass er wieder heiraten würde. Er habe für sich eine liebe Frau und für die Kinder eine gute Mutter gefunden. Sie würden auch einen kleinen Bruder bekommen. Ganz ernst sprach er zu ihnen: „Ich erwarte, dass ihr zu eurer neuen Mutter freundlich und hilfsbereit seid, und dass ihr immer gehorcht. Ich erwarte auch, dass ihr den kleinen Jungen, euren Bruder Jan, liebevoll aufnehmt. Ihr seid jetzt meine großen Kinder und dafür verantwortlich, dass sich eure Mutter und Jan bei uns wohlfühlen, auch wenn ich nicht zu Hause bin. Ich hoffe, dass ich nie hören muss, dass ihr ungehorsam eurer Mutter gegenüber und unverträglich zu eurem Bruder seid."
Die Geschwister versprachen es und erwarteten in ängstlicher Spannung den Tag der Ankunft. Als Vater nun seine neue Frau

mitbrachte, war diese recht freundlich zu den Kindern. Sie ließ sich von ihnen Haus und Garten zeigen, lobte Grete für ihren guten Kuchen und auch der kleine Junge zeigte sich in diesen ersten Tagen von seiner besten Seite.

Das änderte sich aber, als der Vater wegen seiner Geschäfte wieder tage- oder auch wochenlang unterwegs war. Niemand konnte es der Stiefmutter mehr recht machen. Grete war ihr zu langsam und zu eigensinnig, und als dieser die dauernden Vorwürfe der neuen Hausfrau zuviel wurden, kündigte sie ihren Dienst auf. Dem Vater erzählte die Frau, sie sei ja jung und stark und sie könne die Arbeit gut allein machen.

Thomas und Lena waren traurig, als Grete sie verließ, waren sie doch von klein auf an sie gewöhnt. Auch war sie ihnen eine lebendige Erinnerung an glückliche Zeiten. Die Kinder mussten nun viel im Haus helfen und konnten nur noch selten mit ihren Freunden spielen. Doch so sehr sie sich auch anstrengten, nie konnten sie es der Stiefmutter recht machen. Der Boden war nicht sauber gekehrt, die Fenster nicht gut geputzt, die Wäsche nicht weiß genug. Die Kinder selbst waren der Frau zu laut und gaben nicht genug auf ihre Kleider acht. Auch beschuldigte sie die beiden, sie trieben sich nach der Schule auf der Straße herum. Immer wieder drohte sie ihnen, dem Vater zu sagen, wie faul, frech und ungehorsam sie seien.

Da strengten sich die Kinder noch mehr an, denn sie hatten dem Vater doch versprochen, der neuen Mutter gegenüber immer lieb und gehorsam zu sein.

Am schlimmsten aber war Jan, der kleine Junge. Er bekam von seiner Mutter, was er wollte, er durfte tun, was ihm gerade einfiel, und wenn er etwas kaputt gemacht hatte, dann beschuldigte er seine Geschwister. Er schlug, kratzte, biss, kritzelte in ihre Schulhefte, und wenn die Kinder sich wehrten, lief er schreiend zu seiner Mutter. Diese glaubte ihm alles, was er Böses über Thomas und Lena erzählte, tröstete ihn und bestrafte die beiden Kinder.

Wenn sie dem Vater davon erzählten, merkten sie schnell, dass ihm diese Klagen lästig waren. „Denkt daran“, erinnerte er sie,

„dass ich euch darum bat, Jan liebevoll als euren Bruder aufzunehmen. Ihr habt mir versprochen, euch um ihn zu kümmern. Ihr seid älter und ich erwarte von euch, dass ihr lieb zu ihm seid und vor allem eurer Mutter keinen Kummer macht."

So versuchten sie dem Vater zuliebe, jeden Streit zu vermeiden, aber wie sollten sie jemals einen kleinen Jungen lieb gewinnen, der mit Steinen nach ihrem Kätzchen warf, der ihre Spielsachen kaputt machte, der seiner Mutter Lügengeschichten über sie erzählte und so schuld daran war, dass sie immer wieder unschuldig bestraft wurden.

Doch ein Tag beendete ihr verzweifeltes Bemühen, es dem Vater recht zu machen, vollends. Sie sollten Jan auf der nahe gelegenen Wiese beaufsichtigen. Als sie für ein paar Minuten unaufmerksam waren, weil ihre Freunde ihnen etwas von einer geheimnisvollen Höhle erzählten, lief der Junge entgegen aller strengen Verbote zum Fluss und fiel in das eiskalte Wasser. Glücklicherweise konnte ihn ein Fischer in letzter Minute herausziehen. Dieser trug ihn auch nach Hause und Thomas und Lena liefen schuldbewusst hinterher.

Daheim wurden sie von der Stiefmutter mit schlimmen Vorwürfen überhäuft: „Ihr missratenen Kinder! Ihr seid schuld, wenn Jan schwer krank wird oder sogar stirbt. Ich kann euren Anblick nicht mehr ertragen und will euch nicht mehr länger hier im Haus haben. Ich werde dafür sorgen, dass euer Vater euch wegschickt."

Voller Angst überlegten die Kinder, was sie tun sollten. „Besser als weggeschickt zu werden", meinte Lena, „ist es, von allein das Haus zu verlassen."

„Aber wo sollen wir hingehen? Wo sollen wir schlafen? Was sollen wir essen?", fragte Thomas. „Alles ist besser, als noch länger hier zu bleiben. Erinnerst du dich, wie unsere richtige Mutter uns von dem Königreich jenseits des großen Waldes erzählt hat, dem Königreich des Friedens, in dem alle Menschen glücklich und zufrieden leben?"

„Aber wie sollen wir jemals den Weg dorthin finden? Wer wird uns vor Räubern und wilden Tieren schützen? Ich habe solche Angst."

„Ich habe auch große Angst, aber noch größere Angst habe ich vor der Rückkehr des Vaters. Was wird mit uns geschehen, wenn er von unserer Unaufmerksamkeit erfährt? Wir haben ihn enttäuscht und unser Versprechen nicht eingehalten. Lieber will ich einem Räuber oder einem Wolf begegnen, als hier länger in dieser Ungewissheit auszuharren."

So packten die Kinder ein paar Kleider, einen Laib Brot und ein scharfes Messer ein und verließen heimlich das Haus.

Gegen Abend kamen sie unbehelligt in die Nähe des großen Waldes. Sie fragten einen Bauern, der gerade auf dem Heimweg war, nach dem Weg zu dem friedlichen Königreich. Der Mann zögerte lange mit der Antwort, sodass die Kinder schon dachten, er würde nie etwas sagen. Aber dann begann er doch, langsam und bedächtig zu reden: „Meine Großmutter erzählte mir von diesem Königreich, aber der einzige Weg dorthin führt durch diesen Wald, und dieser Wald wird von einem schrecklichen, riesengroßen Ungeheuer beherrscht. Als meine Großmutter noch jung war, haben einige tollkühne Burschen versucht diesen Wald zu durchqueren. Man hat nie mehr etwas von ihnen gehört und keiner weiß, was aus ihnen geworden ist. Sicher sind sie dem Untier in die Hände gefallen. Seit dieser Zeit hat niemand mehr versucht, in den Wald einzudringen, und auch ihr schlagt euch am besten diese Idee ganz schnell wieder aus dem Kopf." Mit diesen Worten verließ er die Kinder.

Thomas und Lena ließen sich am Waldrand nieder und aßen ihr letztes Stück Brot. Es wurde dunkel und ein eiskalter Wind wehte über die abgeernteten Felder. Nach einer Weile sagte Lena zitternd vor Kälte: „Lass uns in den Wald hineingehen. Dort sind wir vor dem Wind geschützt."

„Nein, Lena, das kannst du nicht tun", stammelte Thomas, „das Untier wird uns töten. Ich habe solche Angst."

„Und hier draußen werden wir erfrieren", setzte Lena dagegen.

So gingen sie ein Stück in den Wald hinein, machten sich ein Lager aus welken, trockenen Blättern und schliefen dicht aneinander geschmiegt, sich gegenseitig wärmend ein.
Gegen Morgen gingen sie hungrig und voller Furcht weiter. „Wenn wir nicht verhungern wollen, müssen wir weitergehen, um in die Stadt zu gelangen, wo uns freundliche Menschen helfen werden“, sagten sie zueinander, „vielleicht kommen wir ja unentdeckt durch den Wald.“
Gegen Mittag, als sich ihre Angst schon etwas beruhigt hatte, hörten sie plötzlich ein schreckliches Geheul und sie sahen zwei riesige Wolfshunde durchs Dickicht brechen. Voller Entsetzen kletterten sie auf den nächsten Baum, und schreckerfüllt sahen sie, wie die Hunde den Baum umkreisten.
„Was sollen wir tun? Wir können nicht für immer hier oben bleiben. Irgendwann müssen wir wieder hinabsteigen“, sprach Lena mit zitternder Stimme, nachdem sie schon einige Stunden auf dem Baum ausgeharrt hatten und die Hunde noch immer zähnefletschend zu ihnen empor starrten. „Ich habe solche Angst vor ihren scharfen Zähnen“, weinte Thomas. „Ich habe auch schreckliche Angst“, ließ sich Lena nach einer Weile vernehmen, „aber noch schlimmer ist es, hier oben hilflos zu sitzen, den sicheren Tod vor Augen. Entweder werden wir verhungern oder vor Schwäche und Müdigkeit vom Baum fallen, gerade vor die Rachen dieser Bestien. Wir müssen den Kampf mit diesen Scheusalen aufnehmen. Alles ist besser, als hier vor Angst zu sterben.“
Schließlich ließ sich Thomas überzeugen und sie beschlossen, die Hunde abzulenken, dann schnell vom Baum zu klettern und die Hunde mit ihrem Messer abzuwehren. Mit aller Kraft warfen sie dürre Äste vom Baum. Die Hunde ließen sich auch wirklich ablenken und sprangen davon. Die Kinder kletterten schnell vom Baum und richteten ihr Messer gegen die wieder heranstürmenden Hunde.
Es hätte ihnen wohl nichts genützt, wenn nicht plötzlich eine donnernde Stimme den Hunden Halt geboten hätte. Ein bärengleiches, zottiges Ungeheuer stand vor ihnen. Voller Entsetzen

sprang Thomas hinter einen Baum. Doch Lena machte einen Schritt auf das Untier zu. Flucht würde das Grauen nur verlängern. Mit dem Mut der Verzweiflung sprach sie mit zitternder Stimme: „Verzeiht, dass wir in euren Wald eingedrungen sind. Wir sind nur zwei schwache Kinder und auf der Suche nach dem Königreich des Friedens. Vielleicht könnt ihr uns den Weg dorthin zeigen." Und aus dem Gefühl heraus, dass es jetzt kein Zurück mehr gab, fügte sie noch hinzu: „Außerdem sterben wir fast vor Hunger. Habt ihr etwas zu essen für uns?" Trotz dieser kühnen Worte bebend vor Angst hielt Lena den Blicken der Bestie stand, und plötzlich glaubte sie so etwas wie Mitgefühl in ihren dunklen Augen zu entdecken.

„Gut, ich will euch Obdach und Essen geben unter der Bedingung, dass ihr euch im Haus und Stall nützlich macht und meinen Befehlen bedingungslos gehorcht."

Sie folgten also diesem seltsamen, schreckenerregenden Wesen und gelangten bald zu einer Ansammlung verschiedener Gebäude. Sie erblickten ein düsteres, festungsähnliches Wohnhaus, Ställe, Schuppen und Scheunen.

Als sie sich an überraschend wohlschmeckenden Speisen satt gegessen hatten und sich müde auf ihrem Lager neben dem Küchenherd ausstreckten, besprachen sie ihre Lage. „Ich traue diesem Untier nichts Gutes zu", meinte Thomas, „es will uns durch sein Wohlverhalten nur täuschen. Wer weiß, was es wirklich mit uns vorhat." „Mag sein", stimmte Lena ihm zu, „aber im Moment haben wir keine andere Wahl, als zu tun, was es von uns verlangt."

Die Arbeit fiel den Kindern nicht schwer, waren sie doch daran gewöhnt, überall fleißig zuzupacken. Besonders leicht fiel ihnen die Arbeit im Stall und auf den Feldern. Schien es doch, als wüssten die Tiere von allein, was gerade an Arbeit anstand, seien es nun die Pferde und Ochsen vor dem Pflug oder die Kühe beim Melken. Überhaupt kamen ihnen alle Tiere etwas merkwürdig vor, hörte sich doch ihr Geschnatter, Gemecker, Gackern, Muhen und Miauen manchmal fast menschlich an, und oft fühlten die

Kinder sich von vielen Tieraugen beobachtet. Am seltsamsten aber schien ihnen die dicke, weiße Katze, die als Köchin in der Küche umherhuschte und dabei die feinsten Speisen zubereitete. Mit ihren ausdrucksvollen Gesten machte sie den Kindern schnell klar, was sie in der Küche zu tun hatten.

Anfangs erschraken Thomas und Lena jedes Mal beim Anblick des zotteligen Ungeheuers, aber je länger sie zusammenlebten, um so mehr wurde ihnen sein Aussehen zur Gewohnheit. Ihre Fluchtpläne hatten sie wegen der beiden riesigen Hunde, die Tag und Nacht das Anwesen umkreisten, bald aufgegeben. Sie gehorchten den Anweisungen des Untiers, und nur manchmal malten sie sich aus, was geschehen würde, wenn sie seinen Befehlen nicht mehr Folge leisteten. Ob es sie dann töten oder sie in wilde Tiere verwandeln oder ihnen sonst etwas Schlimmes antun würde? Aber auch diese Überlegungen nahmen immer weniger Raum in ihrem täglichen Leben ein; denn mit der Zeit gewöhnten sie sich an ihr seltsames Dasein. Sie ordneten sich ihrem 'Herrn' unter und fühlten sich dabei sicher.

Thomas hatte schon immer gut erzählen können und nun, da er älter wurde, erfand er unentwegt neue phantastische Geschichten, die er seiner Schwester erzählte. Es war schwer zu entscheiden, wer von beiden größere Freude daran hatte, Thomas durch das Ausdenken und Erzählen oder Lena durch das Zuhören.

Manchmal setzte sich der 'Hausherr' dazu. Anfangs waren die Kinder durch seine Anwesenheit etwas verunsichert, aber bald störte es sie nicht mehr, schienen ihm doch die Geschichten ebenso viel Freude zu machen wie ihnen selbst. Ja, sie vermissten ihn gar, wenn er bei der abendlichen Runde fehlte. Sie hatten dann nur halb soviel Spaß.

Die Kinder wuchsen heran und irgendwann begannen sie mit ihrem Leben unzufrieden zu werden. Sie sehnten sich nach der Gesellschaft anderer Menschen. Sie waren es auf einmal auch leid, von einem Tier Befehle entgegenzunehmen. Ihre Unzufriedenheit wuchs immer mehr und sie beratschlagten, was sie tun könnten.

Trotz seines grobschlächtigen Äußeren schien dieses abstoßende Ungeheuer eine überraschende Wahrnehmungsfähigkeit zu besitzen, denn es sprach eines Tages zu ihnen: „Ich habe eure Unruhe gespürt und ich erlaube euch, in die nächste große Stadt, die zu eurem sogenannten Königreich des Friedens gehört, zu gehen. Ihr müsst mir nur versprechen, dass einer von euch nach genau einem Jahr hierher zurückkommt, und dass ihr niemanden etwas von mir erzählt." Die Kinder versprachen es, ohne viel zu überlegen, packten ihre wenigen Habseligkeiten zusammen und machten sich auf den Weg.

Als Lena zurückschaute, sah sie noch einmal das Untier in seiner riesigen, furchteinflößenden Gestalt. Sie blickte in seine Augen und plötzlich spürte sie einen heftigen, unerklärlichen Schmerz. Tränenüberströmt setzte sie ihren Weg fort.

„Was hast du?", fragte ihr Bruder. „ Du wirst dem Biest doch nicht nachtrauern. Sei froh, dass wir ihm unbeschadet entronnen sind. All die Jahre hatte ich tief in meinem Herzen Angst vor ihm, so als könnte es uns plötzlich verschlingen. Und dass einer von uns nach einem Jahr zurückkehrt, ist natürlich Unsinn. Niemand kann uns zwingen, einem Tier gegenüber – einem so schrecklichen noch dazu – unser Versprechen einzuhalten."

„Vielleicht hast du recht", stimmte Lena zögernd zu und sie versuchte, diese schwermütigen und ihr selbst unverständlichen Gedanken abzuschütteln.

Die große Stadt erfüllte alle ihre Erwartungen bis auf eine. Sie hatten sich immer vorgestellt, im 'Königreich des Friedens' würden alle Menschen friedlich und glücklich zusammenleben. Nun mussten sie erfahren, dass auch hier die Menschen sich stritten, hassten, übervorteilten, beneideten wie überall, wo Menschen zusammenleben. Später, als sie schon eine ganze Weile in der Stadt wohnten, erfuhren sie, dass es wirklich einmal ein 'Königreich des Friedens' gegeben hatte. Aber das lag schon lange zurück und musste irgendwann zu Zeiten König Olafs gewesen sein. Mehr konnten sie darüber nicht in Erfahrung bringen.

Lena und Thomas fanden Arbeit und Freunde und dachten nur noch selten an die Jahre im Wald zurück. Noch ehe ein Jahr vergangen war, heiratete Thomas eine hübsche, junge Frau, und auch um Lena bemühte sich ein reicher Kaufmannssohn. Doch irgend etwas ließ Lena mit ihrer Antwort zögern. War es der Vogel, der morgens vor ihrem Fenster sang und der sie an den Vogel erinnerte, der sie im Wald bei Sonnenaufgang geweckt hatte? War es der große struppige Hund, der ihr eines Tages folgte und dessen Fell sie an das zottelige Waldwesen erinnerte? Oder waren es die traurigen Augen eines Unbekannten, der sie unversehens in der Kirche anschaute und die Erinnerung an den Augenblick des Abschieds vom Untier in ihr wachrief?
Zwei Tage vor Ablauf des Jahres fiel Lena das Versprechen wieder ein, das sie im Wald gegeben hatte, und der Gedanke daran lastete schwer auf ihrer Seele. In ihrer Not vertraute sie sich ihrem Bruder an, war er doch gleichermaßen wie sie von dem Abkommen betroffen. Doch dieser schaute sie nur fassungslos an: „Wir werden uns doch nicht freiwillig ins Verderben stürzen. Ich gehöre hierher zu meiner Frau und auch du wirst mit Peter glücklich werden. Sei froh, dass du in Sicherheit bist. Ich habe mich nic an diesen Pakt gebunden gefühlt."
„Ich habe schreckliche Angst und würde auch lieber hier bleiben", gestand Lena, „aber ich muss mein Versprechen halten, auch wenn es nur ein Tier ist. Ich kann sein Vertrauen nicht enttäuschen. Es war immer freundlich zu uns und hat uns vor dem sicheren Tod gerettet."
Wie sehr Thomas auch auf sie einredete, nichts konnte Lena von ihrem Vorhaben, in den Wald zurückzukehren, abbringen.
In seiner Sorge um die Schwester brach Thomas sein Versprechen, nie etwas von diesem Bewohner des Waldes zu erzählen. Er sprach davon zu seiner Frau und zu Peter. Nun ließ sich die Geschichte nicht länger geheim halten und ging wie ein Lauffeuer durch die Stadt. Längst vergessene alte Erinnerungen kehrten ins Bewusstsein zurück. Angst breitete sich in der Stadt aus und erfasste die bisher so sorglos dahinlebenden Einwohner. Diese Angst

wurde von einigen Männern, denen jede Abwechslung ihres eintönigen Lebens willkommen war, immer mehr geschürt. Das hatte zur Folge, dass am nächsten Tag eine bewaffnete Menschenmenge bereit stand, den Wald und die Stadt von diesem Untier zu befreien.

Außer sich vor Angst und Schmerz nahm Lena diese Vorbereitungen wahr. „Das dürft ihr nicht tun. Niemals hat dieses Waldwesen jemanden etwas Böses angetan. Es vertraut uns.“

Da weder ihr Bruder noch sonst jemand auf sie hörte – alle waren zum Kampf bereit –, beschloss Lena, in den Wald zu laufen und das Tier zu warnen. Entsetzt redete ihr Bruder auf sie ein: „Wenn du das tust, rennst du in dein Verderben. Selbst wenn das Untier dich verschont, dann werden dich die Menschen dieser Stadt umbringen. Du gehörst dann zu der Bestie und alle sind fest entschlossen, dieses Untier und alles, was zu ihm gehört, auszumerzen. Auch wenn sie dich nicht töten, wirst du niemals mehr zu ihnen gehören. Du wirst für immer aus ihrer Gemeinschaft ausgestoßen sein. Denke doch an deine Zukunft.“

Lena wusste, worauf sie sich einließ. Die Folgen würden schrecklich sein, aber das Versprechen, das sie dem Tier gegeben hatte, zählte mehr. Sie fühlte sich verantwortlich für alles, was aus dem gebrochenen Schweigen entstehen würde. Als ihr Bruder sie mit Gewalt festhalten wollte, riss sie sich los und lief in den Wald.

Von weitem hörte Lena den Lärm der herannahenden bewaffneten Menschen und sie wurde nur von dem einen Gedanken beherrscht, vor diesen ihr Ziel zu erreichen. Was dann geschehen würde, entzog sich ihrer Vorstellungskraft. Sie wusste nur, es ging um Leben und Tod.

Am Ende ihrer Kräfte stürzte sie auf die Behausung des Tieres zu. Es stand in seinem zotteligen Fell im Eingang und streckte die Arme nach ihr aus. Alle Angst fiel von Lena ab. Sie lief auf dieses Wesen zu und lag in den Armen des schönsten, liebenswertesten Menschen, den sie sich nur vorstellen konnte – fremd und gleichzeitig vertraut –, als würde sie ihn schon ihr Leben lang kennen.

Nichts erinnerte mehr an das struppige Ungeheuer vergangener Tage. Nur die Augen waren unverändert.
Lena schaute sich um. Aus der düsteren Behausung war ein prächtiges Schloss geworden, und wo früher nur seltsame Tiere vorübergehuscht waren, befanden sich plötzlich Menschen, Männer und Frauen, prunkvoll gekleidet – ein ganzer Hofstaat, wie man ihn sich aufwendiger gar nicht vorstellen konnte.
Als die Menschen aus der Stadt ankamen, ließen sie erstaunt ihre Waffen fallen. „König Olaf", schrie plötzlich ein alter Mann, und die Menschenmenge griff den Ruf auf. Alle jubelten und freuten sich, dass der gute König Olaf durch die Treue einer jungen Frau, die ihre Angst überwunden hatte, wieder aus der Welt der Ungeheuer, in die ihn ein mächtiger Zauberer verbannt hatte, zurückgekehrt war.
Bald darauf gab es ein glänzendes Hochzeitsfest, und König Olaf und Königin Lena setzten all ihre Kräfte ein, um wieder ein Königreich des Friedens wie in alten Zeiten zu schaffen.

'Freut euch des Lebens'
Donatus auf der Flucht vor dem Schmerz

In einer kleinen Stadt lebte der Kaufmann Markward mit seiner jungen, hübschen Frau Lawina. Markward machte gute Geschäfte, sodass es ihm und Lawina an nichts fehlte. Sie bewohnten im schönsten Viertel der Stadt ein geräumiges, prächtig ausgestattetes Haus. Eine Terrasse, die in einen herrlich angelegten Blumengarten und einen weitläufigen Park überging, lud zum Verweilen ein. Alte Bäume spendeten an heißen Sommertagen Schatten und selbst an kalten Wintertagen mussten die Bewohner nicht auf die sommerliche Blütenpracht verzichten, ließ sich doch die Terasse durch eine gut durchdachte Vorrichtung in einen beheizbaren Wintergarten verwandeln, der den Eindruck ewigen Frühlings und Sommers vermittelte. Nichts sprach also gegen ein glückliches, zufriedenes Leben.

Und doch war Lawina die meiste Zeit des Jahres zutiefst unglücklich. Die Geschäfte ihres Mannes erforderten es, dass er oft wochenlang unterwegs war und Lawina allein zurücklassen musste. Diese fühlte sich in den Tagen und Wochen der Abwesenheit Markwards unendlich einsam und verlassen. Was bedeutete ihr schon die erlesene Umgebung, wenn sie ihre Zeit allein darin verbringen musste? Nicht der Duft der Blumen, nicht das schimmernde Porzellan, nicht das edle Holz der Möbel, nicht die weichen, kostbaren Teppiche, nicht ihr anhängliches Hündchen konnten sie über die Abwesenheit ihres Mannes hinwegtrösten. Das ältere Ehepaar, das stundenweise Garten und Haus versorgte, war kein Ersatz für seine Nähe.

Kehrte Markward von einer seiner Reisen zurück, brachte er immer ein ganz besonderes Geschenk mit, sei es ein seidenes Gewand, ein kostbares Schmuckstück oder eine exotische Pflanze. So sehr sich Lawina auch über die Anwesenheit ihres Gatten freute, konnte sie diese Zeit doch nie so richtig genießen. Die Gedanken

an die unvermeidliche Trennung warfen ihre Schatten über die Tage, die doch so glücklich hätten sein können.
Als Lawina ihr erstes Kind erwartete, hoffte sie, dass sich mit der Geburt des Kindes alles für sie ändern würde. Es war ein heißer und trockener Sommer und Lawina verbrachte viele Stunden im Park mit seinen alten schattenspendenden Bäumen und im angrenzenden Wald, den sie durch eine kleine Pforte erreichen konnte. Ein kleiner See wurde bald zu ihrem Lieblingsplatz. Stundenlang konnte sie hier im Schatten einer mächtigen Eiche sitzen und den sanften Wellenbewegungen des Wassers zusehen.
Eines Tages schlummerte sie, an den gewaltigen Stamm gelehnt, ein. Als sie nach einem kurzen, erfrischenden Schlaf wieder die Augen öffnete, glaubte sie immer noch zu träumen. Sie war nicht mehr allein. Zierliche Gestalten – kaum einen Meter groß – vergnügten sich rund um den See. Die Frauen trugen lange flatternde Gewänder und einen Blumenkranz in den Haaren, die Männer waren in weite Hosen und eng anliegende Hemden gekleidet. Alle vergnügten sich wie ausgelassene Kinder. Sie warfen sich Bälle zu, versuchten einander zu fangen oder tanzten zum Klang der Flöten, die einige von ihnen meisterhaft spielten.
Diese kleinen Wesen verbreiteten eine solch unbeschwerte Fröhlichkeit, dass es auch Lawina ganz vergnügt ums Herz wurde. Plötzlich wurde diese fröhliche Atmosphäre jäh unterbrochen. Ein riesiger Adler stürzte schnell wie ein Pfeil vom Himmel. Laut schreiend stob die vorher so vergnügte Schar auseinander. Sie sprangen ins Wasser oder suchten Zuflucht im dichten Schilf. Nur ein kleines, zartes Fräulein, das gerade noch ganz selbstvergessen getanzt hatte, stolperte über eine vorstehende Baumwurzel und fiel zu Boden. Schon streckte der Adler seine Krallen aus, um sein Opfer mir sich zu führen, da traf ihn ein Stein, und er ließ mit einem wütenden Schrei von seiner Beute ab. Lawina hatte den Stein nach ihm geschleudert. Sie war selbst überrascht, ja fast ein wenig erschrocken, dass sie auf die plötzliche Gefahr so schnell und spontan reagiert hatte. Noch nie in ihrem Leben hatte sie mit Steinen geworfen.

Nun eilte sie zu dem kleinen Geschöpf, das vor Schreck noch immer wie betäubt auf dem Boden lag. Lawina wiegte es in ihren Armen und sprach liebevolle, tröstende Worte. Jetzt kamen auch die Gefährtinnen und Gefährten zurück und umringten die beiden. Aufgeregt redeten alle durcheinander, doch als ein älterer Herr vortrat, verstummten sie und machten ihm ehrfurchtsvoll Platz. Der Ankömmling war klein und zierlich wie die anderen, doch er strahlte eine große Würde und Autorität aus. Weiße Lokken umrahmten sein edles Antlitz, und seine sanften Augen schienen die Weisheit von Jahrhunderten widerzuspiegeln. Er schien jung und zugleich uralt zu sein. Eine schwere goldene Kette unterstrich seine herausragende Bedeutung. Tief verneigte er sich vor Lawina: „Ich danke euch, dass ihr ein Kind unseres Volkes vor dem sicheren Tod gerettet habt. Dieser Adler versucht immer wieder, einen der unseren zu überwältigen. Normalerweise können wir uns schnell im dichten Schilf verstecken, aber manchmal gelingt es ihm doch – so wie heute – jemanden zu überraschen. Wir sind Schilf- und Wassergeister und können sowohl an Land als auch im Wasser leben. Wenn wir uns hier auf der Wiese vergnügen, machen wir uns durch einen Zauberspruch für die Menschen unsichtbar. Heute hatten wir es nach dem gestrigen Regentag so eilig, in der Sonne zu tanzen, dass wir ganz vergessen haben den magischen Kreis um uns zu ziehen. Im Nachhinein ein Glück für uns, denn sonst hättet ihr unsere kleine Schwester nicht retten können.

Wir sind ein friedliebendes Volk und haben außer dem Adler keine Feinde. Mit den übrigen Bewohnern des Sees leben wir einträchtig zusammen. Wir lieben die Musik und den Tanz und nichts macht uns größere Freude, als uns rund um den See zu vergnügen. Jeder Tag unter der Sonne ist für uns ein Fest. Wir sammeln in unseren Herzen die Sonnenstrahlen für die kalte Jahreszeit, wenn der See zugefroren ist und wir in unseren Wohnungen am Grund des Sees zwischen den Schilfwurzeln bleiben müssen. Wir spüren dann in uns noch die Wärme und das Licht des Sommers, und so sind selbst die kältesten und dunkelsten Tage warm und hell. In den langen Nächten kuscheln wir uns aneinander und holen den Schlaf nach, den wir im Sommer beim Singen und Tanzen fast vergessen haben. Ihr seht, wir sind ein glückliches und zufriedenes Volk.

Zum Dank für eure Hilfe wollen wir euch etwas schenken. An irdischen Gütern fehlt euch nichts. Ihr braucht euch keine Sorgen um euren Lebensunterhalt zu machen. Was euch fehlt, ist Lebensfreude, die aus dem Herzen kommt und die auch dann noch fortbesteht, wenn die äußeren Lebensumstände Grund zur Sorge bereiten. Etwas von dieser Lebenslust, über die wir in so reichem Maße verfügen, wollen wir euch schenken. Ihr werdet bald ein Kind gebären und dieses Kind wird die Freude und das Glück eures Lebens sein. Hier ist ein goldenes Kettchen mit einem kleinen Anhänger. Ihr seht die Sonne eingraviert, ein Sinnbild für eine alles überstrahlende Lebensfreude. Legt dieses Kettchen dem Kind gleich nach der Geburt um und das Kind wird zu einem fröhlichen Geschöpf heranwachsen voller Optimismus und Heiterkeit. Es wird diese Freude ausstrahlen und an alle Menschen, die ihm begegnen, weitergeben. Und ihr, die ihr dem Kind besonders nahe seid, werdet bei seinem Anblick alles vergessen, was euch je betrübt hat und je betrüben könnte. Eine Bitte: Erzählt niemanden etwas von unserer Existenz, nur so können wir weiter ungestört hier leben. Auch ihr werdet uns nicht mehr sehen, aber die Erinnerung an uns wird euch ein Leben lang begleiten."

Kurz darauf gebar Alwina einen Jungen. Sie legte ihm gleich das goldene Kettchen der Wassergeister an und spürte dabei wieder die überschäumende Lebensfreude der kleinen Wesen. Wie sehr wünschte sie ihrem Kind eine solche Lebensweise. In dankbarer Freude nannten die Eltern das Kind Donatus.

So wie die Geburt ohne irgendwelche Erschwernisse verlaufen war, so bereitete das Kind auch in der folgenden Zeit keine Sorgen und Probleme. Es fand reichlich Nahrung an der Brust der Mutter und war ein rundum zufriedenes Kind. Da Donatus sich so prächtig entwickelte, begab der Vater sich schon bald wieder auf Geschäftsreisen und die junge Mutter blieb allein mit dem Kind.

Aber wie anders war nun diese Zeit der Abwesenheit ihres Mannes für sie. Nie mehr fühlte sich Lawina allein und verlassen. Das Kind war ihre ganze Freude und ihr Glück. Überfiel sie doch einmal das unbestimmte Angstgefühl vergangener Tage, so brauchte sie nur das friedlich schlummernde Kind in seiner Wiege anzusehen und aller Kummer verflog im Nu. Wenn sie ihr Kind im Arm hielt, dann waren alle Schatten der Vergangenheit verschwunden, und ihr Leben schien ihr so hell und freundlich, wie es gar nicht schöner sein konnte. Voller Dankbarkeit drückte sie ihr Kind an sich: „Wie schön, dass es dich gibt, meine Freude und mein Sonnenschein, mein ganzes Glück."
Das Kind wuchs heran und strahlte auch weiterhin so viel Lebensfreude aus, dass jeder, der dem Kind begegnete, davon angesteckt wurde. Selbst der alte, meistens etwas mürrisch dreinblickende Gärtner hatte plötzlich ein Lächeln im Gesicht, wenn ihm Donatus im Garten über den Weg lief. Auch seine Frau, die stundenweise im Haushalt mithalf, erzählte jedem, wie sehr sich im Hause des Kaufmanns alles zum Guten gewendet hatte, seit das Kind auf der Welt war und alle mit seinem strahlenden Lächeln verzauberte. Die Anwesenheit des Kindes glich den Sonnenstrahlen, die durch dunkle Wolken brachen und alles erhellten und zum Leuchten brachten.
Das Kind wurde älter, sprang fröhlich durch Haus und Garten oder ging an der Hand der Mutter in der Nachbarschaft spazieren. Seine drolligen Bemerkungen brachten die Leute zum Lachen und ein Blick in sein fröhliches, kleines Gesicht ließ Menschen ihre Sorgen vergessen. Donatus konnte es nicht ertragen, jemanden traurig zu sehen. War seine Mutter doch einmal betrübt, weil Vater wieder für einige Wochen geschäftlich unterwegs war, dann kletterte er auf ihren Schoß, legte seine Arme um ihren Hals und sagte: „Du musst nicht traurig sein. Ich bin doch bei dir." Sogleich erhellte ein Lächeln Lawinas Gesicht und sie drückte ihr Kind fest an sich. „Ich bin ja so froh, dass du da bist. Du machst mich sehr glücklich, mein kleiner Sonnenschein."

Ein anderes Mal brachte Donatus ihr Blümchen, wenn sie so gedankenverloren vor sich hin blickte, und immer gelang es ihm, Mutter aus ihren schwermütigen Gedanken herauszuholen. Wenn ein anderes Kind weinte, weil es hingefallen war und sich verletzt hatte, versuchte er es zu trösten: „Du musst nicht weinen, es ist ja bald wieder gut." Ließ sich der kleine Freund aber nicht trösten, weil es gar zu weh tat, so konnte Donatus nicht lange den Schmerz, schon gar nicht den Anblick von Blut ertragen und er wandte sich ab und hielt sich die Augen zu.
Einmal fragte Donatus nach dem Kettchen, das er um den Hals trug, und Lawina erzählte ihm von dem Geschenk der Wassergeister. „Dieses Kettchen wird Leid und Traurigkeit von dir fernhalten. Du musst es gut bewahren."
Der Junge wurde älter und die Mutter unterrichtete ihn in den Anfangsgründen des Lesens, Schreibens, Rechnens. So hatte Alwina ihr Kind noch ganz für sich und brauchte ihn noch keinen fremden Einflüssen auszusetzen. Donatus lernte leicht und konnte auch bei Dingen, die ihn interessierten, lange bei der Sache bleiben. Wenn ihm etwas aber keinen Spaß machte, wie beispielsweise das Einmaleins oder trockene Rechtschreibübungen, dann gelang es ihm meistens, die Mutter durch phantastische Geschichten abzulenken, die er sich gerade ausgedacht hatte und über die sie sich immer köstlich amüsierte. Manchmal verschwand er auch heimlich zu seinem Kaninchen und spielte mit ihm. Wenn die Mutter ihn dann zurecht wies, entschuldigte er sich mit drolligen Ausreden, dass er z.B. sein Kaninchen vor dem Fuchs, der sich in der Nähe herumschlich, beschützen wollte. Sie konnte ihm dann nicht mehr böse sein.
Als er aber etwas älter war, setzte sein Vater es durch, dass er zusammen mit anderen Kindern in die städtische Lateinschule ging. Donatus sollte schließlich einmal sein ausgedehntes Geschäft übernehmen, und dazu gehörte eine grundlegende Bildung. Dem Jungen machte es großen Spaß, mit den anderen Kindern zusammen zur Schule zu gehen. Durch seine lustigen Einfälle war er bald bei allen beliebt. Besonders gut verstand er es, die Lehrer – zu-

meist würdige Herren – nachzuahmen. Er stolzierte mit würdevoller Miene im Unterrichtsraum umher und sprach die Mitschüler im gleichen Tonfall und mit der gleichen Wortwahl wie der betreffende Lehrer an. Seine Mitschüler amüsierten sich jedes Mal köstlich und lohnten es mit lautem Beifall.
Einmal überraschte der griesgrämige Lateinlehrer Donatus bei einer solchen Vorstellung. Zu allem Unglück war es gerade dieser als besonders streng bekannter Lehrer, den er in diesem Moment nachahmte. Die Stirn in Falten gelegt, die Mundwinkel verächtlich nach unten gezogen, wie es der Lehrer immer tat, wenn er eine mangelhafte Leistung tadelte, sprach Donatus mit erhobenem Zeigefinger auf seine Mitschüler ein. Mit dem Rücken zur Tür stehend hatte er das Erscheinen des Lehrers überhaupt nicht bemerkt. Erst die plötzliche Stille nach dem lautstarken Gejohle machte ihn auf die Anwesenheit des Lehrers aufmerksam.
„Was ist hier los?“, donnerte dieser. Peinliches Schweigen! Am liebsten hätten sich alle unsichtbar gemacht. Nicht so Donatus. Nach dem ersten Schreck hatte er sich schnell gefangen und wandte sich mit unschuldsvoller Miene an den Lehrer: „Oh, entschuldigen sie. Ich wollte sie durchaus nicht beleidigen. Ich wollte nur die Zeit ihrer Abwesenheit gewinnbringend ausnutzen. Ich bewundere, wie sie unterrichten, und ich möchte auch einmal ein Lehrer werden wie sie. So habe ich gerade ein wenig geübt, aber der Erfolg war, wie sie sicher gemerkt haben, nicht sehr groß. Ich muss halt noch viel lernen.“
Der Lehrer war sich nicht sicher, was er von diesen Äußerungen halten sollte. Meinte es dieser Junge ernst oder wollte er ihn nur verspotten? Einerseits fühlte er sich geschmeichelt, einen solchen Eindruck hervorgerufen zu haben. Andererseits verspürte er aber auch ein großes Misstrauen. Donatus sah ihn aber so treuherzig an, dass er die Sache auf sich beruhen ließ und nur die Klasse ermahnte, allen Blödsinn zu lassen uns sich ganz auf ‘seinen’ Unterricht zu konzentrieren.
Nach Unterrichtsschluss umringten die Schüler Donatus und bewunderten ihn für seine Schlagfertigkeit. „Toll, wie du dich aus

der ganzen Affäre gezogen hast." „Er scheint dir ja wirklich geglaubt zu haben." „Wie gelingt es dir nur immer wieder, dich aus fast aussichtslosen Situationen herauszuwinden?"

Aber auch misslichen Dingen konnte Donatus noch positive Seiten abgewinnen. War er krank, freute er sich darüber, nicht in die Schule zu müssen. Ging ihm etwas entzwei, setzte er sich mit dem Gedanken 'Scherben bringen Glück' darüber hinweg. Schlechte Ergebnisse in der Schule belasteten ihn nicht lange. 'Das nächste Mal wird es sicher besser sein.' Wurde er aus irgendeinem Grunde doch einmal bestraft, machte er das Beste daraus. Wurde er zum Arrest verurteilt, genoss er es, einmal in aller Ruhe seinen Gedanken und Phantasien nachzugehen. Musste er Strafarbeiten anfertigen, nahm er auch das gelassen als eine zusätzliche Übung. Im Allgemeinen gelang es ihm aber, sich aus unangenehmen Situationen herauszuwinden und Menschen, die Grund hatten, ihm böse zu sein, durch seinen Charme und seine witzigen Einfälle von der Ursache ihres Verärgertseins abzulenken und zum Lachen zu bringen.

So war ihm kaum jemand ernstlich böse, schon gar nicht seine Mutter, die ihren Sohn über alles liebte und es nicht übers Herz brachte, ihn ernsthaft zu tadeln oder gar zu bestrafen. Wenn er sie umarmte und sich entschuldigte: „Sei bitte nicht böse, liebe Mutter, es ist halt einfach ohne schlimme Absicht passiert und soll nie mehr vorkommen", wie hätte sie dann seinem zerknirschten Gesicht, das schnell wieder von einem unwiderstehlichen Lächeln erhellt wurde, widerstehen können. War der Vater nach langer Abwesenheit wieder einmal zu Hause, dann amüsierte auch er sich köstlich über die witzigen Einfälle seines Sohnes.

So vergingen die Jahre und Donatus war alt genug, seinen Vater auf den Geschäftsreisen zu begleiten. Er sollte das Geschäft von Grund auf erlernen, um es später einmal zu übernehmen und erfolgreich weiterzuführen. Lawina war todunglücklich, als sie vom Vorhaben Markwards erfuhr. Sie versuchte ihn davon abzubringen oder ihn wenigstens dazu zu überreden, seine Pläne noch um ein bis zwei Jahre zu verschieben. Die Vorstellung, ihren fröhlichen Donatus für längere Zeit nicht bei sich zu haben, für Tage, Wochen oder gar Monate auf sein fröhliches Lachen verzichten zu müssen, kam ihr fast einem Todesurteil gleich. Doch dieses Mal war Markward, der sonst seiner Frau jeden Wunsch von den Augen ablas, unerbittlich. Liebevoll wandte er sich ihr zu: „Ich verstehe deinen Schmerz, aber unser Sohn muss lernen, sein Leben selbständig und unabhängig zu führen, Verantwortung zu übernehmen und Entscheidungen zu treffen, um später einmal die Geschäfte allein weiterführen zu können."

Donatus fühlte sich hin und her gerissen zwischen dem Schmerz, Abschied zu nehmen von seiner geliebten Mutter und der vertrauten Umgebung, und einer prickelnden Vorfreude auf alles Neue, was ihn jetzt erwartete. Während ihm selbst die Tränen über die Wangen liefen, tröstete er seine Mutter: „Du musst nicht traurig sein. Ich komme doch immer wieder zurück und kann dir dann alles erzählen, was ich in der Zwischenzeit erlebt habe. Dann wird es so sein, als wärst du selbst dabei gewesen."

Schnell war alles Notwendige gepackt und die Kutsche stand pünktlich vor der Tür. Noch eine letzte Umarmung, das Versprechen, in Gedanken immer miteinander verbunden zu sein, und die Kutsche setzte sich in Bewegung. Bald schwanden Haus und Garten und die winkende Mutter aus ihren Augen. Neue Eindrücke lenkten Donatus bald von seinem Abschiedsschmerz ab. Er genoss die Fahrt mit all ihren wechselnden Einblicken in die verschiedenen Landschaften und in die von hektischem Leben erfüllten Städte. Er ließ die Atmosphäre der Herbergen auf sich einwirken und war überrascht von der Pracht mancher Häuser und der großen Höflichkeit, mit der sein Vater überall empfangen wurde. Er lernte die Geschäftspartner seines Vaters kennen und nahm an den Verhandlungen teil. Er wurde immer vertrauter mit der Geschäftsweise seines Vaters, die hauptsächlich im Vermitteln von Geschäften bestand. Der Vater kaufte und verkaufte. Durch jahrelange Erfahrung und die guten Beziehungen, die er sich im Laufe der Zeit erworben hatte, wusste Markward bestens Bescheid über die Waren, die zum Verkauf standen und an anderen Stellen ge-

braucht wurden. Er prüfte die Waren, handelte die Preise aus und machte dabei die Gewinne, die seiner Familie ein komfortables und sorgenfreies Leben ermöglichten. Seine Dienste wurden gern in Anspruch genommen, war er doch als ehrlicher Makler bekannt. Oft bedurfte es allerdings auch zäher Verhandlungen, bis ein Geschäft zur Zufriedenheit aller Beteiligten abgeschlossen war. Im Laufe der Zeit ermöglichte der Vater Donatus, eigenständig Geschäfte abzuschließen, und dieser tat es mit großem Erfolg. Donatus bewies viel Geschick bei Verhandlungen. Sein gutes Aussehen und sein angeborener Charme halfen ihm dabei. Waren die Verhandlungen aber allzu zäh und schwierig, dann verlor er schnell die Lust. Wenn Markward ihn dann ermahnte, ausdauernder bei den Gesprächen zu sein und die Flinte nicht so schnell ins Korn zu werfen, meinte er nur, es mache doch keinen Spaß, seine Zeit mit schwerfälligen, geizigen Leuten zu verbringen, wenn es anderswo lohnendere und interessantere Geschäfte zu machen gab.
In den Monaten der Abwesenheit von Mann und Sohn litt Lawina an ihrer Einsamkeit und hatte – wie auch vor Donatus Geburt – keine Freude mehr am Leben. Sie zog sich wieder von Freunden und Nachbarn zurück und ersehnte nichts mehr als die baldige Rückkehr von Markward und Donatus.
Waren diese dann endlich wieder zu Hause, lebte Lawina sichtlich auf und konnte gar nicht genug bekommen von den Geschichten und Erlebnissen, die Markward und Donatus ihr von der Reise erzählten. Aber je näher der Tag der neuerlichen Abreise kam, um so trauriger wurde sie, sodass sie die verbleibende Zeit des Zusammenseins nicht mehr genießen konnte. Donatus versuchte seine Mutter immer wieder durch lustige Geschichten aufzuheitern, die er unterwegs erlebt hatte und die er fantasievoll ausschmückte. Dies gelang ihm aber immer nur für wenige Augenblicke und es verstärkte nur die Trauer über den bevorstehenden Verlust. Als Lawina wieder einmal besonders traurig war, bot ihr Donatus sein Kettchen an: „Mutter, nimm du doch das Kettchen, das der alte Mann dir gegeben hat, du brauchst es notwendiger als ich.“ Er-

schrocken wehrte Lawina das Angebot ab: „Nein, nein, dieses Geschenk ist allein für dich bestimmt. Dir soll es ein glückliches und zufriedenes Leben garantieren. Und wenn es dir gut geht, werde auch ich glücklich sein.“

Doch ungeachtet dieser zuversichtlichen Worte konnte Lawina ihre Trauer nur mühsam verbergen. Wenn sie sich unbeobachtet glaubte, ließ sie ihrem Schmerz freien Lauf. Für Donatus war die gedrückte Stimmung seiner Mutter fast unerträglich, sodass er beinahe froh war, wenn der Tag der Abreise gekommen war.

Eine große Scheu hatte Lawina bisher gehindert, den kleinen See mit den Wassergeistern erneut aufzusuchen. Sie wollte sich ihre Erinnerung ganz ungetrübt bewahren. Doch nun, nach der erneuten Abreise des Sohnes, schlug sie den Weg zum See ein. Der Wald war mit den Jahren dichter geworden und der Weg zum See war fast zugewachsen. Sie fand mühelos die alte Eiche, an deren Stamm gelehnt sie dem lustigen Treiben der Schilfgeister zugesehen hatte. Doch dann glaubte sie ihren Augen nicht trauen zu können. Das Schilf, die Heimat der kleinen Wesen, war verschwunden. Wie nackt kam ihr der See vor. Sie erinnerte sich, dass viele Bauernhäuser mit Schilf gedeckt waren. Sicher hatten die Bauern es hier geschnitten. Beim Anblick der kahlen Ufer wurde ihr noch trauriger ums Herz. Sie hoffte nur, dass die Bewohner eine andere Heimat gefunden hatten. Was hatte sie eigentlich erwartet? Hatte ihr doch der alte weise Mann gesagt, dass die Schilfgeister für die Menschen unsichtbar sind und nur ganz selten einmal wahrgenommen werden können. Für ihren Sohn hatte sich alles bewahrheitet, was der alte Mann vorausgesagt hatte. Dafür sollte sie dankbar sein, auch wenn ihr der Schmerz dadurch nicht genommen würde.

Markward zog sich immer mehr aus dem Geschäft zurück und bald ging Donatus allein auf Reisen. Die Eltern lebten noch einige Jahre recht zurückgezogen. Markward war durch die vielen, anstrengenden Reisen müde geworden und genoss nun die Ruhe. Lawina war froh, nicht länger allein zu sein. Wenn sie auch ihren Sohn

immer noch vermisste, so konnte sie doch mit Markward über ihn reden, sodass er immer vor ihren Augen war.
Auf seinen Reisen hatte Donatus eine junge Frau namens Irina kennen gelernt, die er gleich als die richtige Frau für sich erkannte. Als Tochter eines Seidenhändlers war ihr der Handel nicht fremd. Sie war ein fröhliches, liebenswertes Mädchen und hatte sich gleichermaßen auf den ersten Blick in Donatus verliebt. Die beiden heirateten, und Markward und Lawina waren glücklich über die Wahl ihres Sohnes. Als Markward kurz darauf starb, konnte er mit dem Gedanken Abschied nehmen, dass er seinem Sohn alles wohlgeordnet hinterlassen hatte. Lawina überlebte ihn nur wenige Wochen. Bevor sie für immer die Augen schloss, berührte sie noch einmal das Kettchen mit dem Sonnensymbol und ermahnte Donatus, gut darauf Acht zu geben. Dann schlief sie in Frieden ein.
In der Trauer um seine Eltern fand Donatus Trost bei seiner jungen, geliebten Frau. Das Leben wird weitergehen, sagte er sich, und es wird ein spannendes Leben voller Freude, Glück und Abenteuer sein. Anders als sein Vater, der seine Frau allein zurückgelassen hatte, nahm Donatus seine Frau mit auf seine Reisen. Es war eine glückliche Zeit. Die Geschäfte liefen zu vollster Zufriedenheit, das junge Paar wurde überall freundlich aufgenommen und sie genossen ihr Leben in vollen Zügen. Gewiss erlebte Donatus bei seinen Geschäften hin und wieder Fehlschläge, aber das belastete ihn nicht lange. Es gab ja so viele andere Möglichkeiten. Warum sollte er einer verpassten Gelegenheit nachtrauern.
Als Irina schwanger wurde, freuten sich beide auf das Kind. Eine Zeitlang begleitete Irina Donatus noch auf seinen Reisen. Nur die letzten Wochen vor der Geburt blieb sie zu Hause und Donatus schränkte seine Reisen so weit wie möglich ein. Als die Stunde der Geburt herannahte, machte er sich im Pferdestall zu schaffen, weil er sich davor fürchtete seine Frau leiden zu sehen. Als ihm dann die Hebamme seine kleine, neugeborene Tochter in die Arme legte, konnte er sein Glück kaum fassen. Behutsam legte er das zarte kleine Wesen der Mutter wieder zur Seite, und er fühlte sich

als der glücklichste Mensch auf Erden. Sie nannten ihr Kind Angelina, ihr kleines Engelchen. Wie schön würde die Zukunft für sie alle sein. Sie würden sich im Garten und Park vergnügen. Er würde seiner kleinen Tochter bald ein kleines Pony schenken. Sie würden gemeinsam ausreiten. Zusammen mit Irina würde sie ihn bald auf seinen Reisen begleiten. Sie würden immer beisammen sein und gemeinsam viel Spaß haben.
In seiner überschwänglichen Freude und ganz erfüllt von seinen Zukunftsphantasien merkte er in den ersten Tagen nach der Geburt gar nicht, wie matt und schwach, fast teilnahmslos Irina in ihrem Bett lag. Das bedenkliche Gesicht der Hebamme nahm er zunächst nicht ernst. Es gehörte ja wohl zu ihrem Beruf, besorgt und vorsichtig zu sein und dafür zu sorgen, dass sich die Wöchnerin nicht überforderte. Aber als Irina so gar kein Interesse an seinen Plänen zeigte und nur mühsam wenige Schritte außerhalb des Bettes tun konnte, als sie das Kind nicht mit genügend Nahrung versorgen konnte, sodass sie bald eine Amme einstellen mussten, als sie immer teilnahmsloser wurde und ihr selbst das Kind nur noch ein schwaches Lächeln entlockte, wurde ihm nach und nach bewusst, dass etwas nicht stimmen konnte.
Die Hebamme versuchte ihn zu beruhigen: „Es kommt immer wieder einmal vor, dass eine Frau nach der Geburt ihres Kindes längere Zeit braucht um sich zu erholen. Auch ist es ganz normal, dass manche Frauen zunächst verändert wirken und nicht sofort zu ihrer früheren Lebensfreude zurückfinden. Denn genau wie der Körper brauchen auch Geist und Seele Zeit, sich mit der Veränderung in ihrem Leben auseinander zu setzen. Sie sollten nur Geduld haben und sich weiter liebevoll um Ihre Frau kümmern."
Donatus ließ sich von den Worten der Hebamme trösten und versuchte seine Frau aufzumuntern. Er erzählte ihr lustige Begebenheiten aus seinem Leben, brachte ihr jeden Tag ein Geschenk und saß so oft wie möglich mit der kleinen Tochter auf dem Arm an ihrem Bett. Aber weder die gut gemeinten Versuche Donatus' noch die kleine Angelina bewirkten eine Änderung in Irinas Zustand. Zwar huschte manchmal ein Lächeln über ihr Gesicht,

wenn Donatus eine witzige Geschichte zum Besten gab, zwar berührte sie die zarten Fingerchen und die weichen Härchen Angelinas, aber bei allem wirkte sie wie abwesend, so als würde alles nicht bis in ihr Inneres dringen. Als sich Irinas Zustand nicht besserte, rief Donatus die besten Ärzte an ihr Krankenbett, aber keiner von ihnen konnte feststellen, woran sie wirklich litt. Kein verordnetes Mittel half. Die Ärzte steckten ihre hohen Honorare ein und gaben schließlich jeden Versuch auf. „Hier kann nur noch ein Wunder helfen", meinten sie.

Donatus musste sich schließlich wieder um seine Geschäfte kümmern. Allzu lange hatte er sie vernachlässigt. Der Abschied fiel ihm schwer, aber er wusste ja Kind und Frau in guter Obhut. Angelina wurde von der Amme gut versorgt und gedieh prächtig. Bei Irina waren alle Versuche sie aufzumuntern fehlgeschlagen. Fast hatte er den Eindruck, dass sie ihn überhaupt nicht vermissen würde. Er konnte ihren traurigen Anblick kaum noch ertragen, aber er würde sich beeilen und so schnell wie möglich zurückkehren.

Schnell war die Kutsche angespannt, und die Pferde konnten es kaum erwarten, sich nach der langen Zeit im Stall wieder in Bewegung zu setzen. Donatus erging es ähnlich. Mit jeder zurückgelegten Meile besserte sich seine Stimmung und er genoss die Landschaft. Wenn er an seine Frau dachte, verspürte er anfangs ein schlechtes Gewissen, aber dann dachte er: „Was soll's, Trauer und Schuldgefühle können ihr auch nicht helfen. Wenn ich gute Geschäfte mache, dann ist es auch für sie gut. Vielleicht hat sich bei meiner Rückkehr auch alles wieder zum Besseren gewendet." Er genoss die Reise, aber seine Hoffnung ging nicht in Erfüllung. Irinas Zustand hatte sich nicht geändert. Matt und kraftlos lag sie in ihrem Bett. Angelina, die sich weiterhin prächtig entwickelte, schenkte ihm neuen Mut und Zuversicht. Als Donatus sie in seinen Armen hielt, spürte er etwas von dem Glück vergangener Tage. Irgendwann würde alles wieder gut werden. Er versuchte Irina aufzumuntern und an seiner Zuversicht teilhaben zu lassen. Ein zaghaftes Lächeln umspielte ihre Lippen und sie schien sich

über seine Rückkehr zu freuen. Aber an ihrem Zustand änderte sich nichts. Schier unerträglich war es für Donatus, Tag für Tag mit ansehen zu müssen, wie Irinas Kräfte immer mehr schwanden und ihre einstige Schönheit und Fröhlichkeit nur noch wie ein Bild aus vergangnen Tagen war.
Donatus atmete auf, als er wieder zur nächsten Handelsreise aufbrechen konnte. Die Vögel zwitscherten in der frischen Morgenluft, die ersten Sonnenstrahlen drangen durch den lichten Wald und malten helle Muster auf die Straße, die Pferde trabten munter dahin, froh, der Enge des Stalles entronnen zu sein. Donatus erging es ähnlich. Nach den Tagen am Krankenbett seiner Frau, wo seine Zuversicht und Lebensfreude an ihre Grenzen gestoßen waren, kehrten nun seine Heiterkeit und sein angeborener Optimismus zurück. Je weiter er sich von zu Hause entfernte, um so größer wurde seine Hoffnung, dass sich alles zum Guten wenden würde.
Diese Hoffnung wurde am zweiten Abend seiner Reise bestärkt. In einem Gasthaus, das er schon von früheren Reisen kannte, hatte er ein Zimmer genommen, und nun saß er in der behaglichen Gaststube und genoss das köstliche Mahl, das ihm die Wirtin wieder zu seiner vollsten Zufriedenheit zubereitet hatte. Doch ein Gespräch am Nachbartisch ließ ihn aufhorchen und sein Essen vergessen. Ein älterer Mann erzählte gerade, wie eine junge Frau auf geradezu wunderbare Weise von ihrer Krankheit genesen und vor dem sicheren Tod gerettet worden sei. Das Gehörte ließ Donatus keine Ruhe. Er ließ sein Essen stehen und bat um Erlaubnis, sich zu den drei Männern am Nachbartisch setzen zu dürfen. Die Männer, die seine tiefe Betroffenheit spürten, machten ihm bereitwillig Platz. Nun stellte sich allerdings heraus, dass keiner etwas Genaues wusste weder über die Frau noch über die Person, die dieses Wunder vollbracht haben sollte. Gaukler, die vor kurzem hier Halt gemacht und auf dem Marktplatz ihre Vorstellungen gegeben hatten, hatten davon erzählt. Es habe aber durchaus glaubhaft geklungen. Bedrängt von den Fragen Donatus versuchten die Männer, sich an Einzelheiten zu erinnern. Also, die Gaukler waren aus dem Süden gekommen, wo sie ihr Winterquar-

tier hatten. In einer Stadt weit im Süden – an den Namen der Stadt erinnerte sich niemand mehr – lebte diese auf wunderbare Weise geheilte Frau. Einer der Männer widersprach hier: Es sei keine Frau gewesen, sondern ein junges Mädchen. Dieses Mädchen litt an einer rätselhaften Krankheit. Über die Art der Krankheit bestand keine Übereinstimmung. Einer meinte, sie sei blind und taub gewesen, der andere hielt sie für gelähmt, und der dritte glaubte gar, sie sei blind, taub, stumm und gelähmt gewesen. Kurzum, ihr reicher Vater habe die besten Ärzte an das Krankenbett gerufen, aber keiner der Berühmtheiten habe dem Mädchen helfen können, der Vater sei nur Unsummen von Geld losgeworden.

Schließlich hätte man eine weise Frau – ob es vielleicht eine Hexe war, konnte niemand sagen – ausfindig gemacht. Diese Frau, die in einer versteckten Hütte oder Höhle in den Bergen lebte, habe schließlich fertiggebracht, was keinem der erfahrenen Ärzte gelungen war, nämlich das Mädchen zu heilen. Auf welche Art dies geschehen war, konnte niemand genau sagen. Einer meinte, diese Frau habe sich mit der Kranken eingeschlossen. Sie habe dann durch Verbrennen irgendwelcher Dinge betäubende Dämpfe erzeugt und dabei unverständliche Beschwörungen gemurmelt. Nein, es sei ganz anders gewesen, sagte ein anderer aus. Der Vater sei bei ihr in der Höhle gewesen und habe für einen großen Teil seines Vermögens einen Zaubertrunk erhalten. Dadurch sei das Mädchen gesund geworden. Vermutlich sei Zauberei, wenn nicht gar der Teufel mit im Spiel gewesen. Mehr als diese widersprüchlichen Auskünfte war nicht zu erfahren, und doch hatten sie in Donatus die Hoffnung genährt, auf diesem Weg Heilung für seine Frau zu finden. Er beschloss, sich auf den Weg in den Süden zu machen und zunächst die Richtung einzuschlagen, aus der die Gaukler gekommen waren. Unterwegs würde er schon nähere Informationen erhalten. Mit neuer Zuversicht kehrte er nach Hause zurück, um Vorbereitungen für eine lange Reise zu treffen und um sich von Frau und Kind zu verabschieden.

Irina erschrak, als sie von seinem Vorhaben erfuhr. Sie ahnte, wie gefährlich die Reise für Donatus sein würde, und sie fürchtete, ihn für immer zu verlieren. Donatus nahm sie tröstend in die Arme: „Du wirst sehen, alles wird gut. Bald wirst du ganz gesund sein und dich wie früher wieder deines Lebens freuen können." Gegen seine Entschlossenheit halfen keine Einwände und so blieb Irina nichts anderes übrig, als sich seinem Entschluss zu fügen.
Zum Abschied gab sie ihm einen Spiegel. Sie hatte ihn einst von Ihrer Patentante als Taufgeschenk erhalten. „Nimm diesen Spiegel und bewahre ihn sorgfältig auf. Sobald du in ihn hineinschaust, wirst du mein Antlitz sehen und ich werde dir nahe sein." Gerührt nahm Donatus das Geschenk an sich, und der Abschiedsschmerz schien auch ihn zu überwältigen. Aber schnell gewann seine Lebensfreude wieder die Oberhand. Voller Zuversicht dachte er an die Zukunft mit all ihren überraschenden und verheißungsvollen Möglichkeiten. Eine letzte Umarmung und das Unternehmen konnte beginnen.
Donatus hatte auf die Kutsche verzichtet. Zu Pferde fühlte er sich unabhängiger. Mit seinem wohlgefüllten Geldbeutel hoffte er sein Ziel bald zu erreichen. Seine Pistole gab ihm ein Gefühl der Sicherheit, und so ritt er vergnügt dahin. Es gelang ihm, die Spur der Gaukler zurückzuverfolgen, waren sie doch ein auffallendes Völkchen. Zwar hatten sie auf ihrem Weg etwas über die wunderbare Heilung verlauten lassen, aber was Donatus darüber erfuhr, war genau so widersprüchlich wie damals, als er zum ersten Mall davon hörte.
An den ersten Tagen seiner Reise hatte Donatus jeden Abend, bevor er sich zur Ruhe begab, den Spiegel hervorgeholt und das Antlitz Irinas angeschaut. Es schien ihm, als würden ihre Wangen von Tag zu Tag bleicher und ihr Gesichtsausdruck immer schwermütiger. Es fiel ihm immer schwerer, in den Spiegel zu schauen, sodass er es immer seltener tat. Was sollte er sich auch mit diesem traurigen Anblick belasten, war er doch auf dem Weg, alles ins Gute zu wenden. Die Tage eilten dahin und Donatus genoss das freie Dahinreisen. Manchmal plagte ihn das schlechte

Gewissen bei dem Gedanken, dass er sich so unbeschwert und glücklich fühlte, während seine Frau zu Hause dahinsiechte. Aber dieses Gefühl schob er schnell beiseite, was hätte es Irina auch genützt, wenn er seine Tage in Schwermut und Trübsinn verbracht hätte. Er war ja auf dem richtigen Weg, Hilfe zu holen.
Eines Abends traf er im Gasthof eine lustige Gesellschaft an. Es waren Bauern, die auf dem Viehmarkt der hiesigen Stadt gute Geschäfte gemacht hatten. Sie hatten anstrengende Tage hinter sich, hatten sie doch ihr Vieh eine Woche lang von ihren Höfen in die Stadt treiben müssen. Nun wollten sie sich noch einige Tage in der Stadt vergnügen, ehe sie sich wieder auf den Heimweg machen mussten. Donatus beteiligte sich bald an ihren Gesprächen und übermütigen Späßen, war er doch nie um eine schlagfertige Antwort verlegen. Nach der kräftigen Mahlzeit, die mit einigen Kannen Bier heruntergespült wurde, zog einer der Bauern ein Kartenspiel heraus. Er fand bei allen begeisterte Zustimmung, hoffte doch jeder darauf, das mühsam verdiente Geld auf leichte Art vermehren zu können. Auch Donatus hatte keine Bedenken, sich am Spiel zu beteiligen, hatte er doch bei ähnlichen Gelegenheiten immer Glück gehabt. So war es auch dieses Mal. Donatus gewann fast jedes Spiel, und als der Wirt sie weit nach Mitternacht energisch aus seiner Gaststube beförderte, da hatten die Bauern mehr als die Hälfte ihres mühsam erarbeiteten Jahresverdienstes an Donatus verloren.
Dieser hatte geplant früh am Morgen weiterzureisen, aber das abendliche Gelage steckte ihm noch in den Knochen, sodass er erst gegen Mittag aus dem Bett fand. Den Bauern erging es nicht anders und so trafen sie mit übernächtigten Gesichtern in der Wirtsstube zusammen. Den Bauern machte der Verlust der vergangenen Nacht schwer zu schaffen und sie hofften, bei einem weiteren Spiel ihren Verlust wieder gut machen zu können oder sogar einen Gewinn zu machen. Sie waren fast sicher, dass das Blatt sich an diesem Tag wenden und das Glück auf ihrer Seite sein würde.

„He, junger Freund, es ist nicht recht, dass du mit dem gewonnenen Geld weiterreist, ohne uns Gelegenheit zur Revanche zu geben." Donatus überlegte kurz. Was hinderte ihn eigentlich daran, auf den Vorschlag der Bauern einzugehen? Der Tag war schon weit fortgeschritten und ein Ruhetag würde ihm gut tun. Außerdem konnte er auf sein Glück vertrauen. So sagte er zu und dieses Mal saßen sie schon am frühen Nachmittag beim Spiel zusammen – Donatus sorglos, sich ganz auf sein gewohntes Glück verlassend, die Bauern verbissen bestrebt, den Verlust der letzten Nacht wieder wettzumachen. Doch dieses Mal verlief alles anders. Donatus verlor Spiel um Spiel. Anfänglich kümmerte es ihn wenig, das Blatt würde sich sicher bald wieder zu seinen Gunsten wenden. Doch das Glück war weiter auf Seiten der Bauern. Schon hatten sie den Verlust des Vortages ausgeglichen. Donatus konnte es nicht fassen und setzte immer höhere Summen dagegen, aber er blieb auf der Verliererseite.

Eine innere Stimme warnte ihn: „Höre auf, du verlierst dein ganzes Vermögen, und wie willst du dann Hilfe für Irina erlangen?" Aber er schüttelte diesen Gedanken schnell ab; irgendwann würde das Glück zu ihm zurückkehren. So hoffte er von Spiel zu Spiel auf den großen Gewinn und als die Nacht schon weit fortgeschritten war und die Bauern das Spiel beenden wollten, setzte er noch einmal alles auf eine Karte. Er legte den Rest seines Vermögens auf den Tisch und hoffte verzweifelt auf die Wende. Aber auch dieser letzte Versuch schlug fehl und langsam kam ihm die Erkenntnis, dass er nun vollkommen mittellos war. Er war noch nicht einmal in der Lage, seine Zeche und sein Quartier zu bezahlen. Überschwänglich vor Freude – hatten sie doch an einem Abend mehr verdient, als sie in einem ganzen Jahr mühsam erwirtschaften konnten – bezahlten die Bauern den Wirt und ließen Donatus auch einen kleinen Betrag, sodass er sich die nächsten Tage über Wasser halten konnte.

Zurück in seiner Kammer holte Donatus nach langer Zeit wieder einmal den Spiegel hervor. Bleich und abgezehrt, vom nahenden Tod gezeichnet, blickte ihn seine Frau an. „Warum hast du mich

im Stich gelassen?", schienen ihn ihre Augen zu fragen. Donatus konnte diesen Anblick nicht länger ertragen und in seiner Verzweiflung warf er den Spiegel mit aller Kraft auf den Boden. Er zersprang in viele Teile, aber jedes einzelne Stück spiegelte ihm das Antlitz seiner Frau wieder, so dass er jetzt vielfach dem grauenvollen Bild ausgesetzt war. Er konnte dem Vorwurf nicht entrinnen. So sammelte er die einzelnen Teile ein, wickelte sie in ein Tuch und verstaute sie unten in seinem Reisesack. Niedergedrückt saß er auf der Bettkante und unwillkürlich wollte er nach der Kette fassen, die ihn sein Leben lang begleitet hatte. Wie erschrak er, als seine Finger die Kette nicht ertasten konnten. Panik erfasste ihn. Wie konnte die Kette plötzlich verschwinden? Da fiel ihm alles wieder ein. Als er sich am Vorabend übermüdet ins Bett legen wollte, hatte sich die Kette in seinem Hemd verhakt und ließ sich nicht lösen. So hatte er einfach das Hemd mitsamt der Kette neben das Bett gelegt und am nächsten Morgen vollständig darauf vergessen. Er hatte sich für die ursprünglich geplante Weiterreise angekleidet und das Hemd in seinem Reisesack verstaut. Ungeduldig riss er alle Sachen aus dem Sack, und tatsächlich fand er die Kette. Vorsichtig löste er sie vom Hemd und legte sie wieder an. Zugleich kehrte etwas von seinem früheren Zuversicht zurück, und die Situation schien ihm nicht mehr so aussichtslos. Alles würde gut werden, er musste nur fest genug daran glauben. Er schlief noch ein paar Stunden und brach dann am nächsten Morgen früh auf, ehe sich noch die Bauern aus den Federn erhoben hatten. Ihr Anblick hätte ihn an seine Niederlage erinnert und er wollte sich durch nichts seine wiedergewonnene Lebensfreude verderben lassen.
Zuversichtlich machte er sich auf den Weg und das Glück schien ihm wieder hold zu sein. Kaum war er einige Meilen geritten, stieß er auf eine Reisegruppe, die in der gleichen Richtung unterwegs war. Diese war mit einem Radbruch auf der Strecke liegen geblieben, aber mit Donatus Hilfe – er hatte aus dem benachbarten Dorf ein Ersatzrad besorgt – war der Schaden bald wieder behoben und die Gesellschaft konnte ihre Reise fortsetzen. Die Reisenden – ein

Ehepaar mit ihren beiden halbwüchsigen Kindern – baten Donatus, sie zu begleiten und in den nächsten Tagen ihr Gast zu sein. Sie fühlten sich ihm zum Dank verpflichtet und waren darüber hinaus von seinem angenehmen, fröhlichen Wesen angetan. Damit war zunächst einmal das Problem von Donatus augenblicklicher Zahlungsunfähigkeit gelöst.
Glück zieht Glück nach sich. Am Abend erfuhr er endlich Näheres über die Person, von der so viele wundersame Geschichten im Umlauf waren und von der er sich Hilfe für Irina erwartete. Es war eine alte, weise Frau, die ungefähr zehn Tagesritte entfernt in einer Hütte mitten im Wald lebte. Sie schien magische Kräfte zu besitzen, hatte sie doch oft durch Handauflegen wahre Wunder vollbracht. Auch verstand sie sich auf die Heilkraft der verschiedensten Kräuter, und vielen hatten ihre Salben bei eitrigen und schweren Wunden und ihre Tränke bei inneren Krankheiten geholfen. Bei allem, was die Leute über sie erzählten schwang eine gewisse Scheu mit, so, als hätte man Angst zuviel zu sagen. Einige glaubten, dass sie mit Gottes Hilfe Wunder vollbringe. Es gab aber auch andere, die hinter vorgehaltener Hand munkelten, sie sei mit dem Teufel im Bunde. Auch über die geforderte Bezahlung gab es unterschiedliche Meinungen. Einige glaubten, ihre Hilfe sei umsonst, andere wiederum sprachen von einem Vermögen, das sie fordere, und wieder andere erzählten von bestimmten Aufgaben, die man erfüllen müsse, um ihre Hilfe zu erlangen. Einig war man sich nur darüber, dass es oft schwierig sei sie anzutreffen, da sie häufig tagelang unterwegs sei auf der Suche nach besonderen Kräutern. Unter all diesen diffusen Hinweisen erhielt Donatus doch einen wichtigen Fingerzeig. Nicht weit von der Wohnstätte dieser Frau wohne am Ortsrand des Dorfes ein Mann, der in Verbindung mit dieser Frau stehe. Von ihm könne er bestimmt eine nähere Auskunft erhalten und vielleicht auch die nötige Hilfe für ein Zusammentreffen. Da dieses Dorf sich auf der Wegstrecke seiner Begleitung befand, konnte Donatus auch in den kommenden Tagen die Gastfreundschaft dieser liebenswerten Menschen genießen. Der Gedanke, seinem Ziel schon so nahe zu sein, ver-

setzte ihn in eine fast übermütige Stimmung, die sich auch auf die anderen Reisenden übertrug, sodass alle in bester Laune das betreffende Dorf erreichten. Hier verabschiedete sich Donatus von der liebenswürdigen Reisegesellschaft und bedankte sich für ihre Gastfreundschaft. Diese wiederum dankten für seine freundliche Begleitung und wünschten ihm alles Gute und viel Erfolg für sein Vorhaben.

Als Donatus im Dorf nach dem Mann fragte, der bereit sei eine Verbindung zu der weisen Frau herzustellen, spürte er bei den Dorfbewohnern ein gewisses Unbehagen und Zögern, fast so, als könnten sie in etwas hineingezogen werden, was für sie unangenehme Folgen nach sich ziehen würde. Ein kleiner Junge allerdings, der zufällig dabei stand, schien diese Hemmungen nicht zu haben. „Ich weiß, wen du meinst. Es ist der verrückte Jonathan, der in der alten Hütte am Dorfrand wohnt. Ich zeige dir den Weg."

Ehe ihn jemand zurückhalten konnte, hatte er Donatus Pferd am Zügel ergriffen und zog es mit sich. Zutraulich erzählte er auf dem Weg von Jonathan. „Weißt du, die Leute hier im Dorf haben Angst vor ihm, weil er anders ist. Er geht nicht in die Kirche, er kauft im Dorf nichts ein, und da glauben einige, dass er vom Teufel versorgt wird. Er hat einen kleinen Acker, er hat zwei Ziegen und ein paar Hühner. Das reicht ihm. Ich besuche ihn, so oft ich kann, und dann erzählt er mir von den Pflanzen, die er gesammelt hat."

Inzwischen waren sie an der Hütte Jonathans angekommen. Der kleine Junge zeigte auf einen alten Mann, der vor dem Haus Holz aufstapelte, und verabschiedete sich rasch. Ihm war gerade eingefallen, dass auch er zu Hause noch Holz aufstapeln musste. Donatus trat auf den alten Mann zu und begrüßte ihn. Er war überrascht, wie aufmerksam ihn der alte Jonathan musterte. Als Donatus sein Anliegen vorbringen wollte, winkte Jonathan ab. „Ich weiß, was du willst. Griselda erwartet dich schon. Ich werde dich zu ihr bringen." Ohne ein weiteres Wort griff er nach seinem Stock, der an der Hauswand lehnte, und schlug den Weg in Richtung Wald ein. Es schien ihn nicht zu interessieren, ob Donatus ihm folgte. Dieser ergriff schnell die Zügel seines Pferdes und schritt hinter dem Alten her. Der Waldweg führte bald steil bergan und Donatus hatte Mühe, den seltsamen Mann nicht aus den Augen zu verlieren. Als er schon dachte, sie würden ihr Ziel nie erreichen, blieb Jonathan plötzlich stehen, zeigte auf eine Hütte, die verdeckt zwischen den Bäumen stand, machte kehrt und ließ Donatus zurück, ohne ihn eines weiteren Blickes oder gar Wortes zu würdigen.

Donatus konnte sich eines beklemmenden Gefühles nicht erwehren. Was würde ihn wohl erwarten? Doch bald gewann seine Zuversicht wieder die Oberhand. Bis hierher hatte er es geschafft, alles würde auch weiter gut gehen. Er band sein Pferd an einen Baum, klopfte an die Tür und auf ein 'Herein' hin betrat er die Hütte. Ein würziger Geruch nach getrockneten Kräutern erfüllte den Raum. Griselda saß am Tisch und hatte ein altes Buch vor sich liegen. Es schien Abbildungen verschiedener Pflanzen zu enthalten. Bei ihrem Anblick verlor Donatus seine gewohnte Beredsamkeit. Noch nie zuvor war er einem anderen Menschen gegenüber so unsicher und verlegen gewesen. Lag es an den Augen Griseldas, die ihn anschauten, als könnten sie tief in sein Inneres sehen? Lag es an ihrer aufrechten Haltung, die eine unerschütterliche Gelassenheit ausstrahlte? Sie saß vor ihm und schien doch einer anderen Welt anzugehören. Zeitlos strahlte sie die Weisheit von Jahrhunderten aus. Als Donatus endlich stotternd zu einer Erklärung ansetzte, bedeutete sie ihm sich zu setzen. „Ich weiß, was dich hierher führt", sprach sie mit wohlklingender Stimme. „Willst du deiner Frau wirklich helfen? Bist du bereit, dafür Opfer zu bringen, gar dein Leben einzusetzen?"

„Ich werde alles tun, was ihr verlangt, wenn nur Irina wieder gesund wird."

„So einfach ist es nicht; du musst selbst herausfinden, was zu tun ist. Doch jedes Mal, wenn du eine Aufgabe gelöst hast, wirst du eine goldene Kugel finden. Wenn du drei Kugeln erworben hast, wird deine Frau gesund sein."

„Welche Aufgaben muss ich erfüllen“, drängte Donatus begierig. Wieder winkte Griselda ab. „Du musst deinen Weg allein finden, den Weg der Liebe zu allen Geschöpfen. Mehr kann ich dir nicht sagen. Zum Beweis, dass dein Vorsatz ernst gemeint ist, dass du zu jedem Opfer bereit bist, lege deine goldene Kette ab und lasse sie als Pfand bei mir zurück.“

Donatus erschrak. Die Kette, die seine Lebensfreude, sein Glück und seinen Erfolg in sich barg, sollte er weggeben? Doch dann sah er Irinas vom Tod gezeichnetes Gesicht vor sich und er nahm die Kette kurz entschlossen ab und legte sie auf den Tisch. „So mach dich auf den Weg, und Gott segne dich“, verabschiedete ihn Griselda, und ehe Donatus noch recht zu Besinnung kam, befand er sich schon auf dem Weg zurück durch den Wald.

Wie sollte es weitergehen? Welche Richtung sollte er einschlagen? Wo waren die geheimnisvollen Kugeln versteckt? Wovon sollte er leben, wovon ein Nachtquartier bezahlen? Die Abenddämmerung brach schon herein; er war hungrig und müde. Niedergeschlagen und in Gedanken versunken kam er am Rande des Waldes wieder an der Hütte des alten Jonathan vorbei. Mit welcher Zuversicht war er am Morgen dem Alten gefolgt. Da riss ihn eine Stimme aus seinen Gedanken. Er schaute sich um und sah Jonathan vor der Tür stehen und ihm zuwinken. Donatus wendete sein Pferd und sah den alten Mann fragend an. „Ich denke, ihr könnt eine kräftige Mahlzeit und ein Bett für die Nacht gut gebrauchen, und euer Pferd hat auch etwas Ruhe verdient. Kommt herein.“ Donatus folgte ihm in die kleine Stube und ließ sich die kräftige Mahlzeit schmecken. In einer Ecke war schon ein Nachtlager für ihn bereitet und erschöpft fiel er bald in einen tiefen Schlaf..

Als die ersten Sonnenstrahlen durch das Fenster fielen, wachte er erfrischt auf. Auf dem Tisch standen schon Brot und Käse und ein Krug Milch für ihn bereit. Solchermaßen gestärkt machte er sich zur Weiterreise bereit. Er bedankte sich bei seinem wortkargen Gastgeber, und als hätte dieser seine Gedanken erraten, gab er ihm noch einen Rat mit auf den Weg: „Sorgt euch nicht um den richtigen Weg. Folgt nur dem Ruf eures Herzens.“ Dann reichte er

ihm noch einen Beutel mit Brot und Käse und verschwand ohne ein weiteres Wort in seiner Hütte.
Dem Ruf des Herzens folgen, das hieß für Donatus, den Weg zu Frau und Kind einschlagen. So ritt er auf dem gleichen Weg zurück, den er vor kurzem in so angenehmer Gesellschaft zurückgelegt hatte. Gegen Mittag, als er schon ein großes Stück Weg hinter sich gebracht hatte, lud ihn eine mächtige Eiche zur Rast ein. Müde streckte er sich unter dem gewaltigen Blätterdach aus. Dankbar packte er seinen Reiseproviant aus, während sein Pferd am nahegelegenen Bach graste. Während er noch die Ruhe und den Schutz vor den sengenden Sonnenstrahlen genoss, näherten sich zwei Männer, mit Beil und Säge ausgerüstet.
„Ja, guter Mann", redeten sie ihn an, „ihr müsst diesen Platz jetzt räumen, denn wir wollen diesen Baum fällen."
Fassungslos starrte Donatus die beiden Männer an. „Das könnt ihr doch nicht tun. Seht ihr nicht, wie schön der Baum ist, wie prachtvoll er dasteht? Hört ihr nicht die Vögel, die sich auf seinen Ästen niedergelassen haben? Noch Hunderte von Jahren kann dieser Baum Mensch und Tier erfreuen."
„Was versteht ihr schon. Ihr redet wie einer, der vom Ackerbau keine Ahnung hat. Seht ihr nicht, dass unter dem Baum und in weitem Umkreis nichts wächst außer ein paar Grashalmen? Der Baum saugt die Nahrung aus dem Boden und wirft soviel Schatten, dass nichts gedeiht. Ich brauche dieses Stück Land für mein Korn. Wie haben nicht so viel Land, dass wir auf dieses Stück verzichten könnten."
„Kann euch denn gar nichts umstimmen?", beharrte Donatus auf seinem Wunsch, „es tut mir in der Seele Leid, wenn dieser prächtige Baum sterben muss."
„Eine Möglichkeit gibt es schon", antwortete einer der Bauern, „ihr kauft dieses Stück Land und der Baum gehört euch."
„Ich habe jetzt kein Geld bei mir, aber ich kann es euch später durch einen Boten zukommen lassen", entgegnete Donatus jetzt voller Hoffnung.

„Nichts da", lachte der Bauer, „denkt ihr, ich glaube jedem hergelaufenen Spitzbuben?"
„Ihr könnt euch auf mein Wort verlassen", beteuerte Donatus verzweifelt.
Er erntete nur hohnvolles Gelächter. „Wenn ihr das Stück Land nicht kaufen könnt, dann wird der Baum jetzt gefällt. Macht Platz, wir haben schon genug Zeit mit Reden versäumt."
„Eine Möglichkeit sehe ich noch", mischte sich jetzt der jüngere Mann ein. Dieser hatte die ganze Zeit wie unbeteiligt dabei gestanden, aber immer wieder begehrliche Blicke auf Donatus' Pferd geworfen. „Ihr gebt uns euer Pferd und das Stück Land samt Baum gehört euch."
„Mein Pferd", rief Donatus erschrocken, „das geht nicht. Ich habe noch einen weiten Heimweg, und außerdem ist das Pferd viel mehr wert als dieses Stück Ackerland."
„Nun, wenn euch der Baum nicht so viel wert ist wie euer Pferd, dann macht endlich Platz, damit wir anfangen können."
Donatus kämpfte einen schweren Kampf mit sich. Sein wertvolles Pferd, das ihn die ganze Zeit so treu begleitet hatte, sollte er hergeben? Und wie sollte er den weiten Heimweg zu Fuß schaffen? Aber dieser stolze Baum sollte leben, und so willigte er schweren Herzens ein. „Ich verlasse mich darauf, dass ihr den Baum wirklich stehen lasst und dass ihr das Pferd gut behandelt." Nach diesen Worten schulterte Donatus seinen Reisesack und machte sich zu Fuß auf den weiteren Weg.
Mühsam war es und doch bereute Donatus den Tausch nicht. Nach einer Weile entdeckte er am Wegrand eine Quelle. Hier würde er seinen Durst löschen und seine Trinkflasche auffüllen können. Ein paar Minuten Rast würden ihm auch gut tun. Er ließ seinen Reisesack ins Gras gleiten und neigte sich zur Quelle hinunter. Mitten in der Bewegung hielt er inne. Etwas verdeckt vom Gras lag neben der Quelle eine goldene Kugel. Vorsichtig nahm Donatus sie in die Hand, und er spürte, wie eine Kraft von der Kugel ausging, die ihn mit neuem Lebensmut erfüllte. Sollte die Kräuterfrau aus dem Wald doch Recht haben? Ganz versunken in

den Anblick der Kugel setzte er sich ins Gras. Nach einer Weile packte er die Kugel behutsam in seinen Reisesack. Dabei berührten seine Finger eine der Spiegelscherben, die er vor – wie ihm schien – langer Zeit in seinen Sack geworfen hatte. Zögernd nahm er die Scherbe heraus. Was würde ihn bei ihrem Anblick erwarten? Immer noch von der Krankheit gezeichnet blickte ihn Irina an, aber ihre Wangen schienen ihm nicht mehr so eingefallen, die Augen nicht mehr ganz so trübe und glanzlos. Neue Hoffnung erfüllte ihn und ließ ihn unverzüglich aufbrechen.
Die Tage vergingen. Sein Nachtquartier waren jetzt Heuschober, seinen Durst löschte er an den Quellen, die an seinem Weg lagen, seinen Hunger stillte er mit Feld- und Waldfrüchten und manchmal arbeitete er für ein Stück Brot und Speck bei einem Bauern. Seine Sehnsucht nach Irina ließ ihn diese Mühsal ertragen.
Wieder einmal hatte er Arbeit angenommen, dieses Mal bei einem Müller. Hier musste er schwere Säcke schleppen, und als er einmal kurz verschnaufte, fiel sein Blick auf das Pferd, das im Kreis lief, um das Wasser für das Mühlrad hoch zu pumpen. Es schien am Ende seiner Kräfte zu sein, aber wenn es langsamer wurde, trieb ein kleiner Junge es mit einer Gerte wieder an. Donatus eilte zum Müller: „Seht ihr nicht, dass das Pferd bald zusammenbricht. Ihr müsst ihm ein paar Ruhetage gönnen."
„Was geht dich das an", brüllte der Müller, „ich habe dich zum Säcke schleppen angestellt und nicht zum Pferde hüten. Mach, dass du wieder an deine Arbeit kommst."
Donatus ließ sich nicht abweisen: „Es ist euer Schaden, wenn das Pferd tot zusammenbricht. Es hält nicht mehr lange durch."
Diese Hartnäckigkeit machte den Müller nur noch wütender und er holte zum Schlag gegen Donatus aus. Doch plötzlich hielt er inne und ein verschlagenes Grinsen breitete sich auf seinem Gesicht aus. „Wenn dir so viel an dem Pferd liegt, dann übernimm doch seine Arbeit."
Donatus erschrak. Diese Arbeit würde über seine Kräfte gehen. Doch ein Blick auf das Pferd, das kurz vor dem Zusammenbruch stand, ließ ihn alle Bedenken über Bord werfen. „Gut, ich bin

einverstanden, wenn ihr inzwischen das Pferd auf guter Weide grasen lasst.“
So geschah es. Anstelle des Pferdes wurde Donatus eingespannt, und er begann seine Runden zu drehen. Die Arbeit war mühsamer als gedacht, die Stunden schlichen nur so dahin und der Tag schien kein Ende zu nehmen. Doch ein Blick auf das friedlich grasende Pferd ließ ihn ausharren. Am Abend fiel er erschöpft ins Stroh. Drei Tage arbeitete er so von Sonnenaufgang bis zum Sonnenuntergang immer kurz vor dem Zusammenbruch, aber irgend etwas hinderte ihn daran aufzugeben. In seiner grenzenlosen Erschöpfung half ihm eine innere Kraft durchzuhalten. Im Nachhinein hätte er nicht sagen können, wie er die drei Tage überstanden hatte.
Das Pferd kehrte ausgeruht zu seiner Arbeit zurück und er machte sich zwar müde und erschöpft, aber zufrieden auf den weiteren Heimweg. Schritt für Schritt ging er vor sich hin, ohne auf seine Umgebung zu achten. Plötzlich zerrte etwas an seiner Jacke, eine Brombeerranke hatte sich an seinem Ärmel verfangen. Die dicken, reifen Früchte waren ihm eine willkommene Erfrischung. Als er einige Ranken beiseite bog, sah er im Gras etwas golden schimmern. Es war eine zweite Kugel.
Wieder steckte er sie sorgfältig in seinen Reisesack und wieder fiel dabei sein Blick auf eine Spiegelscherbe. Fast glaubte er seinen Augen nicht zu trauen, so sehr hatte sich Irinas Aussehen zum Besseren gewandelt. Die Augen hatten fast ihre frühere Leuchtkraft wiedergewonnen und schienen ihn hoffnungsfroh anzulächeln. Donatus war nicht länger müde und erschöpft, und ohne noch einmal Rast zu machen setzte er seinen Weg bis zur Dunkelheit fort. Am Abend fand er Unterschlupf in einem Heuschober in der Nähe eines Dorfes. Nachdem er sein letztes Stück trockenes Brot verzehrt und seinen Durst an der Quelle gelöscht hatte, schlief er schnell ein.
Plötzlich wachte er von lautem Geschrei auf. Durch einen Spalt sah er, dass ein Haus am Dorfrand lichterloh brannte. Er eilte hinzu um beim Löschen zu helfen. Gerade sah er, wie eine Frau

von einigen Männern gewaltsam daran gehindert wurde, sich in das brennende Haus zu stürzen. Er hörte ihr gellendes Schreien: „Mein Kind, mein Kind!“, und er sah, dass das Haus gleich einstürzen würde. Nein, das Kind sollte kein Opfer der Flammen werden, und wenn es sein Leben kosten sollte. Er tauchte seinen Umhang in einen Kübel Wasser und stürzte sich, ehe ihn jemand daran hindern konnte, in das brennende Haus. Hinter einer Tür hörte er ein leises Wimmern. Er stürzte in den Schlafraum, riss das Kind aus seinem Bettchen und hüllte es in seinen nassen Umhang. Er kämpfte sich durch Flammen und Rauch zum Ausgang. Hinter ihm stürzte die Decke ein. Ein brennender Balken streifte seine Schulter, seine Haare fingen Feuer. Mit letzter Kraft taumelte er ins Freie. Hilfreiche Hände zogen ihn und das Kind aus der Gefahrenzone. Dann verlor er das Bewusstsein. Er hörte nicht mehr, wie das Haus hinter ihm zusammenstürzte und wie die Mutter ihr Kind schluchzend in die Arme nahm. Er wachte in einem weichen Bett auf, seine Brandwunden waren verbunden und eine Frau reichte ihm ein kühles Getränk.
Die Dankbarkeit der Mutter und der anderen Bauersleute kannte keine Grenzen. Sie wetteiferten darin, ihm Gutes zu erweisen. Doch nach einigen Tagen der Pflege fühlte er sich stark genug seinen Weg fortzusetzen. Er ging noch einmal zu den verkohlten Trümmern des Hauses und durchlebte in Gedanken wieder die schrecklichen Augenblicke. Da entdeckte er in der Asche etwas Glänzendes. Es war die dritte goldene Kugel, und nun wusste er sicher, dass alles gut werden würde. Die Leute ließen ihn nur ungern ziehen. Sie packten ihm so viel Reiseproviant ein, dass er schwer daran zu tragen hatte. Das ganze Dorf winkte ihm zum Abschied zu und einige begleiteten ihn noch ein Stück. Als sich die letzten von ihm verabschiedet hatten, blickte er noch einmal zurück voller Dankbarkeit, dass alles gut ausgegangen war.
Nun galt es noch das letzte Stück Weges zu bezwingen. Das Ziel vor Augen spürte er keine Müdigkeit, keinen Hunger. Er gönnte sich nur wenig Schlaf, und oft genügte ihm das Mondlicht, seinem Weg zu folgen. Als er endlich seine Heimatstadt erreichte, sah er

manch bekanntes Gesicht. Ihn aber erkannte niemand. Zu groß war der Unterschied zwischen dem abgerissenen Landstreicher und dem eleganten jungen Mann, als den ihn die Stadtbewohner kannten. Als er sich aber seinem Haus näherte, wurden seine Schritte langsamer. Fast zögerte er, durch das einladend offene Tor des Parks zu schreiten. Was würde ihn erwarten. Jetzt erst wurde ihm bewusst, wie zerlumpt er aussah.
Doch da öffnete sich schon die Haustür und eine junge Frau mit einem Kind an der Hand trat heraus. Er glaubte seinen Augen nicht trauen zu können, es war Irina ohne irgendwelche Spuren ihrer schlimmen Krankheit in ihrer strahlenden Schönheit. Bei ihr war seine kleine Angelina, die inzwischen auf eigenen Beinen stehen konnte und ihm liebreizender denn je erschien. Ehe er noch einen klaren Gedanken fassen konnte, liefen die beiden auf ihn zu. Sie hielten sich lachend und weinend in den Armen und alles war gut.
Donatus war nicht überrascht, als er die Kette der Schilfgeister an Irinas Hals entdeckte. Sie schien ihm glänzender und strahlender denn je, wie durch Feuer geläutert. Sie verhieß ihm ein reiches erfülltes Leben, zu dem auch die dunklen und schmerzhaften Seiten gehörten, denen er jetzt nicht mehr auswich, sondern denen er sich tapfer stellte.

'Auge um Auge, Zahn um Zahn'
Auxilias Kampf um Gerechtigkeit und Vergeltung

In der Stadt Kronburg lebte der Gerichtsschreiber Anton mit seiner großen Familie. Sein Einkommen aus der kurfürstlichen Staatskasse reichte gerade aus, um seine Familie mehr schlecht als recht zu versorgen. Nur gut, dass viele Einwohner – selbst Adlige und Kaufleute, ganz zu schweigen von den einfachen Handwerkern und Bauern – des Lesens und Schreibens nicht so recht kundig waren. So konnte Anton seine Einkünfte verbessern, indem er beim Verfassen so manchen Schriftstückes behilflich war. Dass besonders Leute aus den Adelskreisen seine Dienste gern in Anspruch nahmen, verdankte er nicht zuletzt seiner zuvorkommenden, fast unterwürfigen Art, mit der er Höhergestellten entgegentrat. Dazu kam noch, dass er geduldig auf seine Bezahlung wartete und selbst beim Ausbleiben derselben nicht auf seinem Recht beharrte.

Die langen Jahre bei Gericht hatten ihn gelehrt, dass gewisse Kreise fast immer Recht bekamen und dass es nur Schwierigkeiten mit sich brachte, gegen angesehene Leute zu opponieren. Daneben hatte er die Erfahrung gemacht, wie streng selbst kleine Vergehen bestraft wurden, wenn sie gegen die bestehende Ordnung verstießen. Auch machte es einen gewaltigen Unterschied, ob jemand niederen Standes sich gegen einen Höhergestellten verging oder ob das gleiche Delikt unter umgekehrten Vorzeichen begangen wurde. Keinen Unterschied machte es allerdings, ob beispielsweise jemand aus purer Not oder aus reiner Besitzgier stahl.

Besonders streng wurden aufrührerische Reden gegen staatliche und kirchliche Autoritäten bestraft, auch wenn sie manche Wahrheiten enthielten. Ja, man hatte fast den Eindruck, als würden sie um so strenger bestraft, je näher sie der Wahrheit kamen.

Für den Gerichtsschreibers Anton aber galt als höchstes und unumstößliches Prinzip: Jede Obrigkeit ist von Gott eingesetzt und deswegen sind alle von ihr erlassenen Gesetze – und seien sie noch

so geringfügig oder gar unverständlich – heilig. Sie dürfen keinesfalls übertreten oder, was noch viel schlimmer, ja, geradezu unverzeihlich ist, in Frage gestellt werden.
In der Familie vertrat Anton diese Obrigkeit, der nicht widersprochen werden durfte.
Dies alles erklärt wohl ein wenig Antons Strenge und Unerbittlichkeit, mit der er seiner Familie vorstand. Wer gegen die häusliche Ordnung verstieß, hatte mit strengen Strafen zu rechnen, und keinesfalls duldete Anton irgendeinen Widerspruch. Selbst seine Frau fügte sich seinem strengen Regiment und ordnete sich seinen Weisungen unter.
Die Kinder machten die Erfahrung, dass es unangenehme Folgen hatte, gegen diese Normen zu verstoßen, und passten sich an. Lieber einmal zu Unrecht bestraft werden, als durch Widerspruch alles noch schlimmer zu machen.
Nur Auxilia, der ältesten Tochter, fiel es zunehmend schwerer, sich diesem bedingungslosen Gehorsam zu fügen. Schlimme Erfahrungen mit Widerspruch und Auflehnung schüchterten sie nicht ein, sondern bewirkten eher das Gegenteil.
Ein erstes bewusstes Erleben dieser Art hatte etwas in ihr verändert. Sie hatte mitbekommen, dass der Sohn des Richters, ein feiger Bursche, der sich gern an kleineren Kindern vergriff, ihrem jüngeren Lieblingsbruder Gaudenz ein Bein stellte. Dieser war schwer gestürzt. Dass sein verletztes Knie höllisch schmerzte, hätte Gaudenz wohl bald verwunden; dass aber seine neue Hose ein großes Loch hatte, ließ ihn fast verzweifeln, wusste er doch, wie streng sein Vater solche Vorkommnisse, die er als Missachtung seiner Fürsorge deutete, bestrafte. Und wirklich musste Auxilia erleben, wie der Bruder vom Vater heftig verprügelt wurde, weil er nicht besser auf seine Kleidung geachtet hatte. Das konnte Auxilia nicht mit ansehen. Zornig hielt sie Vaters erhobenen Arm fest und schrie ihm ihre Empörung über diese Ungerechtigkeit ins Gesicht. Das hatte zur Folge, dass sie selbst ein Gutteil der Gaudenz zugedachten Prügel erhielt. Selten hatte sie Vater so zornig erlebt. Auch Auxilia war außer sich vor Wut, und dies um so

mehr, als Mutter sie ermahnte sich zu fügen und nicht mehr zu widersprechen. Vater wüsste schon, was für seine Kinder das Beste sei. Selbst der Bruder warf ihr vor, dass sie durch ihr Einmischen alles noch viel schlimmer gemacht habe.
Es gab bald noch mehr Vorfälle dieser Art und jedes Mal waren ihr Zorn und ihre Wut größer als die Angst vor Strafe. So wurde sie einmal fälschlicherweise beschuldigt, einen Teller zerbrochen zu haben. Zur Strafe sollte sie ohne Abendessen zu Bett gehen. Es war nicht diese geringfügige Strafe, die Auxilia maßlos aufbrachte, sondern die ungerechte Beschuldigung. Ein solch grenzenloser Zorn packte sie, dass sie die Schüssel mit der Abendsuppe, die schon auf dem Tisch bereit stand, ergriff und auf den Boden warf, sodass die Suppe durch die ganze Küche spritzte.
„Jetzt hast du wirklich Grund, mich zu bestrafen", schrie sie.
Hungrig, mit schmerzenden Gliedern im Keller eingesperrt, fühlte sie sich dennoch als Siegerin. Sie hatte gezeigt, dass sie sich nicht widerspruchslos in alles fügen würde. Und wenn Vater sie totschlüge, sie würde sich nicht länger seiner Autorität beugen.
Am nächsten Morgen eröffnete ihr der Vater, dass er sie beim nächsten ähnlichen Vorfall von der Klosterschule nehmen würde, weil sie ein solches Privileg nicht länger verdiene. Es war in der Tat ein Privileg für ein Mädchen ihres Standes, bei den Nonnen gemeinsam mit den Töchtern vornehmer und adliger Familien unterrichtet zu werden. Sie hatte nicht nur Schreiben, Lesen und die Grundbegriffe der Mathematik erlernt, sondern wurde auch in Latein und den Gesetzen der Dichtkunst unterwiesen. Selbst in der Herstellung kunstvoller Stickereien hatte sie eine gewisse Fertigkeit erworben.
Trotz ihres geringen Standes hatte sie ein großes Ansehen bei ihren Mitschülerinnen, bewahrte sie doch manche von ihnen vor einer Strafe, wenn sie ihnen schnell die Aufgaben zusteckte, die einige adlige junge Damen wegen mangelnder Fähigkeit nicht gemacht hatten. Auch sorgte sie für Abwechslung im Schulalltag durch Spottverse über irgendwelche Eigenschaften der Nonnen. Wegen einer gut gelungenen Karikatur der Ordensoberin hätte sie

allerdings beinahe die Schule verlassen müssen. Ihre Lateinlehrerin, eine liebenswürdige Nonne namens Ehrentrudis, die Auxilia wegen ihrer schnellen Auffassungsgabe und ihrer offenen Art schätzte, bewahrte sie vor dem Ausschluss.

Auf Dauer wäre Auxilia der Verweis von der Schule wohl nicht erspart geblieben, war doch die Oberin der Meinung, sie übe einen schlechten Einfluss auf ihre Mitschülerinnen aus.

Doch eines Morgens änderte sich alles. Auf dem Weg zur Schule bemerkte sie einen großen Menschenauflauf. Sie drängte nach vorn und sah, dass Männer, Frauen und Kinder einen Eselskarren umringten und johlend nebenher liefen. Erschrocken und verwirrt stellte sie fest, dass auf dem Eselskarren, ganz in sich zusammengesunken, die Waldgrete saß – eine alte Frau, die vor einiger Zeit ihr Lieblingskätzchen gerettet hatte, als es von einem Hund gebissen worden war, die den Nachbarsjungen von einem bösen Husten befreit hatte und die so manchen Einwohner dieser Stadt durch ihre selbst gebrauten Säfte und Salben von schlimmen Krankheiten geheilt hatte.

„Hexe“, „Teufelsbraut“, hörte sie die Schreie der johlenden Menge. Ihr eigener Entsetzensschrei ging im Gejohle der Menschen unter.

Nachdem der Karren in den Hof des Gerichtsgebäudes hineingefahren war, wurde das große Tor geschlossen. Lachend und schreiend verharrte die aufgestachelte Menschenmenge noch lange Zeit vor den Gitterstäben, war es doch das erste Mal, dass in ihrer Stadt eine Frau als Hexe angeklagt und vor Gericht gestellt wurde – Grund genug, neugierig der kommenden Dinge zu harren.

Nachdem Auxilia ihren ersten Schrecken überwunden hatte, wurde ihr bewusst, dass sie hier nichts mehr erreichen konnte. Einige Leute waren schon auf sie aufmerksam geworden, als sie laut geschrieen hatte: „Das ist nicht wahr! Grete ist keine Hexe! Lasst sie in Ruhe!“ Sie brauchte Hilfe. Kurz dachte sie an ihren Vater, aber sie verwarf diesen Gedanken gleich wieder. Er würde niemals irgendwelche Gesetze und Gerichtsurteile in Frage stellen.

Aber wie war es mit den Nonnen? Hatten sie nicht immer wieder erzählt, dass Jesus, dass Gott auf Seiten der Unterdrückten sei? So war sie sich sicher, dass sie im Kloster Hilfe erwarten konnte.
So schnell sie konnte lief sie zur Schule und betrat ganz atemlos das Schulzimmer. Die Oberin sprach gerade von Regeln, die in der Poesie beachtet werden mussten und war sehr ungehalten über die Störung. Doch Auxilia ließ sie gar nicht erst zu Wort kommen. „Da draußen geschieht ein Unrecht", sprudelte es nur so aus ihr heraus, „Waldgrete wird als Hexe angeklagt. Ihr müsst sofort etwas unternehmen."
„Was soll dieses ungehörige, laute Schreien? Merkst du nicht, dass du den Unterricht störst? Dazu kommt, dass du noch eine Strafe wegen Zuspätkommens verdient hast."
Empört über soviel Unverständnis schrie Auxilia nur noch lauter: „Versteht ihr denn nicht? Hier wird jemand zu Unrecht angeklagt und muss mit Folter und Tod rechnen, und Ihr habt nichts Besseres zu tun, als über die Regeln der Dichtkunst zu sprechen."
„Nun reicht es aber. Woher willst du Grünschnabel wissen, dass Grete unschuldig ist? Es wird schon Gründe für die Anklage geben."
„Es gibt keinen Grund. Sie hat Annas Großvater, den Sohn unserer Nachbarin, den kleinen Philipp, und viele andere geheilt. Auch Tiere hat sie wieder gesund gemacht."
„Halte endlich den Mund. Du machst dich selbst verdächtig. Merkst du nicht, wie der Teufel schon seine Hand nach dir ausstreckt?"
„Was hat der Teufel damit zu tun, wenn jemand die Gabe zu heilen hat?"
„Schweig endlich still, oder ich muss dich selbst bei Gericht anzeigen."
„Wir müssen aber helfen. Gott will nicht, dass Menschen gefoltert und verbrannt werden."
„Was weißt du schon von Gott? Gott will das Böse im Menschen ausrotten. Die Seelen der Hexen können nur gerettet werden,

wenn ihr Körper vernichtet und der Satan durch das Feuer ausgetrieben wird."
„Ich will keinen Gott, der unschuldige Menschen vernichtet."
„Deine gotteslästerlichen Reden führen dich geradewegs in die Hölle. Du bist selbst vom Teufel besessen."
Niemand im Raum wagte sich zu rühren. Schreckensbleich saßen die Mädchen an ihren Tischen. Eine der ihren mit dem Teufel im Bunde?
Nur Auxilia ließ sich nicht einschüchtern. Sie war so wütend, dass sie ausrief: „Dann gehe ich lieber in die Hölle, als den Himmel mit Menschen zu teilen, die unschuldige Menschen foltern und verbrennen."
Kalt und mit schneidender Stimme sprach nun die Oberin: „Ich habe schon immer gewusst, dass du nicht in unsere Schule gehörst und einen schlechten Einfluss auf die anderen Mädchen ausübst. Damit ist jetzt endgültig Schluss. Du hast dich selbst entlarvt. Ich werde dich dem Inquisitionsgericht übergeben. Bis du abgeholt wirst, werde ich dich hier im Haus sicher verwahren."
Sie packte Auxilia am Arm und mit Hilfe einer weiteren Nonne zerrte sie Auxilia in einen kleinen Nebenraum und schloss die Tür von außen ab.
Auxilia war so zornig und wütend, dass sie eine Weile brauchte, bis ihr ihre gefährliche Lage bewusst wurde. Es gab keine Fluchtmöglichkeit. Die Tür war aus dickem Eichenholz, die Fenster waren vergittert. Sie war gefangen und einem schrecklichen Schicksal ausgeliefert. Von ihren Eltern war keine Hilfe zu erwarten. Ihr Vater würde jedes Urteil als gerechte Strafe ansehen, hatte er sie in seinem Herzen doch schon lange verurteilt. Und Mutter würde aus Angst zustimmen.
Stunden vergingen. Wut und Zorn waren stärker als das Gefühl der Angst. Trotz der Aussichtslosigkeit schmiedete sie Fluchtpläne und malte sich aus, wie sie sich rächen würde.
Es wurde dunkel und noch immer hatte sich niemand um sie gekümmert. Plötzlich hörte sie, wie sich der Schlüssel im Schloss

drehte. 'Ob sie mich abholen? Ich muss unter allen Umständen versuchen zu fliehen.'
Ein dunkler Schatten huschte in das Zimmer. „Sei leise, dass uns niemand hört", flüsterte eine bekannte Stimme. Auxilia erkannte die Nonne Ehrentrudis, die sich schon einmal für sie eingesetzt hatte. „Gleich sind alle beim Gebet in der Kapelle und du kannst dich durch die hintere Gartenpforte ungesehen fortschleichen. Ich habe das Türchen für dich aufgeschlossen. Verrate mich nicht. Ich habe große Angst vor der Oberin und dem Inquisitionsgericht, aber ich kann es nicht glauben, dass du vom Teufel besessen bist. Ich schließe wieder hinter dir zu. Mehr kann ich nicht für dich tun. Wenn dir ein Mensch auf der Welt helfen kann, dann ist es Mutter Guntberga, die nach dem Verlassen unseres Ordens – die Gründe hierfür spielen jetzt keine Rolle – im Wald ein zurückgezogenes, heiligmäßiges Leben führt. Ich habe versucht, dir den Weg dorthin zu beschreiben. Hebe diesen Zettel gut auf. Vielleicht kann er dir einmal nützlich sein."
Auxilia verließ das Klostergelände also durch das Hintertürchen und schlich sich durch die Gärten zu ihrem Haus.
Die Familie saß gerade bei der Abendsuppe, als Auxilia zur Tür hineinkam. Erschrocken und regungslos starrten Mutter und Geschwister sie an. Anton aber sprang auf und schrie empört: „Du gottloses Kind wagst es noch, unser Haus zu betreten, über das du soviel Unheil gebracht hast? Nun zwingst du mich selbst, dich dem Gericht zu übergeben, eine letzte Gelegenheit, dich vom Teufel loszusagen und deine Seele zu retten."
Diese unbarmherzigen Worte verletzten Auxilia tief und schürten gleichzeitig ihren Hass in unvorstellbarem Maß.
„Du hast dein Herz und deinen Kopf verkauft. Du bist eine Marionette in den Händen des Kurfürsten und seiner Beamten, in den Händen der Kirche und ihrer Vertreter. Ich hasse dich und will nie mehr etwas mit dir zu tun haben."
Da fiel ihr Blick auf die gerahmte Urkunde des Kurfürsten, die Anton als Anerkennung für treue Dienste bekommen hatte und die einen Ehrenplatz an der Wand neben dem Kruzifix hatte. In

Antons Augen war diese Urkunde sein wertvollster Besitz und alle in der Familie wussten, wie heilig sie ihm war. Auxilia riss sie nun vor den entsetzten Blicken aller von der Wand und zertrümmerte den Rahmen mit einem Schlag auf den eisernen Ofen. Das Pergament zerriss sie und warf die Fetzen in das Feuer, dass die Flammen hell aufloderten.

„Das ist deine Ergebenheit wert", schrie sie, und ehe ihr Vater, der wie gebannt das Geschehen verfolgt hatte, sich rühren konnte, lief Auxilia zur Tür hinaus.

Sie lief durch die leeren, dunklen Gassen, durch die stillen Felder in den Wald hinein, bis sie auf einer Lichtung erschöpft anhielt und sich ins weiche Moos fallen ließ.

Nun erst kam sie ein wenig zur Besinnung, aber ihr Zorn und ihre Rachegefühle waren immer noch größer als ihre Angst vor einer ungewissen Zukunft. Lieber wollte sie elendig umkommen, verhungern oder von wilden Tieren angegriffen werden, als sich weltlicher oder kirchlicher Macht zu beugen.

Plötzlich sah sie im Mondlicht, das durch die Bäume schimmerte, ein kleines, altes Männchen, kaum größer als ein fünfjähriges Kind.

„Na, schönes Fräulein, hat euch nichts mehr in dieser liebenswerten Stadt gehalten? Wie man sich in der Stadt erzählt – hinter vorgehaltener Hand natürlich –, soll euch ja Satan selbst aus eurem Gefängnis befreit haben. Wie solltet ihr sonst auch aus einer verschlossenen Kammer entwischt sein", kicherte dieser seltsame, zwergenhafte Mann.

„Woher wisst ihr das alles schon?", staunte Auxilia.

„Nun, ich habe meine geheimen Boten, aber das tut jetzt nichts zur Sache. Wichtig ist, was nun aus euch wird, nachdem ihr so entschlossen jeglicher Obrigkeit Trotz geboten habt."

„Wenn ich doch ein Schwert und eine Rüstung hätte, wenn ich doch ein Mann wäre und dazu noch einige unerschrockene Männer zur Verfügung hätte, dann würde ich Gericht und Kloster in Schutt und Asche legen und so die unschuldige Waldgrete rächen."

„Stop, wenn, wenn... bringt euch nicht weiter. Vielleicht kann ich euch helfen. Ihr habt sicher schon von Ritter Hilderich gehört – nein? –, nun ja, ich vergaß, dass solche Geschichten kaum zum Lehrplan der frommen Nonnen gehörten. Kurz und gut, ich konnte besagtem Ritter einige Dienste erweisen. Zum Dank hat er mir vor seinem Tode sein Schwert und seine Rüstung vermacht. Wie ihr seht, konnte ich bei meiner Größe – oder sage ich besser Kleinheit – nichts damit anfangen. Ich habe aber alles gut aufbewahrt und gepflegt, um es bei passender Gelegenheit jemandem zu geben, der etwas damit erreichen kann. Ihr müsst wissen, diese Rüstung macht unverwundbar und das Schwert verleiht Macht und macht seinen Besitzer unbesiegbar. Die richtige Größe dazu habt ihr. Und ob Mann oder Frau, das ist doch ganz unwesentlich. Es kommt auf das tapfere Herz und den klugen Verstand an. Man hat euch wohl bei den braven Nonnen eingeredet, dass nur Männer kämpfen können und Frauen zu Hause brav am Spinnrad sitzen müssen. Und Abenteuer suchende Männer zu finden, dürfte nicht allzu schwer sein. Es haben sich genug davon im Wald versteckt, die aus irgendwelchen Gründen aus der Stadt geflohen sind – nicht gerade Unschuldsengel, aber für eure Zwecke recht brauchbar. Dazu kommen noch ein paar verbitterte Bauern, die von ihrem Grund und Boden vertrieben wurden, weil sie ihre Abgaben nicht bezahlen konnten. Sie sind zwar nicht gerade im Kampf geschult, aber ihre Wut wird ihnen zusätzliche Kräfte bescheren."

„Warum wollt ihr das alles für mich tun?"

„Nun, ich habe selbst noch einige ausstehende Rechnungen und bin zurzeit nicht in der Lage sie einzufordern. Uns verbindet die Rache für alles Unrecht und das bedeutet mehr als jegliche Blutsbande. Eine Bedingung werde ich allerdings stellen. Ihr müsst unbarmherzig alle Unterdrücker verfolgen. Nie darf euch Mitleid von der Rache abhalten."

„Diese Bedingung ist für mich leicht zu erfüllen. Menschen, die selbst kein Mitleid mit anderen Menschen hatten, haben auch von mir keins zu erwarten."

„Jetzt denkt ihr so, aber es könnte ja sein, dass ihr einmal eure Meinung ändert. Erfahrung hat mich gelehrt, dass es immer besser ist, sich Versprechungen gegenüber abzusichern. Ich werde eine goldene Kette um euer Fußgelenk schmieden. So wie ihr diese Kette nie werdet lösen können, so werdet ihr auch niemals eurer Aufgabe, Rache und Vergeltung zu üben, untreu werden."
„Ich bin mit allem einverstanden, brenne ich doch darauf Unrecht zu vergelten."
Auf diese Worte hin holte der kleine Mann Schwert und Rüstung aus dem Versteck.
„So zieht nun die Rüstung an, gürtet das Schwert und ich werde für das Restliche sorgen." Ein Pfiff und ein schwarzer Hengst brach durch die Büsche. Der Alte flüsterte ihm etwas ins Ohr, legte ihm Zügel an und sattelte ihn.
„Er wird euch gehorchen und euch überall hintragen. Hier noch ein Sack Proviant und ein Beutel mit Gold, und nun macht euch auf den Weg."
All dies war so schnell vor sich gegangen, dass Auxilia gar nicht gemerkt hatte, dass sich inzwischen ein goldenes Kettchen fest um ihr Fußgelenk schmiegte. Nun, das war Teil der Vereinbarung und es war jetzt nicht der Zeitpunkt, länger darüber nachzudenken.
Obwohl sie noch nie auf einem Pferd gesessen hatte, war ihr das Reiten so vertraut, als wäre sie von Kind an daran gewöhnt. Sie war noch nicht lange Zeit auf einem schmalen Pfad weiter in den Wald hinein geritten, als sie auf einer Lichtung Feuer gewahrte. Sie hielt darauf zu und bei ihrem Erscheinen sprangen Männer mit drohend erhobenen Lanzen, Knüppeln und Heugabeln auf. Auxilia zog ihr Schwert und erfuhr zum ersten Mal, welche Macht von ihm ausging. Die Männer ließen ihre Waffen sinken und starrten sie gebannt an.
„Setzt euch", redete sie ihnen zu, „und erzählt, was ihr zu nächtlicher Stunde hier im Wald treibt." So erfuhr sie, dass die Männer Bauern aus dem Gebiet des Landvogtes Hildolf waren. Durch eine schlechte Ernte konnten sie ihre Abgaben nicht bezahlen – sie hatten kaum genug für sich und ihre Familien zu essen. Da der

Vogt schon lange seinen Besitz vergrößern wollte, schien dies nun für ihn eine günstige Gelegenheit zu sein. So schickte er seine Leute, um die Bauern von ihrem Besitz zu verjagen. Als diese sich wehrten – wohin hätten sie denn gehen sollen, wovon hätten sie leben sollen? –, bekamen sie die Übermacht des Vogts bitter zu spüren. Gegen die Waffen seiner Dienstleute kamen die notdürftig ausgerüsteten Bauern nicht an. Viele von ihnen fanden den Tod. Ihre Häuser und Ställe wurden in Brand gesteckt. Das Vieh und auch manches Kind, manche Frau und alle gebrechlichen und alten Leute, die nicht rechtzeitig fliehen konnten, fielen den Flammen zum Opfer. Diejenigen, die in den Wald flüchten konnten, waren vollkommen mittellos. Frauen, Kinder und Alte kamen dann notdürftig in einem weit entfernten Dorf unter. Es war den Dorfbewohnern hoch anzurechnen, dass sie ihnen überhaupt Unterkunft und Nahrung gewährten, hatten sie doch selbst durch die Missernte kaum noch das Notwendigste zum Überleben. Die wenigen Männer, die – teils verwundet – mit dem Leben davongekommen waren, wollten den Freunden nicht auch noch zur Last fallen. Sie hatten sich in den Wald zurückgezogen, lebten mehr schlecht als recht von dem wenigen Wild, das sie erbeuteten, und schmiedeten Pläne, wie sie sich am Landvogt rächen könnten. Diese Rachepläne erhitzten zwar ihre Phantasie, aber im Grunde wusste jeder von ihnen, dass sie der Wirklichkeit nicht standhalten konnten. Ihre Lage war hoffnungslos, besonders, da der nahende Winter sich schon mit einigen kalten Nächten bemerkbar machte.

„Nun esst euch erst einmal satt, mein Vorratssack wird für euch alle reichen. Wenn man satt ist, sieht alles hoffnungsvoller aus. Dann werden wir überlegen, wie wir am geschicktesten vorgehen."

Nur allzu gern fügten sich die Bauern Auxilias Worten. Da war endlich jemand, der sie aus ihrer Mutlosigkeit herausriss, auch wenn sie durchaus keine Vorstellung davon hatten, was sie tun könnten.

Nachdem alle satt waren – zum ersten Mal seit langer Zeit –, überlegten sie ihr weiteres Vorgehen.

„Die Burg ist zu gut bewacht; im offenen Kampf erreichen wir nichts", meldete sich einer, dessen Lebensgeister neu erwacht schienen, zu Wort. „Wir müssen es mit List versuchen."
Nachdem Auxilia Genaueres über die Lebensweise des Vogtes, seiner Familie und seines Hofgesindes erfahren hatte, entwickelte sie ihren Plan. Ende Oktober – bis dahin waren es nur noch wenige Tage – fand in der benachbarten Stadt der größte Markt des ganzen Jahres statt. Wie in jedem Jahr würde die Frau des Vogtes mit ihren fast erwachsenen Kindern – gut bewacht natürlich – zu diesem Markt reisen, um bei dieser Gelegenheit auch ihre Eltern zu besuchen. Der Weg würde durch einen Wald führen und hier sollte der Überfall stattfinden.
Auxilia strahlte so viel Macht und Selbstbewusstsein aus, dass keine Bedenken aufkamen und alle begeistert zustimmten.
Am feststehenden Tag versammelten sie sich an der Stelle, die für den Überfall am geeignetsten erschien. Den Weg hatten sie mit Baumstämmen verbarrikadiert, sodass die Reisegesellschaft notgedrungen anhalten musste. Gut versteckt im Gebüsch harrten sie des Kommenden. Zum berechneten Zeitpunkt nahte sich die Kutsche, begleitet von den gut ausgerüsteten Soldaten des Landvogts. Auch die beiden halbwüchsigen Söhne ritten neben der Kutsche, in der die Frau mit den Töchtern saß. Als die Reisenden gezwungenermaßen anhielten, stürzten Auxilia und die Bauern aus dem Gebüsch. Die Bauern erkannten einige der Soldaten als diejenigen, die sie mit Gewalt aus ihren Häusern vertrieben hatten und schuld am Tod so vieler waren. Das steigerte ihre Wut ins Unermessliche und verlieh ihnen ungeahnte Kräfte. Trotzdem wären sie der Übermacht der gut ausgerüsteten und kampferprobten Soldaten erlegen, wäre nicht Auxilia gewesen. Ihr Schwert machte sie unüberwindlich, ja fast schien es, als würde allein sein Anblick die Widerstandskräfte der Soldaten erlahmen lassen. Innerhalb kurzer Zeit waren die Soldaten bis auf einen getötet und die herrschaftliche Familie gefangen. Die beiden Söhne, die sich zunächst tapfer zur Wehr gesetzt hatten, waren nur leicht verwundet und wurden nun gefesselt an den Waldrand gelegt. Die Frau und die

Töchter hatten sich in ihr Schicksal ergeben, saßen angstvoll in der Kutsche und warteten darauf, was weiter passieren würde. Ganz bewusst hatte Auxilia den Hauptmann der Wache verschont und nur vom Pferd gestoßen. Auf ihren Befehl hin war er gefesselt und geknebelt worden. Nun, da der Kampf beendet war, ließ sie seine Fesseln lösen, damit er eine Botschaft zum Schloss bringe.

Der Vogt würde nur dann seine Familie unversehrt wiedersehen, wenn er den Bauern ihre Ländereien zurückgebe, sie für ihren Verlust an Mensch, Vieh und Gut entschädige, sie solange mit allem Lebensnotwendigen versorge, bis sie wieder vom Ertrag ihrer Felder leben könnten und ihnen außerdem für alle Zeiten jegliche Abgaben erlasse. Sobald ein schriftliches Dokument darüber in Auxilias Händen sei, erhielte er Frau und Töchter zurück. Die beiden Söhne würden solange als Geisel zurückbehalten, bis sicher sei, dass er sich auf Dauer an die Vereinbarungen halte.

Wutentbrannt nahm der Vogt diese Botschaft entgegen. Es fehlte nicht viel und er hätte den Überbringer dieser schlimmen Nachricht niedergeschlagen. Am liebsten hätte er ein großes Heer zusammengestellt und seine Familie mit Gewalt befreit. Mit beschwörenden Worten hinderte ihn der Hauptmann daran, und um das Leben seiner Familie nicht zu gefährden, ging der Vogt schließlich auf die Bedingungen ein.

Diese Angelegenheit war nun zur größten Zufriedenheit der Bauern erledigt, aber auf Auxilia wartete nun ihre eigentliche große Aufgabe, die sie sich selbst gestellt hatte: ihr Rachefeldzug gegen die Stadt Kronburg.

Einige Bauern, die ihre Familien verloren und im Kampf gegen ihre Unterdrücker Befriedigung gefunden hatten, schlossen sich Auxilia an. Dazu kamen noch einige dieser Abenteuer suchenden Männer, von denen der kleine Mann im Wald gesprochen hatte. Alle erkannten die Überlegenheit Auxilias uneingeschränkt an und ordneten sich ihr gern unter. Die Waffen und Pferde der erschlagenen Soldaten ergänzten ihre Ausrüstung.

Schwert und Rüstung hatten die Erwartungen Auxilias weit übertroffen und nun konnte sie nichts mehr aufhalten. In zwei Tagen näherten sie sich der Stadt, und ehe sich die Torwächter noch klar darüber waren, in welcher Absicht sich dieses kleine Häuflein Bewaffneter der Stadt näherte, waren sie schon überrannt, lagen tot oder verwundet an der Stadtmauer oder auch nur vor Schreck erstarrt beim Anblick dieses gewaltigen Schwertes. Die Menschen flohen schreiend in ihre Häuser und Auxilia galoppierte mit ihren Männern durch die leeren Straßen zum Gerichtsgebäude.
Das Gebäude war streng bewacht, aber auch hier erlahmte bald jeder Widerstand. Die Richter und ihre Gehilfen einschließlich des Gerichtsschreibers Anton wurden überwältigt und in die Folterkammer gesperrt. Die Gefängnistüren wurden geöffnet, und Auxilia war entsetzt, wie viele Menschen, besonders Frauen, inzwischen der Hexerei angeklagt waren. Wie eine Seuche musste dieser Hexenwahn in ihrer kurzen Abwesenheit um sich gegriffen haben.
Die Gefangenen, die Folter und Tod vor Augen hatte, konnten das Wunder, plötzlich frei zu sein, kaum fassen. Manche aber von ihnen – von der Folter entstellt – boten einen solch schrecklichen Anblick, dass selbst die abgebrühten Männer sich schaudernd abwandten.
Hier war schnelle Hilfe nötig. Die einzige Möglichkeit war, sie zur Krankenstation des Klosters zu bringen und sie dort von den Nonnen pflegen zu lassen. Der Anblick dieser geschundenen Menschen würde vielleicht auch bei ihnen, die staatliche und kirchliche Obrigkeit so heilig erachteten, einen heilsamen Schreck auslösen. Die Oberin allerdings, die Auxilia damals mitleidslos dem Inquisitionsgericht ausgeliefert hätte, wurde zu den anderen für diese Schandtaten Verantwortlichen ins Gerichtsgebäude gebracht und wie diese eingesperrt. An ihrer Stelle setzte Auxilia die Nonne Ehrentrudis, die ihr damals zur Flucht verholfen hatte, als Oberin ein und machte sie verantwortlich für die beste Pflege der ehemaligen Angeklagten. Allen Nonnen drohte sie, das Kloster

anzünden zu lassen, wenn auch nur einer dieser Menschen durch mangelnde Fürsorge sterben würde.
Ehrentrudis, die um Barmherzigkeit gegenüber der abgesetzten Oberin bat, wies Auxilia schroff ab: „Wer selbst unbarmherzig war, kann nicht mit Barmherzigkeit und Mitleid rechnen."
Nun kam das große Strafgericht über die Stadt. Alle, die sich auf irgendeine Art durch die Anklage und Verurteilung ihrer Mitbürger bereichert hatten, verloren ihren ganzen Besitz und wurden aus der Stadt verwiesen. Alle dagegen, die durch die Anklage der Hexerei ihres Besitzes verlustig geworden waren, erhielten ihr Eigentum zurück und – gewissermaßen als Entschädigung für das erlittene Unrecht – Anteil am Besitz der Vertriebenen. Der Kurfürst und seine Beamten wurden abgesetzt und durch ehrenhafte Bürger ersetzt, die sich trotz der Gefahr für ihr Leben gegen die Hexenverfolgungen ausgesprochen und sich dadurch verdächtig gemacht hatten, ja zum Teil schon als Fürsprecher des Satans angeklagt waren. Zuletzt gab Auxilia den Befehl, das Gerichtsgebäude mit all den Inhaftierten in Brand zu setzen. Da war das Jammern und Wehklagen groß. Die Frauen und Kinder der Inhaftierten baten um Mitleid, doch Auxilia ließ sich nicht von ihrem Entschluss abbringen: „Am eigenen Leib sollen sie erfahren, was sie anderen angetan haben. Gleiches wird nun mit Gleichem vergolten. 'Auge um Auge, Zahn um Zahn' heißt es im Alten Testament. Jeder erhält nur seine gerechte Strafe."
Auch ihrer Mutter gegenüber, die Auxilia bat das Leben des Vaters zu verschonen, blieb sie unerbittlich: „Was habe ich noch mit dir zu schaffen? Du hast dich nicht für mich eingesetzt, als ich deiner Hilfe bedurfte. Warum sollte ich jetzt dir beistehen? Vater bekommt nur, was er verdient hat und was er für mich vorgesehen hatte."
Ebenso wies sie die Nonne Ehrentrudis ab, die sie um das Leben ihrer ehemaligen Oberin bat: „Als ich sie im Namen Jesu um Mitleid für die Waldgrete bat, hat sie mich abgewiesen. Nun wird auch sie nach dem Gesetz 'Auge um Auge, Zahn um Zahn' verurteilt."

So geschah es, und mit Genugtuung sah Auxilia das Gerichtsgebäude in Flammen aufgehen. Ihre Aufgabe, Rache für das geschehene Unrecht zu üben, war erfüllt.
Nichts hielt Auxilia mehr in ihrer Heimatstadt. Mit ihrer Truppe verließ sie diesen Ort, der für sie zum Symbol jeglicher Unterdrückung, aber gleichermaßen auch der wiederhergestellten Ordnung geworden war. Begleitet wurde Auxilia von ihrem Bruder Gaudenz, für den seine Schwester schon immer ein Vorbild gewesen war.
Auxilia ritt mit ihren Gefährten durch die Lande und überall, wo sie auf ein Unrecht stieß – gleich ob es sich um einen Bauern handelte, der von seinem Grund und Boden vertrieben worden war oder um einen Fürsten, der von einem mächtigeren bedrängt wurde –, Auxilia sorgte für Gerechtigkeit und bestrafte unnachsichtig und mitleidslos alle Unterdrücker. Der Ruf absoluter Gerechtigkeit, aber auch der Unbarmherzigkeit eilte ihr voraus, und manchmal reichte allein ihr Name, um Übeltäter von der Ausführung ihrer dunklen Pläne abzuhalten.
Dieses Leben erfüllte sie mit großer Befriedigung und jeder, der zu ihrer Truppe gehörte, war begeistert von der Anführerin.
Auxilia lagerte mit ihren Männern gerade am Waldrand, als sich ihnen zwei Reiter mit großer Geschwindigkeit näherten.. Die beiden wurden angehalten und nach ihrem Weg gefragt. „Haltet uns nicht auf", stieß der eine atemlos hervor, „unsere Aufgabe duldet keine Verzögerung." Trotz seiner von einem langen Ritt arg mitgenommener Kleidung sah man ihm seine vornehme Abkunft an. Auch war zu spüren, dass er gewohnt war Befehle zu erteilen, die dann auch umgehend befolgt wurden.
„Solange werdet ihr euch schon die Zeit nehmen müssen, als es dauert, uns eine befriedigende Antwort zu geben", lachte der Wachsoldat und versperrte ihnen weiter den Weg.
Der Reiter sah, dass ihm nichts anderes übrig blieb und erklärte hastig seine Eile: „Ich bin Agimar, Sohn des Fürsten Agimund, und befand mich bei einem befreundeten Fürsten ungefähr zehn Tagereisen von hier entfernt. Dort erfuhr ich, dass unsere Burg –

Verrat soll im Spiel gewesen sein – von feindlichen Truppen eingenommen wurde. Mein Vater scheint tot zu sein, aber meine Mutter und meine beiden Schwestern sollen sich noch lebend in der Hand der Angreifer befinden. Ich konnte und wollte nicht warten, bis mein Freund ein Heer zusammengestellt hat und habe mich sofort mit meinem Diener auf den Weg gemacht. Jetzt versteht ihr wohl unsere Eile."

„Was wollt ihr allein denn ausrichten?", mischte sich Auxilia ein.

„Ich weiß nur, dass ich etwas unternehmen muss. Alles Weitere wird sich finden. Möglich, dass ich überlebende Soldaten meines Vaters finde oder dass mir andere Hilfe zuteil wird."

„Hilfe ist euch vielleicht näher, als ihr denkt", gab sich Auxilia nun zu erkennen. Agimar, der schon viel Erstaunliches von ihr gehört hatte, war nur zu gern bereit diese Hilfe anzunehmen. So brachen sie ihr Lager ab und ritten auf schnellstem Weg zum Fürstentum Agimunds. Sie verlangten den Pferden das Äußerste ab und erreichten bald einen Wald in der Nähe der Burg.

Auf diesem gemeinsamen Ritt hatte Auxilia überraschend ein bisher noch nie gekanntes Gefühl gespürt – eine tiefe Zuneigung zu einem anderen Menschen. Dieser junge Mann, der so entschlossen zum Kampf gegen einen übermächtigen Gegner bereit war, hatte einen großen Eindruck auf sie gemacht. Ihr hatte gefallen, mit welcher Selbstverständlichkeit und welchem Selbstbewusstsein er ihre Hilfe angenommen hatte. Sie fühlte sich ihm als Partnerin im Einsatz für eine gerechte Sache verbunden. Doch in Anbetracht der kommenden schweren Aufgabe war jetzt nicht der geeignete Augenblick, über dieses überraschende Gefühl weiter nachzudenken.

„Es wird schwer sein in die Burg hineinzugelangen", äußerte Auxilia ihre Bedenken beim Anblick der Burg, die noch weit entfernt auf einem Hügel gelegen hinter den Bäumen hervorschaute.

„Gerade darüber denke ich die ganze Zeit nach. Es gibt nur eine Möglichkeit. Kurz vor meiner Abreise weihte mich Vater in ein Geheimnis ein, als hätte er geahnt, dass wir uns in diesem Leben nicht mehr wiedersehen würden. In früheren Zeiten, als Überfälle und Belagerungen noch häufiger waren, legten Urahnen von mir einen Geheimgang an. Er endet mitten im Wald in der Nähe einer Quelle. Wenn die Wasservorräte zu Ende gingen, war dies die einzige Möglichkeit zu überleben und der Belagerung längere Zeit standzuhalten. Der Eingang ist so dicht zugewachsen, dass kein Fremder ihn jemals finden könnte. Vater meinte, der Weg sei noch einigermaßen passierbar. Damals reichte die Zeit nicht mehr aus, den Durchgang zu überprüfen. Aber es ist unsere einzige Chance und ich muss es einfach wagen. Der Gang endet im Kellergewölbe des rechten Turmes. Ein geheimer Mechanismus schafft einen Durchlass zur Treppe. Ich kann nur hoffen, dass niemand inzwischen diesen Durchschlupf entdeckt hat."

„Was wollt ihr unternehmen, wenn ihr erst einmal in der Burg seid?"

„Das wird sich schon finden. Die Überraschung ist auf meiner Seite."

Diese Kühnheit und Unerschrockenheit beeindruckte Auxilia und in einem plötzlichen Entschluss überreichte sie Agimar ihr Schwert und ihre Rüstung. Zuvor hatte dieser ihre Begleitung abgelehnt, erhoffte er doch bei einem Fehlschlag Hilfe von außen. (Der tiefere Grund war allerdings gewesen, dass er sie, die er inzwischen lieb gewonnen hatte, nicht durch dieses unsichere Unternehmen gefährden wollte.)

Nie hätte Auxilia gedacht, dass sie sich einmal von Schwert und Rüstung trennen würde, und diese spontane Entscheidung machte ihr noch einmal deutlich, wie viel ihr Agimar inzwischen bedeutete und dass sie ihn nicht verlieren wollte.

Gemeinsam legten sie den Ausgang des Tunnels frei, eine kurze Umarmung und Agimar verschwand in dem finsteren Gang. Auxilia war nun gezwungen, untätig und geduldig auf Agimar zu warten. Hin und her gerissen zwischen diesem beseligenden Gefühl der Liebe und der Sorge um den geliebten Menschen verbrachte Auxilia die kommenden Stunden. Wie gern wäre sie an Agimars Seite geblieben.

Alles gelang wie geplant. Dank Auxilias Schwert und Rüstung überwältigte Agimar seine Feinde, ohne selbst irgendeinen Schaden zu nehmen. Die Zugbrücke wurde geöffnet und Auxilia und ihre Begleiter wurden herzlich und dankbar von Agimars Mutter und Schwestern begrüßt.
Wenn auch Agimar von tiefer Trauer über den Tod des Vaters erfüllt war, fand er doch Trost in dem Gedanken, dass Mutter und Schwestern und der größte Teil der Hofbediensteten überlebt hatten, die Burg keinen großen Schaden erlitten hatte und er in all den widrigen Gegebenheiten Auxilia begegnet war. Nun, da er etwas zur Ruhe und Besinnung gekommen war, wurde ihm seine tiefe Zuneigung zu diesem außerordentlichen Mädchen erst richtig bewusst und der Gedanke, mit ihr gemeinsam einen neuen Lebensabschnitt – trat er doch jetzt die Nachfolge seines Vaters an – zu beginnen, erfüllte ihn mit großer Freude.
Zunächst aber musste entschieden werden, was mit dem gefangenen Raubritter und seinen Männern geschehen sollte. Als Agimar Auxilia diese Frage stellte, schaute diese ihn nur erstaunt an. „Das ist doch keine Frage. Alle Gefangenen einschließlich des räuberischen Fürsten werden öffentlich durch den Strang hingerichtet und seine Burg wird dem Erdboden gleichgemacht, als abschreckendes Beispiel für alle, die dir feindlich gesinnt sind."
„Als mich die Nachricht vom schändlichen Überfall und dem Tod meines Vaters so überraschend traf, war ich der gleichen Meinung – Rache um jeden Preis –, aber jetzt habe ich allen Grund großmütig zu sein. Mutter und Schwestern leben und ich bin dir begegnet. Der Gedanke an blutige Rache soll unser kommendes Leben, unser Glück nicht überschatten. Ich werde den gefangenen Fürsten freilassen und ihn nur dazu verurteilen, meine Leute, die durch seinen Überfall irgendwelchen Schaden erlitten haben, zu entschädigen. Aus allzu strenger Strafe entsteht nur wieder neuer Hass und neues Unrecht."
„Du kannst doch den Tod deines Vaters nicht ungesühnt lassen!"
„Durch Rache wird mein Vater auch nicht wieder lebendig."

„Aber es ist ein Zeichen von Schwäche, so nachgiebig zu sein. Hinter deinem Rücken werden sie dich auslachen. Auch erfordert die Gerechtigkeit, dass jedes Unrecht gesühnt wird."
Ein Wort ergab das andere und jedes Wort vergrößerte nur noch die Kluft, die zwischen ihnen entstand. Auxilia, die ihm bisher so großzügig zur Seite gestanden hatte, erschien Agimar plötzlich als grausamer Racheengel. Und Agimar, der Auxilia als kühner, unerschrockener Held begegnet war, war nun plötzlich in Auxilias Augen ein Feigling und Schwächling. Welten schienen sie auf einmal zu trennen. Wo vorher Liebe und Einverständnis herrschte, war jetzt nur noch Unverständnis, Enttäuschung, ja sogar Hass und Abscheu zu finden.
„Mit einem solchen Weichling will ich nichts mehr zu tun haben", schleuderte Auxilia dem jungen Fürsten hasserfüllt entgegen.
„Und ich nichts mit solch einer Furie, die vom Dämon der Rache besessen ist", hielt Agimar dagegen.
Was so verheißungsvoll begonnen hatte, nahm auf diese Weise ein jähes Ende. Auxilia verließ die Burg und nahm kaum wahr, dass ihr niemand folgte, hatten sich doch die Männer, einschließlich ihres Bruders Gaudenz – des Umherziehens müde – entschlossen, in den Dienst Agimars, den sie schätzten, zu treten, um wieder ein geordnetes Leben zu führen.
Auxilia ritt ohne Ziel dahin – nur fort von diesem Ort der größten Verheißung ihres Lebens und gleichzeitig der größten Enttäuschung. Dunkle, bittere Gedanken erfüllten ihr Herz. Zu dem ersten Gefühl des Zornes und der Wut über diesen für sie plötzlich völlig fremden Mann gesellte sich bald ein Gefühl der tiefen Trauer über den Verlust eines Menschen, dem ihre ganze Zuneigung gegolten hatte. Hin und her gerissen zwischen diesen sich widersprechenden Gefühlen achtete sie nicht auf den Weg, Erschöpft ließ sie sich am Abend vom Pferd gleiten, als dieses an einer Quelle, umgeben von saftigem Grün, anhielt. Sie fand keine Ruhe. Warum war es zu dieser schrecklichen Trennung gekommen? Sie war doch im Recht. Ihr Weg war der einzig richtige. Unrecht musste doch gesühnt, die Gerechtigkeit wieder hergestellt werden.

Dazu gehörten Stärke und Macht, aber auch Härte und Unnachgiebigkeit. Warum dachte Agimar so ganz anders? Sie fand keinen inneren Zugang zu seinen ihr fremden Gedanken der Versöhnung und Barmherzigkeit.
Als sie so vollkommen erschöpft im Gras lag und trotz ihrer Müdigkeit keinen Schlaf fand, fiel ihr Blick auf das goldene Kettchen an ihrem Fußgelenk, das im Mondlicht aufblinkte. Diese Kette war so sehr ein Teil von ihr, dass sie diese schon lange Zeit nicht mehr bewusst wahrgenommen hatte. Sie erinnerte sich wieder an die Worte des Zwerges und ihr wurde zum ersten Mal deutlich, dass sie unwiderruflich, für alle Zeiten, Vergeltung für jedwedes Unrecht üben musste. Ebenso wie die Kette an ihr Fußgelenk, so war sie an ihre Aufgabe gefesselt, mit allen Mitteln unerbittlich für Recht und Gerechtigkeit zu kämpfen. Sie versuchte die Kette zu lösen, aber sie war fest mit ihr verwachsen. Sie würde ihr ganzes Leben lang nicht mehr davon loskommen.
Aber was war eigentlich daran so schlimm? Sich mit aller Macht für Recht und Gerechtigkeit einzusetzen, auch wenn dies oft nicht ohne Zwang und Härte abging, war ihr immer als lohnende Lebensaufgabe erschienen. Wie sollte sich auch anders die Welt je zum Guten wandeln? Und doch fühlte sie sich auf einmal wie eingeengt, als würde etwas Wichtiges in ihrem Leben fehlen. Mit Agimar hatte sie das Beste verloren, was ihr je im Leben begegnet war. Für immer würde sie die Gefangene ihrer einmal getroffenen Entscheidung sein, und niemand würde sie davon befreien können. Es war sinnlos, weiter darüber nachzugrübeln. Sie war hilflos dem ihr bestimmten Schicksal ausgeliefert und es war wenig trostreich, dass sie sich selbst für dieses Schicksal entschieden hatte.
Während sie so ihren trüben Gedanken nachhing, hatten ihre Finger mit ihrem Brustbeutel gespielt. Einer plötzlichen Eingebung folgend öffnete sie ihn. Tatsächlich, der Zettel, den ihr die Nonne Ehrentrudis damals zugesteckt hatte, befand sich noch darin. Es war fast ein Wunder, dass sie ihn bei ihrem bewegten Leben nicht schon längst verloren hatte. Sie erinnerte sich an Ehrentrudis Worte: 'Wenn du einmal Hilfe brauchst, dann suche Mutter

Guntberga auf.' Aber wie konnte ihr eine alte Frau, die von der Welt abgeschlossen im Wald lebte, helfen? Doch der Gedanke ließ sie nicht mehr los und so machte sie sich auf den Weg.
Es war gar nicht so leicht, nach den spärlichen Angaben Ehrentrudis' die Einsiedelei Mutter Guntbergas zu finden. Auxilia war manchmal nahe daran ihr Vorhaben aufzugeben, aber irgend etwas drängte sie weiter zu suchen. So gelangte sie nach vielen Irrwegen endlich ans Ziel und wurde von Mutter Guntberga freundlich empfangen. Fast schien es, als hätte diese auf sie gewartet.
Als Auxilia ihr ihren Zwiespalt erklärt hatte, schaute Guntberga sie liebevoll an. „Es gibt keine schnelle Lösung; nur mit viel Geduld wirst du deine Fessel lösen können. Zwei Dinge können dir dabei helfen. Hier ist ein Krug mit einer ganz besonderen Flüssigkeit. In diesem Krug sind Tränen gesammelt, die Menschen aus Mitleid vergossen haben. Wenn du jeden Tag deine goldene Fessel damit benetzt, dann wird sie immer dünner, bis sie eines Tages ganz zerbricht. Deine zweite Aufgabe wird sein, dich um die Menschen zu kümmern, die bei mir Asyl gefunden haben. Es sind Menschen, die krank an Leib und Seele sind, und es sind sowohl Opfer von Gewalt als auch Täter. Bei uns wird kein Unterschied zwischen ihnen gemacht, brauchen doch beide unsere Hilfe. Doch diese Aufgabe wird am Anfang zu schwer für dich sein, wird dich doch der Gedanke an das Unrecht, das manchen von diesen Menschen widerfahren ist, so sehr bekümmern, dass du zu einfühlsamer Hilfe – unterschiedslos für alle – nicht fähig sein wirst. Der Wunsch nach Rache und Vergeltung wird dich auch hier nicht loslassen.
Dies ist aber nicht nur ein Asyl für Menschen, sondern auch für Tiere. Du wirst hier sowohl Tiere finden, die von Menschen gequält und geschunden wurden, als auch Tiere, die durch stärkere Tiere verletzt wurden oder im Kampf um die Herrschaft in gegenseitiger Rivalität ihre Wunden empfangen haben. Es sind für dich einfach leidende Geschöpfe, deren Leiden du lindern kannst, und hier wird die Frage nach Unrecht und Vergeltung keine Rolle spielen. Du wirst zwar entsetzt und empört darüber sein, was Men-

schen Tieren antun können, aber Vergeltung liegt hier außerhalb deiner Macht.
Eines Tages wirst du dann auch fähig sein, dich den Menschen vorbehaltlos zuzuwenden, einfach weil sie deiner Hilfe bedürfen. Dann wirst du die Aufgabe, für Gerechtigkeit zu sorgen, an Gott abgeben können. Du weißt nun, was dich erwartet, und ich warne dich, deine Aufgabe wird nicht einfach sein, sondern mit Schmerzen und Ängsten verbunden."
Auxilia nahm die Herausforderung an und wirklich, durch die Berührung mit den Tränen des Mitleids wurde die Kette in den folgenden Wochen und Monaten dünner. Nachts aber quälten Auxilia schreckliche Albträume. Sie sah die Menschen vor sich, die durch ihre Strafgerichte ums Leben gekommen waren, und die lodernden Flammen, in denen ihr Vater verbrannt war. Wenn sie sich dann aber tagsüber der leidenden Kreatur zuwandte, schwanden die Schreckensbilder der Nacht. Sie reinigte und verband Wunden, richtete Brüche ein, streichelte verängstigte Tiere und manche Träne des Mitleids fiel auf ein zottiges Fell.
Als die Kette schon recht dünn geworden war, konnte sie sich auch den Menschen zuwenden, voller Mitgefühl mit den Schwachen und den Schuldigen. Auxilia war fähig geworden, sich voller Erbarmen allen Hilfsbedürftigen, ob Mensch oder Tier, zuzuwenden.
Es kam der Tag, als die Kette nur noch hauchdünn war und jeden Augenblick reißen konnte. Wie würde ihr Leben ohne diese Fessel weiter verlaufen?
Was war aber inzwischen aus Agimar geworden? Als seine erste Enttäuschung nachgelassen hatte, wurde ihm der Verlust, den er durch Auxilias Weggehen erlitten hatte, schmerzhaft bewusst. Sie hatte ihm uneigennützig und großmütig geholfen, dass er Mutter und Schwestern befreien konnte, dass er nun unangefochten als Herr anerkannt war und seinen Besitz verwalten konnte. Warum hatte er sie so schroff verurteilt und nicht versucht, sie in Liebe von seinen Vorstellungen zu überzeugen? Warum hatte er das Band zwischen ihnen so gewaltsam zerschnitten? Trauer und

Sehnsucht drückten ihn nieder. Kein Fest, das ihm zu Ehren gefeiert wurde, konnte ihn trösten und ablenken.
Eines Tages befand er sich mit seinem Gefolge auf der Jagd. Er hatte einen Prachthirsch mit einem mächtigen Geweih ausgemacht. Er legte auf ihn an, doch der Hirsch machte eine schnelle Bewegung, und Agimars Pfeil streifte ihn nur. Das verwundete Tier floh tiefer in den Wald, und Agimar nahm die Verfolgung auf. Er musste dieses Tier erreichen. Bald hatte er sein Gefolge weit hinter sich gelassen. Immer, wenn er befürchtete, die Spur verloren zu haben, hörte er ein Knacken der Zweige oder sah das Fell durch die Bäume schimmern. Er spornte sein Pferd zu größter Eile an. Seine Begleiter hatte er längst aus den Augen verloren. Einmal war der Hirsch so nahe, dass Agimar glaubte, jetzt könne er ihm den Fangschuss geben. Doch ehe er das Ziel genau fixiert hatte, war der Hirsch schon wieder hinter dicken Baumstämmen verschwunden. Stundenlang ging die Jagd weiter und Agimar wusste nicht mehr, wo er sich befand. Es wurde dunkel und von dem Hirsch war nichts mehr zu sehen oder zu hören. Pferd und Reiter waren vollkommen erschöpft und mussten die Nacht im Wald verbringen.
Sobald es hell wurde, machte Agimar sich wieder auf den Weg. Irgendwann musste er ja wieder in eine bewohnte Gegend kommen. Die Hoffnung, diesen Hirsch jemals zu erreichen, hatte er inzwischen aufgegeben. Bald stieß er auf einen Weg, dem er folgte. Nach einer Weile öffnete sich der Wald zu einer Lichtung und er atmete erleichtert auf, als er einige Holzhäuser sah. Dann fiel sein Blick auf ein großes Gehege, wo die verschiedensten Tiere friedlich umhersprangen oder im weichen Gras lagen. Mitten unter ihnen sah er den Hirsch, den er so besessen verfolgt hatte. Aber mehr als der Hirsch fesselte die junge Frau, die sich um die Wunde des Tieres kümmerte, seine Aufmerksamkeit. Er sah genauer hin und erkannte Auxilia. Im gleichen Moment schaute auch sie auf und nahm Agimar wahr. Einen kurzen Augenblick lang standen sie sich regungslos gegenüber, aber dann fiel jede Fremdheit, alles was sie voneinander getrennt hatte, von ihnen ab und sie

lagen sich mit Tränen der Freude in den Armen. Mit einem leisen Klirren löste sich das Kettchen von Auxilias Fußgelenk und fiel zu Boden.
Nun stand ihrem gemeinsamen Glück nichts mehr im Weg. An der Seite Agimars herrschte Auxilia noch viele Jahre zur größten Zufriedenheit aller in dem kleinen Fürstentum. Sie hatte ihren Sinn für Gerechtigkeit und Recht nicht verloren, aber ihre Stärke war nun gepaart mit Güte und Barmherzigkeit.

'Immer mit der Ruhe'
Tobias auf der Suche nach seinem wahren Selbst

In einem fernen Land lebten einmal ein König und eine Königin mit ihren drei Söhnen. Sandro, der älteste Sohn, zeichnete sich durch große Geschicklichkeit, Mut und Kraft aus. Kein Hindernis war ihm zu hoch, dass er es nicht mit seinem Pferd übersprang. Kein Fluss war ihm zu reißend, dass er ihn nicht schwimmend durchquerte. Kein Berg war ihm zu hoch und steil, dass er ihn nicht erstieg. Kein wildes Tier war ihm zu gefährlich, dass er es nicht jagte. Kein anderer Junge war so stark, dass er ihn nicht im Wettkampf besiegte.

Sandro hatte vor nichts und niemandem Angst. Sein Vater war stolz auf ihn und ermunterte ihn immer wieder zu neuen Proben seiner Fähigkeiten. Auch des Königs Untertanen bewunderten ihn. Sie freuten sich über jeden Turniersieg, den er errang, und priesen sich glücklich, einen so fähigen und tüchtigen Prinzen zu haben. Auch nach dem Tode ihres Königs würde das Land weiter in guten Händen sein.

Der zweite Sohn, Rainer, war von ganz anderer Art. So wie die meisten Kinder seines Alters sich am Spiel erfreuen, so war er begierig zu lernen und Neues zu erfahren. Es gab nichts, was ihn nicht interessierte, und bald genügte ihm der Hauslehrer nicht mehr. Sein Vater berief die berühmtesten Professoren in sein Schloss, auf dass sie Rainer unterrichteten, und auch sie staunten über die Intelligenz und schnelle Auffassungsgabe des Jungen.

Seine Eltern waren sehr stolz auf ihn und verschafften ihm jede mögliche Gelegenheit, mit den bekanntesten Gelehrten und Forschern zusammen zu sein. Er durfte sogar bei den Ratsversammlungen zugegen sein und seine Ratschläge waren so klug durchdacht, dass auch die erfahrensten Ratsherren nicht umhin konnten sie wohlwollend anzunehmen.

Auch diesen zweiten Sohn bewunderten des Königs Untertanen. Sie freuten sich und klatschten Beifall, wenn er in einem öffentli-

chen Rededuell die großen Denker seines Volkes von seinen Ideen überzeugen konnte.
Und wieder sprachen sie zueinander, wie froh und dankbar sie auch für diesen zweiten Prinzen sein konnten, der dem Volk durch sein reiches Wissen immer den rechten Weg zeigen würde.
Nur von Tobias, dem dritten Sohn, drang nichts oder nur sehr wenig in die Öffentlichkeit, und mancher war recht überrascht, wenn er zufällig einmal hörte, dass es auch noch einen dritten Sohn gab. Tobias lebte zwar inmitten seiner Familie, inmitten des Königshofes, wurde aber nie so richtig wahrgenommen, weil seine beiden Brüder alle Aufmerksamkeit auf sich zogen.
Wenn ihn sein ältester Bruder zum Bogenschießen mitnahm, ging er bereitwillig mit, und er fand es auch durchaus angebracht, seine Treffsicherheit zu trainieren.
Wenn er mit dem anderen Bruder die Sterne beobachtete, machte es ihm Spaß den Himmel zu erforschen, und auch das fand er recht interessant. Wenn sich seine beiden Brüder darüber stritten, was wohl für ihr Land wichtiger sei, ein tapferer, starker Krieger oder ein großer Gelehrter zu sein, dann gab er beiden recht.
Es war ihm immer unangenehm, in einen Streit seiner Brüder hineingezogen zu werden. Wenn möglich, ging er jedem Streit aus dem Wege. Dann verkroch er sich in seine kleine Hütte am Waldrand. Stundenlang konnte er hier sitzen und dabei die Zeit vergessen. Hier trug er seine 'Schätze' zusammen: schön geformte Steine, Schneckenhäuser, bunte Federn und Ähnliches, was er sich von überall her zusammentrug.
Einmal kam er hinzu, wie sein Bruder Sandro mit Steinen nach Vögeln warf. Außer sich vor Zorn nahm er selbst einen Stein und schleuderte ihn nach seinem Bruder. Er traf ihn am Ohr. Als Tobias sah, wie Blut aus der kleinen Wunde tropfte, erschrak er so sehr, dass er sich vornahm, nie mehr in seinem Leben wütend zu sein. Wie leicht hätte er in seinem Zorn den Bruder schwer verletzen oder gar töten können.
Nun war es am Königshof seit alters her Sitte, dass die Söhne, sobald sie dem Kindesalter entwachsen waren, für einige Zeit ihr

Elternhaus und das Königreich verließen. Sie sollten außerhalb der elterlichen Fürsorge und fern der gewohnten Umgebung ihren Weg und ihre Lebensaufgabe finden.
So nahm Sandro, der älteste Sohn, Abschied. Er freute sich auf die Zeit in fremden Königreichen. Alles, was er hier lernen und erfahren würde, was er an Ausdauer und noch größerer körperlicher Geschicklichkeit erwerben würde, könnte ihm später helfen, das eigene Reich gut zu verwalten und gegen alle seine Feinde zu schützen.
Ein Jahr später nahm auch Rainer, der zweite Sohn, Abschied. Er wollte unbekannte Länder erforschen und fremde Menschen kennen lernen. Alles, was er auf seiner Reise an Wissen und Weisheit erwerben würde, hoffte auch er, später zum Wohl seines Volkes anwenden zu können.
Als für Tobias, den jüngsten Sohn, die Zeit herannahte, sein Elternhaus zu verlassen, hatte er überhaupt kein Verlangen in die Welt hinauszuziehen. Viel lieber wollte er in seiner gewohnten Umgebung bleiben.
Er bedrängte den König: „Vater, ich kann auch von dir lernen, wie man Recht spricht, wie man Handel treibt, wie man das Geld verwaltet, wie man sein Land verteidigt, wie..." Doch der König ließ ihn gar nicht erst ausreden und sprach: „Du wirst erst in der Fremde erfahren, wer du wirklich bist und was du eigentlich willst."
Noch einmal wandte sich Tobias bittend an seinen Vater: „Auch Mutter kann meine Hilfe brauchen, wenn sie sich um die Schulen und Hospize im Land kümmert. Sie freut sich auch, wenn ich ihr helfe, die großen Feste vorzubereiten, und...
„Genug", unterbrach ihn der König, „auch deine Mutter möchte, dass du in die Welt hinausziehst, um dich selbst zu finden."
So nahm Tobias traurig Abschied von allem, was ihm lieb und vertraut war, und begab sich auf den Weg in die unbekannte Welt.
Unterwegs hörte er vom Richter und Gesetzeslehrer Justus. Dessen Strenge und Gerechtigkeit, sein Streben nach Ordnung und

Vollkommenheit, seine untadelige Lebensweise und sein unermüdliches Bemühen, die Welt und die Menschen und nicht zuletzt sich selbst zu verbessern, waren weit über die Stadt und das Land hinaus bekannt geworden.

„Ja, das könnte mir gefallen, mich für Wahrheit und Gerechtigkeit einzusetzen", dachte Tobias bei sich. So bat er den Richter Justus, ihn für eine Weile bei sich aufzunehmen. Er wolle von ihm lernen, die Welt, die Menschen und sich selbst zu vervollkommnen.

Je länger Tobias bei Justus weilte, um so mehr bewunderte er, wie dieser die Gesetze verbesserte, wie gewissenhaft er auf die Einhaltung der Vorschriften achtete und welche hohen moralischen Anforderungen er an sich selbst stellte. So überlegte er, ob dies auch seine Lebensaufgabe sein könnte.

Als Justus eines Tages einmal verreisen musste, bat er Tobias, an diesem Tag für ihn Recht zu sprechen. Dieser erschrak, weil er fürchtete dieser Aufgabe noch nicht gewachsen zu sein. Er wagte aber nicht, dem verehrten Lehrer zu widersprechen.

So setzte er sich auf den Richterstuhl und sogleich wurde ihm ein Dieb vorgeführt. Dieser hatte aus der königlichen Vorratskammer drei Säcke Korn gestohlen und musste dem Gesetz nach zu sechs Monaten Kerker verurteilt werden. Der Dieb fing an zu jammern, er hätte es nur aus größter Not heraus getan und seine Frau und seine Kinder müssten während seiner Haft verhungern.

So gut konnte sich Tobias in die Lage dieses unglücklichen Mannes hineinversetzen, dass ihm plötzlich Zweifel an der kompromisslosen Anwendung des Gesetzes kamen. Durften Ideale – und wenn es die besten und höchsten waren – auf Kosten der Menschen durchgesetzt werden? Sein innerer Zwiespalt war so groß, dass er sich nie mehr auf den Richterstuhl setzen wollte. Da er aber eine Auseinandersetzung mit seinem Lehrer und Meister scheute, packte er seine Habe zusammen und machte sich ohne Abschied davon.

Als nächstes suchte er die Gesellschaft eines berühmten Arztes, Donatus mit Namen. Dieser stand im Ruf, sich Tag und Nacht für

die Kranken aufzuopfern und unermüdlich für alle Menschen da zu sein, die ihn brauchten.
Tobias begleitete ihn bei seinen Krankenbesuchen und war voller Bewunderung für die selbstlose Tätigkeit des Arztes, der, um anderen zu helfen, weder auf seine eigenen Bedürfnisse noch die seiner Familie Rücksicht nahm. Und wieder fragte sich Tobias, ob dies auch für ihn eine Lebensaufgabe sein könnte.
Nun geschah es, dass die dankbaren Bürger der Stadt ihrem großen Arzt zu Ehren ein Fest veranstalten und ihn dabei zum Ehrenbürger ernennen wollten. Für Donatus war diese Ehrung sehr wichtig, erfuhr er dadurch doch endlich die Genugtuung, dass die Menschen seine Arbeit würdigten und ihm zutiefst dankbar waren. So bat er Tobias, ihn an seinem Ehrentag bei den Kranken zu vertreten. Wieder fürchtete Tobias, dieser Aufgabe nicht gewachsen zu sein. Da er aber Donatus nicht enttäuschen wollte, sagte er zu und eilte von einem Kranken zum anderen. Er verteilte Pillen, verband Wunden, hörte sich die Klagen an, suchte – manchmal mühsam – trostvolle Worte und war spät am Abend so erschöpft, dass er sich zweifelnd die Frage stellte, ob dies wirklich die richtige Lebensaufgabe für ihn sei. Er glaubte, auf Dauer dieser Überforderung nicht standhalten zu können. „Wo bleibe ich, wo bleiben meine Bedürfnisse“, fragte er sich, „wenn ich immer nur an das Wohl anderer denke?“
Da er die Vorwürfe seines großen Vorbildes, der ihm wohl selbstsüchtiges Denken und Handeln vorwerfen würde, fürchtete, verschwand er wieder heimlich aus der Stadt.
Die nächste Station seiner Reise war Hermes, ein angesehener und überaus tüchtiger Kaufmann. Hermes pflegte Handelsbeziehungen mit vielen Ländern der Erde und vermehrte unermüdlich seinen Besitz und Reichtum. In seiner Heimatstadt genoss er hohes Ansehen, unterstützte er doch mit seinem Geld viele städtische Einrichtungen. Er spendete hohe Summen für den Bau des Domes und die Erweiterung der Universität, die immer mehr berühmte Professoren und viele Studenten anzog.

Tobias bewunderte Hermes, wie geschickt er mit seinen Handelspartnern umging, wie überlegt er immer das Richtige im richtigen Moment anbot, wie klug er es verstand, sich immer ins rechte Licht zu setzen und gerade das zu tun, was von ihm erwartet wurde, wie schlau er sich zurückzog, wenn etwas schief zu gehen drohte.

Tobias begleitete Hermes auf seinen Reisen, nahm teil an seinen Geschäften und wünschte für sich, auch einmal ein solches Ansehen zu erlangen.

Doch nach einigen Wochen merkte er, dass Hermes seinen Gewinn oft auf Kosten anderer machte, und da Tobias in ihrem Zusammenleben auch Zuneigung und Herzlichkeit vermisste, beschloss er den Kaufmann zu verlassen. Weil Hermes gerade ein ertragreiches Geschäft plante, war der Abschied nur sehr kurz.

Tobias Weg führte weiter zu dem Dichter und Sänger Fabricio, der ihn gern in sein wunderschön gelegenes und mit erlesenem Geschmack eingerichtetes Haus aufnahm.

Wenn Tobias Fabricios Gedichten und Liedern lauschte, war ihm, als würde er zum ersten Mal in seinem Leben die Gefühle der Menschen wirklich verstehen, als würde er zum ersten Mal die Schönheit der Natur voll erfassen, die Unendlichkeit des Weltalls durchdringen und die Nähe Gottes ahnen. Zum ersten Mal spürte er aber auch die Vergänglichkeit des Lebens, nahm er die Unvollkommenheit aller Dinge wahr und wurde von einer unstillbaren Sehnsucht nach dem, was immer wieder fehlt, ergriffen.

Wie sehr wünschte sich Tobias, auch so stark empfinden zu können, um es dann in Liedern und Gedichten zum Ausdruck zu bringen. Wie erfüllt würde dann sein Leben sein.

Viele Wochen blieb er bei Fabricio und ließ sich in die Gefühle des Dichters mit hineinnehmen. Mit der Zeit aber vermisste er das ganz alltägliche Leben, die Freude an den gewöhnlichen Dingen des Alltags, den Kontakt mit den 'einfachen' Menschen. Das Leben mit Fabricio wurde ihm zu anstrengend. Das Leben würde bestimmt viel einfacher sein, wenn er sich aus all den verwirrenden Gefühlen, allem sehnsüchtigen Verlangen, allem Chaos der

Stimmungen heraus hielte. Da Tobias Angst hatte, seinen Freund Fabricio zu verletzen, verließ er auch ihn ohne Abschied und Erklärung.
Auf seiner Weiterreise hörte Tobias von dem überaus gelehrten Hugbert. Dieser wohnte ganz für sich in einem abgelegenen Haus, das vollgestopft mit Büchern war. Am Tag dachte Hugbert über die Weltzusammenhänge nach und veröffentlichte darüber viele gelehrte Abhandlungen. Des Nachts beobachtete er die Sterne und berechnete ihren Lauf
Tobias suchte diesen Gelehrten auf und bat ihn, einige Zeit bei ihm leben und studieren zu dürfen. Von Tag zu Tag war Tobias mehr beeindruckt von der Klugheit, dem scharfen Denkvermögen und der hervorragenden Beobachtungsgabe dieses Mannes.
„Wie gut tut es“, dachte er bei sich, „alles aus der Ferne zu beobachten, ohne sich in die Dinge verwickeln zu lassen. Wie angenehm ist es, seine Gefühle unter Kontrolle zu haben. Wie beruhigend ist es, durch Wissen die Zusammenhänge durchschauen zu können und so alles im Griff zu haben.“
Nach einiger Zeit aber fühlte er sich wie abgeschnitten vom wirklichen Leben und er spürte, dass er den Kontakt mit der ganz realen Welt brauchte, auch wenn ihm vieles bedrohlich erschien. So verließ er auch diesen Lehrer, der seinen Abschied kaum wahrnahm.
Auf seiner weiteren Reise war er lange Zeit Gast bei Fidelis, dem höchstem königlichen Offizier. Er war beeindruckt von der großen Loyalität, die dieser seinem König entgegenbrachte. Wie er hörte, hatte Fidelis schon oft sein Leben aufs Spiel gesetzt, um den König zu schützen. Dessen Wünsche und Befehle waren ihm höchstes Gebot. Tobias bewunderte die Treue und Beständigkeit dieses ehrenwerten Mannes und er fragte sich, ob er nicht auch in den Dienst des Königs treten sollte. Ihm gefiel auch die Kameradschaft der Offiziere untereinander. Er wurde freundlich in ihren Kreis aufgenommen und fühlte sich dort sehr wohl. Allerdings bemerkte er nach einiger Zeit, dass sich diese Männergruppe allzu sehr von Andersdenkenden abschloss. Auch kamen ihm Zweifel, ob diese

totale Ergebenheit dem König gegenüber wirklich Maßstab seines künftigen Lebens sein könnte. „Was wäre“, fragte er sich, „wenn ich einmal nicht mit den Befehlen des Königs übereinstimmte, wenn es mir mein Gewissen verbieten würde, seine Befehle auszuführen?“
Seine Zweifel waren so groß, dass auch hier seines Bleibens nicht länger war.
Bald darauf schloss Tobias sich einer Gauklertruppe an. Das unbeschwerte, sorglose Leben dieser Leute gefiel ihm. Ihre Fröhlichkeit war ansteckend. Immer gab es etwas zu lachen, immer war etwas los. Dauernd waren sie in Bewegung. Ging einmal etwas schief, waren sie gleich voller neuer Pläne und Ideen. Hatten sie einen Freund verloren, fanden sie bald einen neuen. Gab ihnen ein Wirt keinen Kredit mehr, suchten sie einen anderen auf.
Tobias gefiel es so lange bei der Gruppe, bis er eines Tages erlebte, wie ein Kranker einfach im letzten Dorf zurückgelassen wurde. „Irgend jemand wird sich schon um ihn kümmern“, antworteten sie auf seine besorgte Frage. „Uns würde er nur zur Last werden.“
War das Leben wirklich nur ein heiteres Spiel? Gehörten nicht auch Schmerz und Traurigkeit zum wirklichen Leben? Diese Fragen ließen Tobias keine Ruhe mehr und so verließ er die heitere Truppe, mit der er so viele lustige Tage verbracht hatte. Zum Abschied winkten sie ihm fröhlich zu und schienen schon jedes Interesse an ihm verloren zu haben. An der nächsten Straßenecke stand schon ein anderer, der ihr Leben teilen wollte. Warum sollten sie jemanden nachtrauern, der ihre Art zu leben in Frage stellte?
Nächste Station seiner Reise war eine dem Festland vorgelagerte Insel. Sie wurde beherrscht vom Fürsten Viktor. Dieser regierte mit unerbittlicher Strenge. Er duldete nicht den geringsten Widerspruch seiner Untertanen. Mit harter Hand sorgte er für Ordnung und Recht. Dafür brauchte aber auch niemand um seine Sicherheit und sein Eigentum zu fürchten. Man konnte auch nachts unbesorgt durch die Straßen gehen, brauchte keine Tür zu verschließen, ja, konnte gar auf dem Markt seinen Stand unbewacht

lassen. Unter der Herrschaft Viktors gab es keine Diebe, Betrüger oder Mörder, und kein Feind wagte die Insel anzugreifen. Unter dem Schutz dieses starken Herrschers lebten die Inselbewohner in Wohlstand und Frieden.

Das gefiel Tobias und der Preis dafür – sich an die Spielregeln des Fürsten zu halten – schien ihm nicht zu hoch. Viktor, der Beschützer der Schwachen, war für ihn der ideale Herrscher bis zu dem Tag, als er erleben musste, dass ein Soldat zum Tode verurteilt wurde, weil er sich gegen den ausdrücklichen Befehl des Fürsten von der Truppe entfernt hatte, um seine schwerkranke Frau zu besuchen.

Tobias spürte auf einmal, dass zu einem wahren Herrscher auch Großmut und Nachsicht mit menschlicher Schwäche gehören und dass Menschen, die sich in andere nicht einfühlen, die kein Mitleid empfinden können, unmenschlich werden.

Da er eine Auseinandersetzung mit dem Fürsten scheute, er geradezu Angst davor hatte, verließ er heimlich in der Nacht die Insel. Ratlos ritt Tobias vor sich hin, und da er kein Ziel vor Augen hatte, überließ er seinem Pferd die Führung. Als die Sonne gerade aufging, setzte er sich an das Ufer eines kleinen Sees um sich auszuruhen. Glatt und unbewegt wie ein Spiegel lag der See im Morgenlicht. Als Tobias hineinschaute, sah er die Gesichter der Menschen, mit denen er zusammengelebt und sich eine Weile eins gefühlt hatte. Acht Gesichter blickten ihn an: Justus, der Richter, Donatus, der Arzt, Hermes, der Kaufmann, Fabricio, der Dichter, Hugbert, der Gelehrte, Fidelis, der Offizier, Till, einer der Gaukler, und Viktor, der Herrscher. Nur sein eigenes Gesicht war nicht dabei. Er erschrak bis ins Mark. Wo bin ich? Wo ist mein Gesicht? „Ihr habt mir mein Gesicht gestohlen“, schrie er sein Grauen heraus. Unbewegt blickten ihn die acht Gesichter an. Voller Wut nahm er einen Stein und warf ihn mitten hinein. Aus den Gesichtern wurden Fratzen, die ihn höhnisch anstarrten. Und dann schien es, als würden die Wellen die Gesichter mit in die Tiefe nehmen.

Als sich das Wasser wieder beruhigt hatte, war nichts mehr zu sehen, nichts, gar nichts, weder die acht Gesichter noch sein eigenes. Es war, als hätte er überhaupt kein Gesicht, als wäre er überhaupt nicht da.

Da wurde Tobias von unendlicher Traurigkeit ergriffen und lange Zeit saß er unbeweglich, wie erstarrt, am Ufer.

Aus dieser Erstarrung weckte ihn eine sanfte Stimme: „Nun Fremder, was starrst du so unbeweglich in den See? Hältst du Zwiesprache mit den Fischen?“ Tobias schaute auf und vor Überraschung verschlug es ihm die Sprache. Vor ihm stand das schönste Mädchen, das er je in seinem Leben gesehen hatte. „Bist du selbst stumm wie ein Fisch geworden“, neckte ihn das Mädchen. „Wer bist du? Wo kommst du her?“

„Wer ich bin, weiß ich nicht mehr“, antwortete Tobias mit trauriger Stimme. „Ich habe mich verloren. Ich habe kein Gesicht mehr.“

Da lachte das Mädchen so herzlich, dass es Tobias ganz warm ums Herz wurde. „Mag sein, dass du etwas verloren hast, aber ganz bestimmt nicht dein Gesicht. Das gefällt mir nämlich so gut, dass ich es immer anschauen möchte.“ Während sie sprach, hatte Tobias die junge Frau unverwandt angesehen, und plötzlich erkannte er sich in ihren Augen wieder. Wie in einem Spiegel sah er sein Gesicht in ihren Augen. Was er vorher Grauenvolles erlebt hatte, schien ihm nun wie ein böser Traum. Voll überströmender Freude nahm er sie in seine Arme. Für beide war es, als hätte sie der Himmel zusammengeführt, um sich hier in Liebe zu begegnen.

Nun war es aber so, dass diese junge Frau, Stella mit Namen, eine Königstochter war. Der Vater war vor kurzem gestorben und nun wurde Stella von den Hofbeamten bedrängt, bald zu heiraten, damit das Land einen neuen König bekäme. Was lag also näher, als dass die beiden, die sich auf so wunderbare Weise gefunden hatten, heirateten. Für Stella und Tobias begann nun eine glückliche Zeit. Noch nie im Leben hatte sich Stella einem anderen Menschen so nahe gefühlt. Fast schien es, als wüsste Tobias schon um ihre Wünsche und Gedanken, bevor sie sie ausgesprochen hatte. Und er konnte sich nichts Schöneres vorstellen, als in der Nähe seiner Frau zu sein. Ununterbrochen sann er darüber nach, wie er ihr eine Freude bereiten könnte. Früh am Morgen, wenn die Tautropfen noch wie kostbare Edelsteine an den Rosen hingen, schnitt er für sie den schönsten Strauß. Des Abends überraschte er sie mit einem Ständchen, zu dem er die besten Musiker des Landes zusammenrief. Kein Tag verging, an dem er sie nicht mit einem Geschenk beglückte. Die Zeit verging ihnen wie im Flug.

Eines Tages erinnerte ihn der königliche Verwalter daran, dass die Festungsanlagen dringend erneuert werden müssten. Voller Eifer plante Tobias neue Anlagen, die die alten an Größe und Stärke weit übertreffen sollten. Ehe aber die Pläne zur Ausführung gelangten, vergaß der junge König sie wieder; denn die Idee, das Ankleidezimmer Stellas mit kostbarem Marmor auszukleiden, erfüllte ganz seine Gedanken.

Bald darauf beklagte sich der Hauptmann der Schlosswache, dass er zu wenig Soldaten habe, um das Schloss wirksam gegen Feinde verteidigen zu können. Die wenigen seien zudem schlecht ausgerüstet und würden ihren Dienst, seit der alte König tot sei, nur sehr nachlässig verrichten. Wieder machte Tobias voller Eifer Pläne, wie das Heer wieder zu einer schlagkräftigen Truppe gemacht werden könnte, wie neue Soldaten angeworben werden sollten, wie sie besser ausgerüstet sein müssten und wie sie vor allem wieder Ordnung und Disziplin lernen sollten.

Aber auch diese Pläne gerieten in Vergessenheit, als ein Händler Tobias einen überaus gelehrigen Vogel anbot. Der junge Ehemann war nun damit beschäftigt, dem Vogel Stellas Lieblingsmelodie beizubringen. Diese war auch wirklich ganz entzückt, als der Vogel ihr zum ersten Mal das Lied fehlerfrei vorpfiff.

Der Verwalter und der Hauptmann erinnerten Tobias an die anstehenden Arbeiten und baten um konkrete Anweisungen. Die Angelegenheit sei wirklich äußerst dringend, da Gerüchte über eine gewalttätige Räuberbande umgingen. Doch Tobias schob alles noch für einige Tage auf, da er von einem Pferd gehört hatte –

feurig und zahm zugleich –, das zum Verkauf angeboten wurde. Mit diesem Pferd wollte er Stella überraschen, und da er dieses Pferd, von dem man sich wahre Wunderdinge erzählte, niemanden anvertrauen wollte, machte er sich selbst auf den Weg. Das Pferd übertraf alle seine Erwartungen und im Geist sah er schon das freudig überraschte Gesicht seiner geliebten Frau vor sich.
Auf dem Heimweg rastete er an der Stelle, wo man das Schloss zum ersten Mal in der Ferne sehen konnte. Er liebte diesen Anblick über alle Maßen, verband er doch damit seine innigen Gefühle für Stella. Doch seine Vorfreude schlug in blankes Entsetzen um, als er statt des Schlosses nur rauchende Trümmer sah. Voller Panik ritt er weiter und fand nur eine ausgebrannte Ruine, zerstörte Ställe und Gärten und tote Wachsoldaten vor. Ein schwer verletzter Wächter, der sich mit letzter Kraft in das angrenzende Gebüsch geschleppt hatte, sprach von einer mörderischen Räuberbande, die im Handumdrehen die Wachen besiegt und getötet hatte. Sie hätten alles Wertvolle geraubt, das Vieh und die Pferde weggetrieben und alles in Brand gesetzt. Auf Tobias verzweifelte Frage nach Stella konnte er keine eindeutige Antwort geben. Er glaubte aber, sie noch lebend unter der siegestrunkenen Bande gesehen zu haben. Als hätte diese Auskunft seine letzten Kräfte gekostet, starb er nach diesen Worten.
Tiefste Verzweiflung erfasste Tobias. Die Vorwürfe, die er sich machte, brachten ihm die geliebte Frau nicht zurück. Er irrte im Land umher auf der Suche nach einem Lebenszeichen, aber keiner konnte ihm sagen, wohin die Räuberbande verschwunden war. Sie schien wie vom Erdboden verschluckt. Was kümmerte Tobias nun das kleine Königreich, wo er mit Stella so glücklich gewesen war. Sollte es doch dem benachbarten Herrscher, der es schon immer gern in seinen Besitz gebracht hätte, zufallen.
Ohne Stella hatten Besitz und Leben keinen Sinn mehr für ihn.
Geblieben war ihm nur das Pferd, das er für Stella erworben hatte. Aus einem ersten Impuls heraus hatte er es wegjagen wollen, gab er ihm doch die Schuld, dass er bei dem Überfall nicht bei Stella gewesen war. Doch dann wurde ihm bewusst, dass er allein durch

seine Versäumnisse schuld an dem Verhängnis war. Darüber hinaus gab ihm das Pferd eine – wenn auch äußerst geringe – Hoffnung, Stella wiederzufinden.

Auf seinem ziellosen Weg durch unbekannte Gegenden und fremde Herrschaftsgebiete kam er an einer ärmlichen Hütte vorbei und das laute Klagen einer Frau schreckte ihn aus seinen trostlosen Gedanken auf.

„Herr", flehte ihn die Frau an, „verhelft uns zu unserem Recht. Wir hatten eine schlechte Ernte und mein Mann ist krank. So konnten wir die Steuern nicht bezahlen. Morgen werden die Knechte des königlichen Verwalters kommen und unsere Kuh und den letzten Sack Korn mitnehmen. Dann müssen wir mit unseren Kindern verhungern. Es gibt aber ein Gesetz, dass wir bei Missernten keine Steuern zahlen müssen."

'Habe ich nicht genug an meiner eigenen Last zu tragen', dachte Tobias bei sich. 'Was soll ich mich da noch um fremde Angelegenheiten kümmern?'

„Frau, ich kann mir selbst nicht helfen. Wie soll ich dann euch helfen?" Mit diesen Worten wollte er weiterreiten. Doch die Frau hielt das Pferd am Zügel fest und bedrängte ihn noch einmal: „Auch wenn ihr von Kummer niedergedrückt allein daher reitet, seht ihr doch aus wie einer, der Macht und Einfluss hat. Der König weiß sicher nichts von der Unbarmherzigkeit seines Verwalters. Auf euch wird er hören. Legt Fürsprache für uns ein."

Als Tobias der Frau die Zügel entwinden wollte, sah er die Verzweiflung in ihren Augen, und er versprach – fast gegen seinen Willen – ihr zu helfen.

Ohne Schwierigkeiten gelangte er zum König und er schilderte so überzeugend die Not der Bauersfamilie, dass der König ihnen die Schuld erließ.

Es sprach sich schnell herum, was Tobias für diese armen Leute erreicht hatte, und immer mehr Menschen baten ihn um Hilfe und Fürsprache. Unermüdlich setzte er, der immer allen Auseinandersetzungen ausgewichen war, sich nun für Menschen, denen Unrecht geschehen war, beim König oder vor Gericht ein. Sein

eigenes Leid machte ihn einfühlsam für fremdes Leid, und so überzeugend war sein Einsatz für alle Hilfesuchenden und Unrecht Leidenden, dass sich der König selbst veränderte und immer mehr zu Gerechtigkeit und Barmherzigkeit fand.
Wenn Menschen Streit miteinander hatten, riefen sie Tobias als Vermittler an, und er, der früher jedem Konflikt aus dem Weg gegangen war, konnte nun durch seine Ruhe und Gelassenheit manchen Streit schlichten.
Als ein fremdes Heer die Stadt bedrohte, fragte man ihn um Rat. Eingedenk der eigenen Versäumnisse, die ihm immer noch schwer auf der Seele lasteten, und des Verlustes, den er erlitten hatte, half er die Stadt zu befestigen und das Heer besser zu organisieren. Unermüdlich arbeitete er und spornte auch die anderen zu immer größerem Einsatz an. So war die Stadt bald gut gerüstet und das feindliche Heer konnte abgewehrt werden.
Voller Hochachtung wurde überall von ihm gesprochen, und als in einem abgelegenen Dorf zehn junge Mädchen bei einem Überfall entführt worden waren, rief man ihn zu Hilfe. Da wurde der Schmerz um den eigenen Verlust in ihm wieder lebendig und er wurde so sehr von der eigenen Trauer überwältigt, dass er sich abwandte und in die Einsamkeit zurückzog. Doch man fand ihn bald und das Leiden der Mütter und Väter rührte ihn an, dass er mit ihnen ging, die Verfolgung plante und selbst an der Spitze der Verfolger ritt. Man fand die Räuberbande, und Tobias, der bisher jeden Kampf gefürchtet und gemieden hatte, stürzte sich – das Bild der trauernden Eltern vor Augen – als erster in den Kampf. Angefeuert von seinem Beispiel kämpften die Dorfbewohner mit äußerster Kraft und – was niemand für möglich gehalten hatte – besiegten die an Ausrüstung und Kampferfahrung weit überlegenen Räuber. Weinend vor Glück fielen die geraubten Mädchen ihren Vätern in die Arme.
Als Tobias sich den stürmischen Dankesäußerungen entziehen wollte, hörte er plötzlich eine vertraute Stimme seinen Namen rufen. Es war seine Frau Stella. Die gleichen Räuber, die das Dorf überfallen hatten, hatten damals auch ihr Schloss angegriffen und

zerstört. Überglücklich lagen sich Tobias und Stella in den Armen. Sie überließen die Bestrafung der Räuber dem königlichen Gericht und machten sich sogleich auf den Weg in Tobias Heimat.
Tobias Ruf war ihm in sein Heimatland vorausgeeilt. Seine Liebe zu den Menschen, die ihn im richtigen Augenblick das Richtige tun ließ, sein Eintreten für Gerechtigkeit und sein Einsatz für ein friedliches Zusammenleben erfüllte alle mit Ehrerbietung und Hochachtung.
Als er im Schloss seines Vaters ankam, umarmte ihn dieser und sprach: „Du sollst mein Nachfolger sein. Du hast bewiesen, dass du der Würdigste und Geeignetste bist. Ich bin sicher, dass die Menschen unter deiner Herrschaft in Frieden und Glück leben werden."
Auch seine beiden Brüder, Rainer und Sandro, stimmten den Worten des Vaters bei und versprachen Tobias, ihn mit all ihren Gaben und Fähigkeiten zu unterstützen.